Schwarzwald-Saga
Feldbergblick

Eine Familiengeschichte aus dem
Schwarzwald im letzten Jahrhundert

Autobiographischer Roman
von Elfriede Stöberl

Veröffentlichung 2020
Herausgeber Elfriede Stöberl

Druck: www.bis500druck.de
Klicks GmbH
Ziegelhüttenweg 4 D-98693 Ilmenau

Umschlaggestaltung: Elfriede Stöberl

ISBN 978-3-00-066388-8

Das Leben einer einfachen Bäuerin aus dem Schwarzwald zu Beginn des 20. Jahrhunderts ist geprägt von harter Arbeit und Entbehrungen. Auch wenn sich Träume der jungen Frau nicht verwirklichen, wächst sie in ihrer Rolle als Mutter und Witwe zu einer charakterfesten Persönlichkeit. Die Frau erlebt neben der täglichen Arbeit für die Familie, ständigen Schwangerschaften und Geburt von 12 Kindern auch Zeiten der großen Liebe. Trotz vieler Schicksalsschläge, auch durch die Ereignisse der beiden Weltkriege, führt sie ein Leben mit Gottvertrauen und großer Zuversicht. Ein Lebensweg mit vielen einschneidenden Veränderungen kann beispielhaft sein für viele ähnliche Biographien.

Elfriede Stöberl wurde 1946 im Gasthof "Zum Falken" im Wittental geboren. Sie wuchs in Memmingen auf, studierte in München Pädagogik und arbeitete als Lehrerin. Im Ruhestand hatte sie das Bedürfnis nach ihren Wurzeln zu forschen und die Familiengeschichte für ihre Nachkommen aufzuschreiben. Um das Leben ihrer Vorfahren lebendiger zu gestalten und zum Lesen anzuregen, wählte sie für ihre Schilderungen die Form eines Romans. Die Protagonisten und ihre Erlebnisse sind dabei dem realen Leben entnommen. Randfiguren und ihre Namen sind frei erfunden, um die Geschichte glaubhaft zu machen.

Schwarzwald – Saga

Teil 1 Lichtjahre

Vorwort

In der Hand hielt ich einen Wiesenknopf. Ich hatte ihn gerade auf der sauren Wiese vor der Mauer gepflückt, die das Grundstück meiner Großeltern nach Süden abgrenzte. Die Eltern meines Vaters wohnten in einer Einöde, die zu der Streusiedlung Wittental gehörte. Diese wiederum war ein Ortsteil der Gemeinde Stegen. Es ist ungewöhnlich, dass Kinder sich in einem Alter von fünf bis zehn Jahren für Pflanzen interessieren. Aber für mich war der dunkellilarote Wiesenknopf, der eher aussah wie ein farbiges etwas markanter geratenes Gras, mehr als nur eine Pflanze. Ich verband mit ihm Freiheit und Ferien. Ich ließ mich in einer Höhle nieder, die sich unter der Treppe befand, die links und rechts zur Eingangstür hinaufführte.

Oft hatte ich mich gefragt, wozu sie da war. Sie lud jedenfalls kleine Kinder, Katzen und Hunde ein, sich darin zu verkriechen. Ich fühlte mich darin unbeobachtet und geborgen. Von diesem Standpunkt aus richtete sich mein Blick nach Süden und schweifte über eine sonnendurchflutete Landschaft. Das Dreisamtal breitete sich vor mir aus. Etwa hundert Meter entfernt war der Baldenweger Hof zu sehen, ein riesiger Stall- und Scheunentrakt, die Fundamente aus Stein, das Obergeschoss aus dunklen Holzlatten erstellt und von einem mächtigen

Schwarzwälder Walmdach bedeckt. Vor dem Gebäude war die Weide vom Vieh zertrampelt. Es blieben kaum noch grüne Stellen übrig, so hatten die Hufe der Tiere das Gelände zerfurcht. Gewaltige Holzzäune trennten die Pferde von den Bullen. Daneben befand sich eine Streuobstwiese. Überhängende Äste ragten kahl in den Himmel. Die Stiere holten jedes Blättchen von den Zweigen, das sie mit ihren rauen Kuhzungen erreichen konnten. Außer dem etwaigen Muhen und Wiehern der Tiere war nichts zu hören. Ruhe und Licht lag über der ganzen Umgebung. Hinter dem Gutshof schlängelte sich der Eschbach. Seinen Weg markierten Weiden und anderes Ufergestrüpp und versperrten die Sicht auf das etwa zwei Kilometer entfernte Dorf Zarten, das sich ohnehin in den etwas tiefer liegenden Aumatten der Dreisam versteckte. Aber was als Begrenzung am Horizont deutlich zu sehen war, haftete später als Erinnerung in meinem Gedächtnis. Rechts ragte der Schauinsland auf, der Hausberg von Freiburg. Daneben wölbte sich die Kuppe des Feldbergs und schräg davor duckte sich der vollständig mit Nadelwald überzogene Hinterwaldkopf. Im unteren Drittel war auf einem freien Vorsprung der Giersberg mit seiner Wallfahrtskapelle zu erkennen. Links von meinem Blickfeld lag der Hochschwarzwald, zu dem sich durch das Höllental die Bundesstraße parallel zur Höllentalbahn hinaufquälte.

„Hallo, Mittagessen“, rief meine Großmutter und riss mich aus meinen Gedanken und der Bewunderung der herrlichen Landschaft vor mir. Die alten Ritter von Falkenstein hatten schon gewusst, wo es schön ist, dachte ich noch. Denn hinter dem Bauernhof meiner Großeltern erhob sich der Falkenbühl, ein kleiner Hügel, auf dem wohl einstmals die älteste Burg im ganzen Dreisamtal stand. Ich ging um die Hausecke und kam am Misthaufen vorbei, der meine kindliche Fantasie immer angeregt hatte. Hier ragte eine Felsenwand senkrecht nach oben, die mich zum Klettern gereizt hätte, wäre nicht davor der Stallmist aufgetürmt worden. Dieser Felsengrund diente als Fundament, auf das die alte Burg erbaut war.

Ich betrat die Küche und setzte mich auf eine abgewetzte Holzbank, die entlang eines derben Holztisches stand. Sie war einfach gezimmert und bestand aus einem langen Brett mit vier Löchern, durch die ohne Nägel und Schrauben die Holzbeine hineingepresst waren. Gegenüber dem Holztisch befand sich eine zweite Bank in der gleichen Ausführung. Meine Großmutter hatte zehn Kinder groß gezogen. Da brauchte man ausgedehnte Sitzgelegenheiten. Nach und nach kamen mehrere Leute in den Raum und blieben auf dem blanken Betonboden stehen. Ich merkte, dass ich mich nicht nach den Hausregeln verhalten hatte, stand wieder auf und stellte mich neben meine Mutter. Es waren mein Opa und meine Oma da, ihre Schwester Therese, die auch im Haus wohnte, deren Tochter Mariele und drei Onkels, die noch zu Hause lebten. Mein Vater, meine Mutter und ich waren Gäste. Alle hatten die Augen zum Kreuz gerichtet, das in der Mitte über dem Tisch hing und mein Opa begann das Tischgebet. Wir stimmten in den leiernden Tonfall ein, bekreuzigten uns und ließen uns jetzt erst am

Tisch nieder. Es wurden heiße Kartoffeln mit Bibilikäse, der hiesige Name für Quark, aufgetragen. Das war ein hier übliches Alltagsessen. Fleisch gab es nur für die Gäste in der angrenzenden Wirtsstube. Für die Familie waren Fleischtage Sonn- und Feiertage. Außer dem Schwarzwälder Speck, der täglich zum Frühstück, nach der Stallarbeit und zur Vesper auf dem Feld verabreicht wurde, gab es wenige Fleischwaren. Mir schmeckten die dampfenden Kartoffeln vorzüglich. Wir ließen auch etwas Butter über den Erdäpfeln, wie sie hier genannt wurden, schmelzen. Die Butter hatte meine Oma im Butterfass gerührt, zu Walzen gerollt und mit einem Model Muster darauf geformt.

Nach dem Essen verzog ich mich wieder in den kleinen Wirtsgarten, in dem mehrere Eisentische mit Klappstühlen standen, die von drei Kastanienbäumen beschattet waren. Der Kies auf dem Boden wurde morgens immer mit einem Rechen von Zigarettenkippen gereinigt. „Rothändle" stand auf den meisten pinkfarbenen Zigarettenschachteln, oder „Gauloise" auf den hellblauen, die auch oft herumlagen. Als ich mich auf einem Klappstuhl im Wirtsgarten niederließ, fiel mir eine Geschichte ein, die meine Mutter oft erzählte: Meine Eltern wohnten in Memmingen, das nach dem 2. Weltkrieg zur Amerikanisch besetzten Zone gehörte. Meine Mutter wanderte kurz nach dem Kriegsende, als die Zukunft Deutschlands im Ungewissen lag, zu Fuß über 200 Kilometer von Memmingen nach Wittental, um zu sehen, wie es den Verwandten erging. Sie musste dabei mit einem Passierschein in die von den Franzosen besetzte Zone einwandern. Nach ihrer Beschreibung war das ein abenteuerlicher und strapaziöser Fußmarsch. Sie war damals, ohne es zu wissen, in den ersten Monaten schwanger mit mir. Meine Mutter gelangte schließlich wohlbehalten bei meinen Großeltern an und trat ein paar Wochen später denselben Weg über die Besatzungsgrenze nach Hause an. Der französische Einfluss war hier im Schwarzwald vielerorts zu spüren. Viele Begriffe in der Mundart waren der französischen Sprache entlehnt. Die Weste der männlichen Tracht hieß zum Beispiel „Chilet“, den Kinderwagen nannte man „Chese“ und wenn Kirschen gegessen wurden, waren das Griesen. Vielleicht stammt meine Vorliebe für Frankreich als Reiseland von diesen Eindrücken aus Kindertagen. Ein halbes Jahrhundert später wurde ich Mitglied beim Deutsch-Französischen Freundeskreis und lernte in der Volkshochschule Französisch.

Wie ich so sinnierend auf dem grünen Gartenstuhl saß, streifte die graumelierte Katze um meine Beine. Hinter ihr tapsten drei junge Kätzchen. Ich begann mit den Tierbabies zu spielen, streichelte sie und stellte mir vor, es wären Spielkameraden. Mir ging es hier gut. Zu Hause in Memmingen, in unserer kleinen Wohnung lebten wir in der Stadt und waren beengt. Hier in Ferien bei meinen Großeltern war ich frei.
Ich genoss es, Limonade trinken zu dürfen, soviel ich wollte. Oma hatte es mir erlaubt. Denn in der kargen Nachkriegszeit löschten wir unseren Durst gewöhnlich mit Leitungswasser. Zum Wirtskeller führte eine steile Treppe hinunter. Die Bier- und Limokisten standen auf

gestampftem Boden. Es war sehr kühl da unten, denn die Bierfahrer brachten immer Eisstangen mit. Es gab einen eigenen breiten Zugang zu diesem Keller, der mit einer schräg auf dem Boden liegenden doppelten Wellblechtüre verschlossen war. Nur die Getränkelieferanten durften sie öffnen. Ich stand immer interessiert dabei, wenn der Lieferwagen von der Feierling-Brauerei aus Freiburg ankam.

Meine Oma besaß ein Telefon. Das war in den 50er Jahren noch etwas Besonderes. Mit einem Geschäft im Haus war diese Einrichtung existentiell notwendig. Meine Mutter hielt sich während meiner Kindergartenzeit öfters mit mir bei ihren Schwiegereltern auf, während mein Vater in Memmingen seiner Arbeit nachging. Es gab auch auf dem Bauernhof in der kargen Nachkriegszeit immer genügend zu essen. Meine Mutter half dafür in Haus und Hof. Als mein Vater einmal von Memmingen aus anrief, wollte ich mit ihm sprechen. Ich fiel vor lauter Eile, ans Telefon zu gelangen, holterdiepolter die Treppe hinunter. Mein Vater konnte das Geräusch am anderen Ende der Leitung deutlich hören. Auch meine Verwandten verwöhnten mich. Im Stall stand neben den Kühen ein Pferd, auf das mich mein Großvater manchmal setzte. Die jüngeren Brüder meines Vaters trugen mich auf ihren Schultern herum. Ich war rundum glücklich hier im Schwarzwald. Jedes Mal, wenn ich mit meinen Eltern vom Hochschwarzwald durch das Höllental ins Himmelreich fuhr, fühlte ich, dass wir zu Hause ankamen. Ich merkte es schon daran, wie mein Vater plötzlich begann, im Badischen Dialekt zu sprechen. Wir besuchten dann nacheinander seine verheirateten Geschwister, die am Wege wohnten, bis wir schließlich im Wittental bei den Großeltern ankamen.

In Kirchzarten stiegen wir am Bahnhof aus dem Zug und machten erste Station bei der Schwester meines Vaters, die fünf Jahre älter war als er und auch Therese hieß wie ihre Tante. Sie hatte einen Landwirt geheiratet, der ein Stadthaus mit landwirtschaftlichen Gebäuden im Hinterhof sein Eigen nannte. Ihr Mann, Albert Bank, ließ sich zum Fotografenmeister ausbilden, einem Beruf, der zu jener Zeit gefragt und zukunftsweisend war. Er richtete in seinem geräumigen, dreistöckigen Haus ein Fotoatelier und einen Laden ein. Bei unserer Ankunft wurden wir in dieser Familie gastfreundlich aufgenommen und verköstigt. Ich hatte außerdem meinen Spaß mit einer Cousine und vier Cousins. Die nächste Absteige auf dem Weg nach Wittental war dann bei Tante Sofie, der Frau eines Halbbruders meines Vaters, dem Onkel Fritz. Sie betrieb einen Tante-Emma-Laden am Ortsrand von Kirchzarten auf dem Weg nach Zarten. Hier tranken meine Eltern immer ein Begrüßungslikörchen, das die Tante Sophie neben ihren Verkaufsgesprächen in der kleinen Küche nebenan ausschenkte. Stets wurde ich mit Schiesser-Unterwäsche und Tafeln Schokolade bedacht. Ihr Mann Fritz arbeitete tagsüber bei den Verwandten im Fotolabor Bank. Ihn hatten wir schon in der Dunkelkammer bei der vorherigen Station begrüßt. Er war immer etwas scheu und schüchtern und schien sich in der abgedunkelten Umgebung bei seinem Schwager im Geschäft wohl zu fühlen. Tante Sophie hingegen mit ihrer rosigen Pfirsichhaut und ihren Apfelbäckchen war leutselig und gesprächig. Nachdem wir uns von ihrem Wortschwall losreißen konnten ging es etwa einen Kilometer durch eine Kirschbaumallee bis nach Zarten. Hier besuchten wir die Familie des fast drei Jahre älteren Bruders meines Vaters. Onkel Franz war erst vor kurzem als Spätheimkehrer aus russischer Gefangenschaft zurückgekommen und wohnte in Zarten. Er fuhr täglich mit seinem Motorrad ins fünf Kilometer entfernte Freiburg, wo er auf dem Postamt als Postbeamter arbeitete. Er war mein Lieblingsonkel, weil er es mit Kindern sehr gut verstand und immer Späße machte. Tante Marie und er hatten zwei Töchter, Gertrud und Hedwig, die ich ins Herz geschlossen hatte, obwohl sie ein paar Jahre älter waren als ich.

In Zarten schlängelte sich der Weg an einigen wunderschönen getäfelten und geschindelten Schwarzwaldhäusern mit tief heruntergezogenen Walmdächern vorbei. Rings um die Gebäude lief eine Holzbalustrade, mit blühenden Geranien geschmückt. Vom Ortsende zog sich dann der ungeteerte Pfad durch Streuobstwiesen und Kartoffeläcker. Die Straße von Freiburg nach Stegen wurde überquert. Nach einer Viehweide gingen wir über die Eschbachbrücke und kamen danach gleich am Gut Baldenweger Hof vorbei. Nun war es nicht mehr weit zum Gasthof „Falken“, den wir schon seit der Eschbachüberquerung im Blickfeld hatten. Der Hund „Luchs“ kam uns bellend und schwanzwedelnd entgegen. Er kannte uns, obwohl wir nur ein- bis zweimal im Jahr anreisten. Der Mischlingshund umkreiste uns und sprang an uns hoch. Schließlich stand meine Großmutter im Türrahmen vor dem schmiedeeisernen Treppengeländer und sah uns freundlich entgegen. Sie hatte wie immer ihre noch braunen Haare zum Knoten zurückgekämmt oder gestrählt, wie sie es nannte. Meine Oma trug ihr Alltagstrachtenmieder mit der Schürze, kam uns auf der Treppe entgegen und umarmte uns. Wir waren zu Hause angekommen.

Alle Verwandten verehrten ihre Mutter, beziehungsweise Großmutter, die in ihrem Leben viel geleistet hatte. Sie heiratete im zarten Alter von 21 Jahren den Milchhändler und Landwirt Wilhelm Willmann und bekam eine Tochter und vier Söhne, wobei einer bereits im Säuglingsalter verstarb. Der Hof brannte ab und wurde an anderer Stelle neu errichtet. Ihr Mann fiel im Ersten Weltkrieg und sie musste den Hof alleine bewirtschaften unterstützt durch Eltern und Knechte. Ein paar Jahre später ehelichte sie Albert Sumser aus dem Attental und hatte mit ihm gemeinsam noch einmal sieben Söhne, von denen sechs das erste Lebensjahr erreichten und großgezogen wurden. Um die Existenz zu sichern, eröffnete sie neben der Landwirtschaft und dem Milchhandel die Gastwirtschaft „Zum Falken“. Wir hatten alle großen Respekt vor dieser zierlichen Frau, die in ihrem einfachen Leben im Vertrauen auf Gott so viel Energie aufbrachte und Strapazen und Schicksalsschläge meisterte.

In späteren Jahren beschloss ich deshalb, die Geschichte meiner Großmutter Maria Sumser oder der „Falkenwirtin“ wie sie in ihrer Gegend genannt wurde und die Saga meiner Familie aufzuschreiben. Ich versuchte mich in die Person meiner Großmutter und in die Zeit vor hundert Jahren hineinzuversetzen. Ich ließ ihr Leben wie einen Film vor mir ablaufen. Protagonisten, Handlungsorte, Begebenheiten und Daten blieben dabei authentisch.

Die persönlichen Erlebnisse meiner Großmutter stellte ich in einen geschichtlichen Rahmen. Viele Episoden waren in meinem Gedächtnis gespeichert. Recherchiert habe ich vor allem im Internet. Das meiste über die Historie des Wittentals und meiner Ahnen erfuhr ich von Oskar Steinhart, der seine Heimatgeschichte genauestens erforschte und niederschrieb. Mein Cousin Rudolf Bank überließ mir einen Stammbaum, den er zusammengestellt hatte. Die Lebensgeschichte von Heinrich Graf von Kageneck hielt ein Verwandter seiner Frau fest. Über das Leben Pater Middendorfs im Kloster von Weiler las ich bei Coenenberg in einer Veröffentlichung der Bilker Sternwarte. Aus dem Buch „Die Burgen und Schlösser Badens“ entnahm ich Einzelheiten über das Stegener Schloss und die Falkensteiner. Die örtlichen Sagen fand ich in „Schwarzwald Sagen“ von Dr. Johannes Künzig. Das Büchlein „Kirchzarten wie es war“ herausgegeben von Christoph Gremm und meiner Cousine Maria Schattling half mir auch. Sie und meine Cousine Hedwig Steinebrunner versorgten mich außerdem mit Informationen und Fotomaterial. So ausgerüstet, begann ich einen Roman zu schreiben und wollte damit das Leben einer Schwarzwaldbäuerin in der ersten Hälfte des letzten Jahrhunderts aufzeigen.

2. Kapitel

Hammeltanz 1905

Der Weg war steil vom Steurental hinauf zum Buchbühl. Dieses Seitental öffnete sich zum breiten Dreisamtal hin. An den Südhang des von Mischwald bewachsenen Schwarzwaldhügels, der Buchbühl genannt wurde, schmiegte sich das kleine Dorf Stegen. Dorthin war Maria mit ihrem Vater Wilhelm Schlegel unterwegs. Sie hatten den Weg über den Berg gewählt um abzukürzen.

Maria trieb den störrischen Hammel, den sie vom Bammetbauern abgeholt hatten von hinten an. Wilhelm zog ihn am Seil von vorne über das Gestrüpp, das ihnen den Weg versperrte. Der kastrierte Bock war von dem reichen Bauern aus dem Steurental für das Kirchweihfest in Stegen gestiftet worden. Zur allgemeinen Volksbelustigung bei diesem traditionellen Herbstfest war ein Hammeltanz geplant. Er sollte im Garten der Dorfwirtschaft „Zum Hirschen" stattfinden und von der Freiwilligen Feuerwehr ausgerichtet werden. Schreiner Schlegel war Mitglied der Stegener Feuerwehr und hatte sich bereit erklärt, das Tier abzuholen. Seine älteste Tochter Maria begleitete ihn dabei. Maria und ihr Vater verstanden sich sehr gut, auch wenn sie auf dem Weg bis jetzt nur wenige Worte miteinander gewechselt hatten. Schwarzwälder sprachen nur, wenn es notwendig war. Außer dem zeitweiligen, unmutigen Gemeckere des Bocks und den Waldgeräuschen wie Vogelgezwitscher war nichts zu hören. Maria gab dem Tier immer wieder einen Klaps und trieb es an. Schließlich hatten sie die Anhöhe erreicht. Wilhelm band den widerspenstigen Hammel an einer Buche fest und setzte sich auf einen moosbedeckten Felsbrocken. Er öffnete seinen Lederbeutel, den er umhängen hatte. Mit einem scharfen Messer schnitt er ein Stück von dem Bauernbrot ab, das ihnen die Bammetbäuerin als Wegzehrung mitgegeben hatte. Er reichte es seiner Tochter. Es war immer wieder spannend, zu erfahren, wie das selbstgebackene Brot eines anderen Bauern schmeckte. Danach säbelte er dünne Scheiben von einer Speckseite ab. Sie war dem Rauchfang des Bammetbauern entsprungen.

Maria setzte sich neben den Vater und meinte: „Mutter, Stephanie und Theresia werden sich freuen, wenn wir ihnen eine so gute Vesper mitbringen." Vater nickte und reichte ihr eine Flasche mit Most, die sie von zu Hause mitgebracht hatten. Sie nahm einen tiefen Schluck von dem Getränk, das aus den Äpfeln ihrer Streuobstwiese vor der Schreinerei in Stegen gebraut war. Der vergorene Apfelsaft erfrischte sie.

„Am kommenden Samstag findet der Hammeltanz statt. Kennst du einen Burschen mit dem du hingehen wirst?" Mit ihren 18 Jahren war Maria in einem Alter, um an solchen Veranstaltungen teilnehmen zu können. „Ich werde mit meinen Schulkameradinnen den Hammel und die Bühne schmücken. Das haben wir verabredet. Zum Tanz gehen wir als Gruppe und schauen zu. Von uns hat noch keine einen Partner. Wir haben auch so unsern Spaß!" Wilhelm überlegte in letzter Zeit öfter, was wohl mit seiner geliebten Tochter Maria werden würde, die allmählich im heiratsfähigen Alter war. „Du könntest doch mit Hansens Jockel vom Dobelhof hingehen. Der Pauli vom Oberwirt aus Ebnet ist auch ein netter Kerl. Was sagst du zu Meiers Rudel, die haben ein Sägewerk daheim.“ Maria kannte das ungeschriebene Gesetz, dass ein Mädchen eine möglichst gute Partie zu machen hatte. Damit sorgte es nicht nur für sich selbst aus, sondern sicherte auch noch den finanziellen Lebensabend der Eltern.

Wilhelm hatte drei Töchter. Maria, seine Älteste, war klug und schaute ansehnlich aus. Sie half ihm in der Schreinerei, war aber auch im Stall bei den Tieren zu gebrauchen. Maria scheute keine Arbeit und war stets guter Dinge. Stephanie die zweite Tochter war häuslich und bewegte sich viel um ihre Mutter. Diese hielt sich häufig im benachbarten Schloss Weiler bei der gräflichen Herrschaft auf. Das Schloss lag auf der anderen Straßenseite, direkt gegenüber dem Jägerhäusle, das die Familie Schlegel bewohnte. Wilhelms Frau Therese half der Gräfin von Kageneck im Haushalt. Wenn Mutter dienstlich im Schloss gebraucht wurde, verrichtete Stephanie die häuslichen Arbeiten in der Küche. Die jüngste Tochter war auf den gleichen Vornamen wie ihre Mutter getauft. Als Nachzüglerin wurde sie verwöhnt und immer noch wie ein kleines Kind behandelt, obwohl sie schon zehn Jahre alt war. Frau Schlegel war bei Theresias Geburt schon über vierzig Jahre alt gewesen. Die Kleine kränkelte in den ersten Lebensjahren. Deswegen wurde ihr manches nachgesehen. In ihrem Alter waren die Schwestern längst zu Diensten im und um das Haus verpflichtet, während Theresia immer noch ihre Freiheit genießen durfte.

Einen Sohn hätte Wilhelm schon gerne gehabt, der die Schreinerwerkstatt hätte weiterführen können. Aber er war ein zufriedener Mensch und dankte Gott jeden Sonntag beim Kirchgang in der Herz Jesu Kapelle in Weiler für seine drei Töchter. Maria wandte sich zu Wilhelm um: „Du möchtest mich wohl möglichst bald verheiraten. Ich bin so gerne bei euch und arbeite mit dir in der Schreinerei. Hast du nicht gesagt, dass ich mich so geschickt anstelle. Ich kann hobeln und feilen. Mit dem Maßstab kann ich auch umgehen. Im Winter helfe ich dir wieder beim Schindeln herstellen. Außerdem erledige ich dir deine Buchführung.“ Das musste Wilhelm zugeben. Maria ging ihm sehr zur Hand und das Geschäft florierte nicht zuletzt wegen ihrer freundlichen und heiteren Art mit den Kunden umzugehen. „Du weißt, dass deine Eltern nicht mehr sehr jung sind. Ich war lange Zeit als Handwerksbursch auf der Walz. In Triberg schnitzte ich Kuckucksuhren. In Hinterzarten stellte ich Möbel her und in einer Zimmerei arbeitete ich auch einige Jahre. Ich kam erst heim in mein Elternhaus, als meine Eltern krank wurden und kurz hintereinander starben.

Dann bewohnten meine älteren Geschwister Josef, Maria und ich den Hof. Bald darauf zog Josef gegenüber ins Schloss ein und übernahm die Mesnerdienste. Meine Schwester heiratete nach Dietenbach. Als ich schließlich alleine im Jägerhäusle wohnte, richtete ich mir eine Schreinerei ein. So konnte ich meinen erlernten Beruf ausüben und nebenher noch den kleinen Hof umtreiben.

Mein Vater übte neben dem Beruf des Landwirts noch den des Metzgers aus. Das Fleisch verkaufte er an den Wirt vom Hirschen nebenan und an andere Wirtshäuser. Merke dir folgenden Spruch: Das Handwerk hat goldenen Boden. Als ich durch meine Schreinerei feste Einkünfte hatte, schaute ich mich nach einer Frau um. Ich fand sie gleich gegenüber im Schloss Weiler. Eure Mutter arbeitete dort schon zwanzig Jahre für die Frau Gräfin. Wir heirateten bald und waren froh, dass wir in unserem Alter noch Nachwuchs bekamen." Maria vermutete, dass es ihrem Vater heute besonders gut ging. Nur wenn er so entspannt war wie heute, sprach er über intime Familienangelegenheiten. Normalerweise waren seine Äußerungen und Anweisungen sachlicher Natur. Als Maria die Gelegenheit nützen wollte, noch mehr über ihre Familie zu erfahren, war Vater in Gedanken schon wieder in die Gegenwart zurückgekehrt. Er packte die Lebensmittel ein, band den Hammel los und pfiff die Melodie des Liedes: „Es steht eine Mühle im Schwarzwäldertal, die klappert so leis′ vor sich hin." Maria deutete das als Zeichen, dass er nicht weiter mit Fragen behelligt werden wollte. Er hatte ohnehin schon für seine Verhältnisse viel Gefühl gezeigt.

Das Tier schien sich mittlerweile mit seinem Schicksal abgefunden zu haben. Es trottete willig den Berg nach

Stegen hinunter ohne störrische Zicken wie beim Anstieg.

Als sie schließlich aus dem Wald traten, begannen gerade die Abendglocken der Herz Jesu Kapelle des Schlosses Weiler in Stegen zu läuten. Die Sonne stand schon tief und beleuchtete die Laubbäume. Ihre Blätter erstrahlten dadurch in warmen herbstlichen Farben. Der Ort Stegen lag zu Füßen des Buchbühls auf der Sonnenseite des Dreisamtals. Es war zwar schon Oktober, aber die Temperaturen an dieser geschützten Stelle immer noch verhältnismäßig mild. Wilhelm und Maria zogen den Bock zum Holzsteg, der über den Eschbach führte. Diese Brücke gab dem Dorf seinen Namen. Am anderen Ufer lag in der Abendsonne das Jägerhäuschen. Das Walmdach war wie bei einem typischen Schwarzwaldhaus tief herabgezogen und mit Schindeln gedeckt. Die weiß umrandeten kleinen Fenster lugten einladend unter dem Balkon hervor, der um das ganze Holzhaus führte. Auf den Fensterbänken unterstrichen die blauen, weißen und rosafarbenen Betunien den freundlichen Eindruck des Gebäudes.

Das Jägerhäuschen errichtete vor etwa hundert Jahren der damalige Kageneck`sche Jäger aus Unteribental. Über der Haustüre war folgende Inschrift in den dunklen Holzbalken eingekerbt: „Im Namen des Allerheiligsten und auf Genehmigung Ihrer Reichsgräflichen Gnaden von Kageneck haben Andreas Heizler und Agatha geb. Schlegelin das Haus bauen lassen anno 1801“. In einem alten aus Holz gebauten Schwarzwaldhaus sind Wohnung, Ställe, Schopf und Tenne unter einem großen Dach vereint.

Jägerhäuschen, Foto um 1920

Wilhelm Schlegel führte den Hammel durch das Tor neben der Haustüre in den Stall und band ihn in der Box neben dem Kälbchen fest, das erst ein paar Wochen alt war. Marias kleine Schwester Theresia hatte sie kommen hören und rannte in den Stall hinaus. Sie hüpfte herum und rief: „Wir haben einen Hammel aus dem Steurental!" Vater schüttete Stroh auf und gab dem neuen Stallbewohner Heu zu fressen. Er kontrollierte, ob die Kühe richtig versorgt waren. Zufrieden verließ er den Kuhstall und schaute noch bei den Schweinen vorbei.

Als er in die Stube trat, stellte Stephanie gerade eine Schüssel mit heißer Milch auf den Tisch. Die Teller für die Milchsuppe standen schon bereit. Wenn Mutter noch nicht im Haus war, gab es abends meist eine heiße gesalzene Milch mit eingebrocktem Brot. Kam Frau Schlegel früher heim, brachte sie häufig Reste des herrschaftlichen Essens für ihre Familie mit. Mutter war zwar nicht mehr in festen Diensten bei der Gräfin. Sie half aber immer wieder aus, wenn es notwendig war. In den letzten Wochen wurde sie gebraucht, weil die Haushaltshilfe der Frau von Kageneck nach Kirchzarten geheiratet hatte. Als Wilhelm mit seinen Töchtern am Tisch saß, sprach er Stephanie ein Lob aus: „Gut hast du die Tiere versorgt und die Kühe gemolken während wir unterwegs waren.“ Nur der alte Knecht Magnus hatte ihr geholfen, der hinten im Schopf wohnte. Theresia fragte ihre Schwester Maria: „Darf ich morgen den Hammel schmücken?“ „Meine Schulfreundinnen kommen vorbei und bringen bunte Bänder und Zweige mit. Du kannst Wiesenblumen pflücken. Wenn du uns nicht störst, darfst du mitgehen, wenn wir die Bühne für den Kirchweihtanz herrichten.“ Stephanie schlug vor: „Im Garten blühen noch viele Sonnenblumen, Dahlien und Astern, die könnten wir auch verwenden.“

Schloss Weiler mit Herz Jesu Kapelle, Druck 1908

Als die Mädchen den Tisch abräumten, kam Mutter heim. Frau von Kageneck wollte sie heute wieder nicht gehen lassen. Der Steinmetz, der den Gedenkstein an der Straße zwischen Stegen und Kirchzarten anfertigt, war im Hause. Er besprach den Text, den er zum Tode des Grafen von Kageneck eingravieren sollte. Dadurch war sie so aufgewühlt und hörte nicht mehr auf zu weinen. Nicht einmal die Anwesenheit ihres Sohnes Heinrich kann sie trösten. Er verbringt gerade ein paar Ferientage hier auf Schloss Weiler. Der Graf war vor knapp zehn Jahren vom Pferd gestürzt und hatte sich tödlich verletzt. Die Witwe ließ nun zum zehnjährigen Todestag einen Gedenkstein an der Unglückstelle errichten. Seit dem Unfall war sie in eine tiefe Traurigkeit gefallen. Sie zog sich bald nach dem Tod ihres Mannes in ein Häuschen innerhalb der Schlossmauern zurück, in das sogenannte Tantenhaus. Heinrich von Kageneck besuchte am Kirchweihsonntag mit seiner Mutter den Gottesdienst in der Schlosskapelle.

In den Herbstferien war er für ein paar Tage mit der Höllentalbahn von Freiburg aus nach Kirchzarten gefahren. Dort hatte ihn Karl, der für die Stallungen im Schloss zuständig war, mit der Kutsche vom Bahnhof abgeholt. Nun kniete er neben seiner Mutter auf einer roten samtgepolsterten Bank. Auf einem kleinen Messingschild prangte die Aufschrift: „Reserviert für die gräfliche Familie." In der gewölbten Apsis sprach der Priester gerade seine lateinischen Gebete am gotischen Flügelaltar. Während ein Ministrant sein Weihrauchfass schwang, ließ Heinrich seinen Blick zu den Buntglasfenstern schweifen. Sie zeigten kniende Ritter in blausilberner Rüstung mit der Aufschrift: Ritter Stephan von Kageneck und Ritter Roland von Kageneck. Heinrich dachte bei sich: Was helfen mir all die glorreichen Vorfahren. Ich bin der letzte in der Ahnengalerie und im Grunde nicht stolz darauf, ein Adeliger zu sein. Ich empfinde es eher als Last. Diese ganzen einfachen Bauern und Bürger hier in der Kapelle tragen nicht so viel Verantwortung wie ich und sind vielleicht glücklicher. Trotz allem fühlte er sich hier zu Hause. Der Kirchenchor sang zur Orgel feierliche Gesänge von Haydn. Der österreichische Einfluss aus der Geschichte dieses Landstrichs bedingt, war immer noch zu erkennen.

Während die Kirchenbesucher andächtig der Musik lauschten, sah Heinrich aus dem Augenwinkel die linke Seite der Kapelle, in der die Frauen ihren Platz hatten. Sie trugen alle die Einheitstracht aus dem Dreisamtal. Die meisten hatten noch ihre sommerlichen Strohhüte auf. Mädchenhüte waren gelb gefärbt, Frauenhüte schwarz.
Hinten hingen jeweils zwei lange schwarze Seidenbänder herab. Einige ältere Frauen setzten schon die Winterkappen mit den Bändern über den Ohren auf. Neben den schwarzen Miederjacken mit den auswattierten Puffärmeln trugen sie dunkelrote oder gedeckt grüne, lange Röcke mit Samtborten und Seidenschürzen darüber. Obwohl von der Kleidung her eine Gestalt wie die andere auszusehen schien, entdeckte er auf einmal Unterschiede in der Statur und in den Gesichtszügen. In der zweiten Reihe unterschied er die hochgewachsene hagere Figur von Frau Schlegel, die er gestern bei seiner Mutter getroffen hatte. Die beiden mittelgroßen schlanken Mädchen daneben mussten ihre Töchter sein. Er erkannte so-

fort die Gesichtszüge Marias. Sie war ein halbes Jahr jünger als er und im Kindesalter häufig mit ihrer Mutter auf Schloss Weiler gewesen. Oft spielten sie miteinander, entweder im Schlossgarten oder in der Schreinerei. Als Kinder bauten sie Häuschen aus Holzresten ihres Vaters. Sie dachten sich Geschichten aus und lebten in ihrer Fantasiewelt mit Tieren und Pflanzen.

Heinrich verlor die Spielkameradin bald nach dem Tod seines Vaters aus den Augen. Damals hatte ihn seine Mutter in ein klösterliches Internat gesteckt. Die Gräfin besuchte ihren Sohn manchmal in seinem Gymnasium. Aber er selbst war nur kurz und selten nach Schloss Weiler zurückgekehrt. Seine kleine Spielkameradin hatte sich zu einem hübschen Mädchen entwickelt, fand Heinrich. Als die Messe endete, verließ er als einer der letzten Gottesdienstbesucher die Kapelle. Am muschelförmigen Brunnen, der mitten im Schlosshof stand, entdeckte er eine Schar junger Mädchen. Sie nutzten den Kirchgang nicht nur zum Beten, sondern um Neuigkeiten auszutauschen. Heinrich reichte dem Schimmel, dem Karl gerade das Zaumzeug angelegt hatte, ein Büschel Heu. Er sollte den jungen Grafen wieder zum Bahnhof nach Kirchzarten fahren. Da stand plötzlich Maria neben ihm. „Grüß dich Heinrich. Meine Mutter hat gestern schon erzählt, dass du hier bist. Wie geht es dir?“ „Schön dich zu sehen Maria. Das waren noch Zeiten als wir als Kinder hier im Schlosshof herumtobten. Da lebte mein Vater noch und die Familie war in Takt. Du wolltest wissen, wie es mir geht? Ich schließe gerade die Schule ab und stecke mitten in den Examen. Deshalb muss ich viel lernen und Bücher wälzen. An Ostern werde ich mit dem Gymnasium abschließen." „Da wünsche ich dir viel Glück, dass du deine Prüfungen gut schaffst. Kommst du nach dem Schulbesuch nach Weiler?" „Ich habe vor, in Freiburg Philosophie zu studieren. Da sitze ich wieder über den Büchern. Ich habe mir schon immer Gedanken über Gott und die Welt gemacht. Das weißt du ja." Maria erinnerte sich, dass sie als Kinder manchmal schon ernsthafte Gespräche mit Heinrich geführt hatte. Sie waren in Gedanken oft weit weg gewandert von Stegen. Er hatte ihr einen Stern gezeigt und ihr erklärt, dass er immer an dieser Stelle zu sehen sei bei sternklarer Nacht. Dieser Stern ist schon erloschen, aber er sendet sein Licht immer noch auf die Erde. Also etwas ist nicht mehr existent und wir nehmen den Gegenstand trotzdem noch wahr. Sie hatten damals beschlossen: "Das ist unser Stern. Wir nennen ihn den Nichtsstern." Oft hatte sie diesen Stern angesehen. Sie sah Heinrich in die Augen und erkannte, dass auch er an diese schönen Kindertage dachte.

Da kam seine Mutter dazu, um sich von ihrem Sohn zu verabschieden. Er stieg in die Kutsche und wechselte noch ein paar Worte mit Frau von Kageneck. Dann gab Karl dem Pferd die Zügel und das Gefährt verschwand durch das Schlosstor. Maria winkte und gesellte sich wieder zu ihren Schulkameradinnen. Wilhelm Schlegel eilte nach dem Gottesdienst zum Gasthof Hirschen, der sich schräg gegenüber dem Schloss befand. Er kontrollierte, ob der Blumenschmuck, den die Mädchen am

Samstag angebracht hatten, noch ansehnlich war. Schön hatten sie das Geländer der Bühne bekränzt. Gleich würde die Feuerwehrkapelle anrücken und sich auf dem Gerüst postieren. Im Wirtsgarten versammelten sich schon die Besucher des Standkonzerts. Vor allem die Männer genossen diesen Frühschoppen. Viele von ihnen würden heute bis abends hier sitzen bleiben. Nach der Musikeinlage der Feuerwehr gab es Schlachtschüssel zu essen. Die Landwirte, die aus den Seitentälern des Dreisamtales zum Kirchweihfest anreisten, freuten sich schon auf den Gaumenschmaus. Am Nachmittag sollte die Jugend ihren Spaß erhalten. Dann war es Zeit für den Hammeltanz. Die Musikkapelle rückte aus Kirchzarten an, während die Stegener Feuerwehr das Fest vorbereitete. So halfen die Vereine zusammen. Viele Mitglieder der Musikkapelle waren auch bei der Freiwilligen Feuerwehr. Wie oft waren sie schon zu Bränden gerufen worden und kämpften gemeinsam gegen die Flammen. Genauso unterstützten sie sich bei geselligen Ereignissen wie der heutigen Feierlichkeit. Wilhelm gefiel es bei der Feuerwehr. Die Schwarzwaldhäuser waren fast allesamt aus Holz gebaut. Im Sommer kam es in den Scheunen immer wieder zu Schwelbränden. Oft zerstörte ein Brand das ganze Mobiliar und damit die handwerkliche Arbeit des Schreiners. Es war ihm deshalb ein Anliegen, die Flammen zu bekämpfen, die sein Werk vernichteten.

Natürlich war Wilhelm heute in seine blaue Uniform mit den roten Borten und der Doppelreihe von Goldknöpfen geschlüpft. Auf dem Kopf trug er ein blaues

Schiffchen. Wilhelm genoss ein Viertele Achkarrer Rotwein, während er den Klängen der Kirchzartener Blasmusik lauschte. Dann schlenderte er zwei Häuser weiter an der Mühle vorbei nach Hause. Bei Schlegels wurde daheim gegessen. Mutter hatte für Frau von Kagenecks Haushalt und für ihre eigene Familie jeweils eine knusprige Kirchweihgans gebraten. Es saßen noch ein paar Gäste am Tisch. Die Cousine ihrer Mutter vom Mooshof war mit ihrem Mann nach dem Gottesdienst wie gewöhnlich auf einen Hefeschnaps zu ihnen hereingekommen. Das war ein üblicher Brauch in dieser Gegend, um seine Verwandten zu besuchen. Der Moosbauer wollte aber noch einen Auftrag an Wilhelm Schlegel vergeben. Deshalb verabredeten sie sich am vorhergehenden Sonntag zu diesem Kirchweihessen. Mutter meinte: „Das ist schön, dass ihr zum Essen bleibt. Eure Tochter Klärle ist alt genug, um zu Hause für die Kinder zu kochen." Klärle war eine Freundin Marias und bei ihren vier jüngeren Geschwistern daheim geblieben.

Nach dem Essen verschwand Wilhelm mit dem Moosbauern in der Werkstatt. Sie suchten ein passendes Holz aus für das Schränkchen, das der Schreiner anfertigen sollte und besprachen die Maße. Es sollte ein Sicherheitskästchen werden mit Metallkassette im Inneren, in das Wertsachen eingeschlossen werden konnten. Als sie in die Stube zurückkehrten, scherzte Wilhelm: „Die Moosbauern scheffeln mit dem Verkauf ihres Waldes soviel Geld, dass sie einen neuen Geldschrank benötigen." Tatsächlich hatte der Moosbauer nach dem Tod seines

Vaters viel Grund geerbt. Er parierte schlagfertig: „Wer kann, der kann! Wer nicht kann, kann nicht!“ Wilhelm neidete ihm den Wohlstand keineswegs, hatte die Moosbäuerin doch erst kürzlich das fünfte Kind bekommen und sie mussten viele Mäuler stopfen. Sie umarmten sich zum Abschied. Die Gäste bestiegen ihr Fuhrwerk und der Moosbauer knallte mit der Peitsche. Der schwere Ackergaul zog ruckartig an und der Wagen setzte sich auf dem Weg nach Eschbach in Bewegung.

Die Mädchen trugen heute ihre schönsten Festkleider und steckten sich frische Sonnenblumen aus dem Garten auf ihre Strohhüte bevor sie aus dem Haus gingen. Als sie den Wirtsgarten erreichten, war der Tanzboden schon für den Hammeltanz geräumt. In der Mitte stellten gerade ein paar Burschen einen Stab mit Blumengebinde auf. Über dem Kranz brachten sie eine Holzplatte an. Auf diese stellten sie einen Wecker, den sie mit einem Tuch bedeckten. Da führte Wilhelm schon den Hammel herbei, den er im Stall zuvor noch einmal kräftig gefüttert hatte, damit er nicht nervös wurde und die Prozedur gut überstand. Das Tier trug einen dunkelroten Samtsattel auf dem Rücken. Bunte Bänder flatterten an den Hörnern und der ganze Hammel war mit Blumenkränzen übersät. Neben dem Tanzboden zählte Maria zwölf herausgeputzte Paare. Die meisten der Tanzmädchen schnatterten aufgeregt miteinander. Einige schienen etwas verängstigt zu sein wegen der großen Zuschauermenge, die sich inzwischen angesammelt hatte. Theresia fragte: „Wer gewinnt den Hammel?“ Maria erklärte ihrer kleinen

Schwester: „Die Paare tanzen nacheinander einen Ländler. Das Paar, bei dem der Wecker rasselt, gewinnt den Bock.“ „Ich wette, die dicke Rosa und der langsame Jockel bekommen den Hammel. Die tanzen so schwerfällig, dass sie so lange auf dem Tanzboden sind, bis der Wecker klingelt,“ frotzelte Theresia. Sie hatte gestern schon zugeschaut wie einige Paare auf der Tanzfläche übten und dabei ihre Beobachtungen gemacht. Die Musikanten der Kirchzartener Blaskapelle stärkten sich noch einmal mit Getränken und ließen sich danach neben der Bühne nieder.

Das erste Paar wurde vom Ansager aufgerufen: „Agatha Burkhart und Josef Raufer auf die Bühne bitte!“ Dann wurden alle Namen nacheinander verlesen und die Paare drehten eine Ehrenrunde auf dem Tanzboden. Jetzt wurde es ernst. Maria und einige ihrer ehemaligen Schulkameradinnen lehnten am Zaun und waren gespannt, wie sich die Paare nacheinander in Szene setzen würden. „Mir gefallen der Schneidermichel mit der Lydia am besten.“ „Nein ich finde die Reckleresi mit dem Stephan Ruf schöner.“ „Der Pauli hat so einen pfiffigen Hut auf und so nette Locken, der gefällt mir. Pauli würde viel besser zu Maiers Klara passen.“ So gackerten die Mädchen in einer Tour. Schließlich kam ein ganz unbekanntes Paar, das von St. Peter angereist war, an die Reihe. Die beiden drehten sich zu den letzten Tönen des Ländlers im Kreis, als der Wecker rappelte. Es folgte erst eine absolute Stille. Die Musik hörte auf zu spielen. Nur noch das Weckerrasseln war zu hören. Dann begann ein lauter Jubel. Die Zuschauer schrien durcheinander und alles schien sich zu bewegen. Die Burschen, die den Kranz aufgestellt hatten, führten den Hammel auf die Bühne. Das Gewinnerpaar nahm den Bock am Seil und drehte einige Ehrenrunden auf dem Tanzboden. Die Menschen klatschten Beifall. Der Gewinner rief: „Eine Runde Getränke für die Musikkapelle und die Feuerwehr."

Nach einer längeren Trinkpause spielte die Kirchzartener Musik noch einmal auf. Jetzt konnten alle Besucher ihr Tanzbein schwingen. Sie tanzten auf dem Tanzboden und als dieser überfüllt war, bewegten sich einige Paare auch auf dem Kiesboden zwischen den Gartentischen. Maria überlegte schon, ob sie nach Hause gehen sollte, weil die Gruppe ihrer Freundinnen sich allmählich auflöste. Da tippte ihr plötzlich jemand von hinten auf die Schulter. Sie drehte sich um und sah in ein grinsendes hübsches Jungengesicht. „Willst du mit mir tanzen? Ich bin der Hackepeter." Er war ihr fremd. Hier kannten sich eigentlich alle. Außer dem Gewinnerpaar und einigen wenigen von Stegenern eingeladenen Verwandten, war hier jedes Gesicht bekannt. Maria ließ sich von Hackepeter auf einen freien Platz führen und bewegte sich mit ihm nach der Musik. Er war groß, schlank und schwarz gekleidet. Nachdem er nichts mehr sagte, fragte ihn Maria: „Wo kommst du her?" Sie hatte an seinem Dialekt erkannt, dass er nicht aus dem Dreisamtal stammte. Er sprach so wie Schusters Leni, die vom Kaiserstuhl zugewandert war. Bei seiner Antwort verstärkte sich der Eindruck der fremden Mundart. „Ich komme von Ihringen. Dort arbeitet mein Vater als Kaminkehrermeister. Ich gehe in

Kirchzarten beim Kaminkehrer Zipfel in die Lehre.“ „Gefällt es dir bei uns im Schwarzwald?“ wollte Maria wissen. „So richtig im Schwarzwald sind wir hier ja noch nicht. Das Dreisamtal ist flach wie die Rheinebene, wo ich herkomme. Mir gefällt es in dieser Gegend gut, besonders weil es da so nette Mädchen gibt.“ Allmählich wurde es kühler und Maria fröstelte, obwohl sie eine warme Samtjacke trug. Immerhin war es schon Mitte Oktober. Die Tage wurden merklich kürzer. Schließlich verschwand die Sonne hinter dem Feldberg und der Schatten legte sich über den Wirtsgarten des Gasthofs „Zum Hirschen“. Die meisten Gäste traten den Heimweg an. Einige Männer trugen ihre Gläser ins Innere des Gebäudes und ließen den Abend dort ausklingen. Maria verabschiedete sich und Hackepeter rief ihr nach: „Vielleicht sehen wir uns wieder!“

An diesem Abend lag Maria noch lange wach. Ihre beiden Schwestern teilten mit ihr das Mädchenzimmer. Beide schliefen sie tief. Sie konnte es an ihrem gleichmäßigen Atmen hören. Maria ließ den heutigen Tag noch einmal vor ihrem geistigen Auge ablaufen. Am Morgen des Kirchweihtages führte sie ein angenehmes Gespräch mit Heinrich. Er war für sie wie ein Bruder, mit dem sie sich gut verstand. Als Partner kamen für Bürgerliche wie sie es war Adelige ohnehin nicht in Frage. Am Abend lernte sie einen Tänzer kennen. Der Hackepeter gefiel ihr wegen seines Auftretens, nicht wegen seiner Sprache. Diese fand sie eher abstoßend. Der Dialekt der Unterländer war bei den Oberländern im Allgemeinen nicht beliebt. Er klang eher unangenehm in ihren Ohren. Aber

dieses Vorurteil konnte nicht verhindern, dass sie ihn bewunderte. Hatte sie doch erst vor Kurzem ihrem Vater beteuert, dass sie bei ihm bleiben und ihr Leben lang in seiner Werkstatt arbeiten wolle. So einen flotten Hackepeter als Gatten könnte sie sich jedoch schon vorstellen, ging es ihr durch den Kopf.
Ihre Fantasie ließ sie schon mit dem Hackepeter am Arm in Freiburg herumspazieren. Die Hauptstadt des Breisgaus hatte sie schon ein paar Mal besucht, als ihr Vater dort Beschläge für die Türen und Schränke besorgte. Vor einiger Zeit fuhr sie sogar alleine mit der Höllentalbahn von Kirchzarten aus in die Stadt. Dort zu leben könnte ihr gefallen. Vielleicht würde sie sich mit Hackepeter aber auch in Kirchzarten niederlassen. Der Marktflecken war der größte Ort im Dreisamtal. Er lag mitten im Zartener Becken. Während sich die meisten Schwarzwaldtäler zur Oberrheinischen Tiefebene hin verbreitern, verengt sich das Dreisamtal bei einer Länge von 8 km und einer hinteren Breite bei Stegen von 4 km auf der Höhe Ebnets auf 750 m. Dieser kleine Ort liegt eingekeilt zwischen den Schwarzwaldhöhen Schauinsland und Rosskopf. Dahinter, in der beginnenden Rheinebene, befindet sich Freiburg. Das Zartner Becken war Marias Lebensbereich, genauso wie für die meisten Dreisamtäler. Mit dem Feldberg war die Welt zu Ende. Aber es gab etwas dahinter, wo Hackepeter aufwuchs? Ihringen kam ihr unheimlich weit entfernt vor. So wie Heinrichs Nichtsstern in unglaublich weiter Ferne einst im All existierte. Maria stellte sich schlafend, als Mutter mit der Laterne in die Schlafkammer schlich und nach den Mädchen sah.

Ein paar Tage später schien die Sonne noch einmal prächtig ins Tal. Es war ein goldener Oktobertag. Jenseits des Eschbachs, der östlich an Schlegels Streuobstwiese vorbeifloss, führte ein Weg am Fuße des Buchbühls entlang nach Wittental und weiter in Richtung Freiburg. An dieser Sonnenseite des Dreisamtals wurden die Bewohner vom Licht verwöhnt. Während auf der gegenüberliegenden Seite schon längst die Schatten über das Tal zogen, schien hier an heiteren Tagen am längsten die Sonne. Dieser Weg wurde Sonnenleite oder Waldweberweg genannt.

Maria hatte ihre Arbeit verrichtet und rief nach Bello, der sie begleiten sollte. Sie schlenderten zuerst über den Eschbachsteg und danach am sonnenbeschienenen Waldrand entlang. Der rote Schein der Buchen leuchtete in der Abendsonne. Die vereinzelten Eichenbäume verloren schon ihre Blätter. Maria sammelte Bucheckern und Eicheln, die gehäuft auf dem Boden verstreut lagen. Die Schweine würden ihr für das leckere Futter dankbar sein. Sie steckte die Früchte in ihre Schürzentasche. Unter einer mächtigen Eiche stand ein Bänkchen. Maria ließ sich nieder und blickte auf die dunklen Schwarzwaldberge gegenüber, während sie das warme Herbstlicht und die Abendstimmung genoss. Der treue Mischling Bello lag zu ihren Füßen und wedelte mit dem Schwanz. Bei jedem Geräusch spitzte er die Ohren. Plötzlich fing er zu knurren an, als wollte er sie warnen. Da brach auch schon hinter ihnen eine Gestalt aus dem Unterholz. Als sie Marias Augen mit ihren Händen bedeckte, begann der Hund zu bellen. „Rate, wer bin ich?“ war nach dem

Dialekt zu urteilen leicht zu beantworten. Der Hackepeter hatte ihr aufgelauert. Er setzte sich neben sie auf die Bank und erzählte: „Ich muss im Augenblick viel arbeiten. Mein Meister lässt mir kaum Freizeit. Vor dem Winter prüfen wir die Kamine nach. Im nächsten Jahr werde ich vom Lehrling zum Gesellen befördert. Damit ich anständig abschneide und mein Meister mit mir zufrieden ist, muss ich mich anstrengen und gute Arbeit leisten. Wir werden uns also nicht so oft sehen können."

Das klingt ja, als würde er sie als seine Freundin betrachten. Maria wurde es ganz warm ums Herz. Vielleicht würden ihre Träume von einem Leben außerhalb ihres Heimatdorfes doch wahr? Sie fühlte sich zum Hackepeter hingezogen. „Kommst du in unser Haus auch zum Ausputzen des Kamins?" wollte Maria wissen. „Nein, die Stegener Feuerstellen werden von St. Peter aus überwacht." Als Bello ungeduldig mit dem Schwanz wedelte, merkte Maria, dass es dämmrig wurde. Sie warf ein Stöckchen und der Hund apportierte es. Maria griff in ihre Röcke und lief die Sonnenleite zurück, Bello hinterher. Hackepeter folgte ihnen. An der Brücke hielt Maria inne. Der Hund sprang die Uferböschung hinunter und schlapperte Wasser aus dem Eschbach. Hackepeter umarmte das Mädchen. „Wir werden uns jetzt länger nicht mehr sehen." Maria griff in seine wuscheligen braunen Haare und wand sich dann aus der Umklammerung. Hund und Mädchen rannten über die Brücke. Kurz vor der Hecke zum Schlegelschen Grundstück drehte sie sich noch einmal um und sah den Peter, der immer noch am Geländer des Steges lehnte.

3. Kapitel

Nichtsstern

Die dunkle Jahreszeit war angebrochen. Bauern und Handwerker hielten sich in den Häusern auf und führten Arbeiten und Reparaturen durch, die sie sich für den Winter aufgehoben hatten. In der Adventszeit besuchten die Menschen noch häufiger die Andachten in der Kapelle zu Weiler, um sich auf das Weihnachtsfest vorzubereiten. Die Leute hier waren sehr religiös. Es hatte hier eine Epoche lang die Wiedertäufer gegeben. Das war jedoch nur ein Intermezzo. Heute bestand die Bevölkerung überwiegend aus Katholiken. Breisgau gehörte lange Zeit zum katholischen Österreich. Kaiserin Maria Theresia prägte nicht nur die Namensgebung für die Nachkommenschaft sondern auch das religiöse Leben. Vielleicht wirkte sie mit ihren vielen Kindern bei der Bürger- und Bauernschaft sogar als Vorbild für deren Familienplanung. Am 5. Dezember 1905 fand im Stegener Schloss die traditionelle Nikolausfeier statt. Um diese Jahreszeit zeigte der klare Himmel ein besonders schönes Sternbild. Als Maria vor die Türe trat, um mit Stephanie den Nikolausabend im großen Saal des Schlosses zu verbringen, sah sie am Himmel ihren Nichtsstern funkeln. Sie stellte sich wieder einmal vor, wie unvorstellbar weit er entfernt war und dass er eigentlich gar nicht mehr existierte. Sein Schein brauchte viele Lichtjahre um zu uns zu gelangen. Wie klein kam sie sich bei diesem Gedanken vor. Die sternklare Nacht brachte jedoch nicht nur einen von Sternen funkelnden Himmel sondern auch eine eisige Kälte mit sich.

Die Mädchen hatten ihre schwarzen Wollmäntel über ihre Festtagstracht gezogen. Im unteren Saal des größten Schlossgebäudes waren schon eine Menge Bewohner aus den Nachbarhäusern versammelt. Seit Jahrzehnten kamen sie hier am Nikolausabend zusammen und wurden von der gräflichen Familie willkommen geheißen. Als Anerkennung für ihre nachbarliche Hilfsbereitschaft oder ihre treuen Dienste gab es Säckchen mit Äpfeln, Walnüssen, Haselnüssen, Dörrobst und etwas Schokolade für die Kinder. Frau Schlegel half schon den ganzen Nachmittag, die Säckchen zu füllen und die Feier vorzubereiten. Die geladenen Gäste warteten voller Spannung. Kerzenlicht flackerte und malte Schatten an die Stuckdecke. Frisches Tannengrün aus den Schwarzwaldbergen verströmte seinen Duft. Da rasselten auch schon Ketten, Stiefel polterten und Besen schlugen von außen an das große Eingangstor. Es wurde mucksmäuschenstill im Saal, als Marias Onkel Josef, der Mesner, die Pforte öffnete. Einige Krampusse stürmten an ihm vorbei durch das quietschende Tor. Die wilden Gesellen waren mit großen Kartoffelsäcken vermummt und sahen furchterregend aus. Sie hatten Glocken und Schellen umgebunden. Mit langen Besen fuhren sie auf dem Boden herum und stießen dabei heulende Laute aus. Die kleineren Kinder schlüpften an die Erwachsenen heran und versteckten ihre Gesichter. Als die Knechte sich schließlich in die

Winkel verzogen und beruhigt hatten, schritt ein groß gewachsener imposanter Heiliger Nikolaus durch das Tor. Es folgten ihm einige weiß gekleidete Engelchen mit Goldflügeln und Heiligenschein. Maria erkannte ihre Schwester Theresia unter der Schar der Engel. Sie war den ganzen Tag schon so aufgeregt und schon mehrere Male in ihr Engelskostüm geschlüpft. Lehrer Ruf wählte sie und einige ihrer Freundinnen für diese Aufgabe aus. Der Heilige Nikolaus stand nun zwischen seiner Engelsschar. Auf dem Haupt saß eine Mitra mit einem Goldkreuz darauf. Unter einem dunkelroten mit Gold verzierten Umhang schaute ein weißes Gewand hervor. In der einen Hand führte der Heilige den Krummstab mit sich, in der anderen das Goldene Buch. Das Gesicht war von einem wallenden weißen Bart eingerahmt. Er reichte seinen Stab einem der Engel und schlug sein Buch auf. Maria merkte sofort, dass sich der Lehrer als Bischof verkleidet hatte. Da erklang schon seine tiefe Stimme mit einem Text von Theodor Storm: „Von drauß´ vom Walde komm ich her. Ich muss euch sagen es weihnachtet sehr. Allüberall auf den Tannenspitzen sah ich goldene Lichtlein blitzen. Und oben aus dem Himmelstor sah mit leuchtenden Augen das Christkind hervor...“. Die Kinder in dieser Gegend glaubten alle noch an das Christkind, das am Heiligen Abend die Geschenke bringen würde. Genauso war es für die Kinder Tatsache, dass der Storch die Neugeborenen aus dem Titisee im Hochschwarzwald fischte. Titi war ein anderes Wort für Kind. Einige der Kleinen wurden paarweise hervorgerufen. Der Heilige Nikolaus las aus seinem Goldenen Buch vor: „Stimmt es, dass der Hannes immer am Daumen lutscht und darum schon ganz schiefe Zähne hat. Aber loben kann ich ihn, weil er seinem Vater immer die Pantoffel bringt und ihm seine Schuhe putzt. Der Jockel soll nicht immer die Hühner herumscheuchen. Dann legen sie keine Eier mehr. Er kann aber auf dem Fuhrwerk schon sicher die Zügel halten. Die Rosa sollte in der Schule besser aufpassen, dass sie das Lesen lernt. Dafür hilft sie der Mutter in der Küche gerne beim Kochen. Ich glaube die Ursel ärgert manchmal ihren kleinen Bruder und lacht ihn aus. Oft passt sie aber gut auf ihn auf und tröstet ihn.“ Der Bischof hatte für jedes Kind einen Tadel bereit, aber lobte es danach wieder. Jedes Kind wurde auf eine Schwäche aufmerksam gemacht. Keiner ging aber entmutigt von dannen, weil er auch ermuntert wurde. Ein paar Kinder trugen noch Gedichte vor.

„Heiliger guter Nikolaus, bringst den kleinen Kindern was.
Die großen lässt du laufen, die können sich was kaufen.“

Die Engel stimmten ein Nikolauslied an und die Gäste fielen ein, soweit sie des Singens mächtig waren. Zur Belohnung und Wegzehrung verteilte der Bischof mit Hilfe seiner Engel die vorbereiteten Säckchen.

Als Maria nach der Nikolausfeier mit ihren beiden Schwestern zum Elternhaus kam, trat plötzlich eine Person aus dem Schatten auf sie zu. Theresia hatte sie als erste entdeckt und rief: “Ui da steht ein Krampus! Der steckt uns gleich in den Sack!“ Als der vermeintliche Ruprecht aber vom Mondlicht beschienen wurde und auf Maria zusteuerte, durchschaute ihre Schwester die Zusammenhänge. War doch wieder dieser Hackepeter unterwegs! Sie kicherte und ging mit Stephanie ins Haus. Maria war sich sicher, dass ihre um zwei Jahre jüngere Schwester Stephanie dicht halten würde. Die Klatschbase Theresia jedoch würde den Eltern sicher von ihrer Begegnung berichten. „Du hast mich aber erschreckt. Warum kommst du so spät?“ „Ich hab doch gesagt, dass ich schlecht wegkann, weil ich bei meinem Meister soviel arbeiten muss. Heute am Nikolausabend konnte ich mich wegschleichen, weil er selbst mit seiner Familie beschäftigt ist. Komm gib mir einen Kuss.“ Er fasste sie an der Hand und lief mit ihr vor dem Jägerhäuschen auf und ab. „Ich muss ins Haus. Meine Mutter wird gleich vom Schloss kommen. Sie soll uns nicht ertappen. Ich kann dich noch nicht meinen Eltern vorstellen. Dazu kenne ich dich zu wenig.“ Er wollte sie hinter das Haus ziehen. Maria befreite sich und lief zur Haustüre. Sie sah sich noch einmal um, winkte und war im Haus verschwunden.

In der Stube hüpfte Theresia herum und sang: „Maria die hat einen Freund. Ihr Freund der heißt Peter. Hinterm Hause steht er!“ Woher wusste der Ausbund an Neugier denn schon wieder seinen Namen? Hatte sie in ihrem Tagebuch geschnüffelt? Vor ihr konnte man rein gar nichts geheim halten. Sie würde ihr geheimes Büchlein in Zukunft in der Scheune verstecken und nicht mehr in ihrer Kommode. Vater schickte die beiden jüngeren Mädchen ins Bett und hielt Maria zurück: „Ich muss mit dir reden. Stimmt das, was Theresia gesagt hat? Hast du einen Freund? Kenne ich ihn?“ In Wilhelm stieg eine gewisse Abwehr hoch, sie konnte auch Eifersucht genannt werden. „Ich habe ihn beim Hammeltanz kennen gelernt. Er wird Hackepeter gerufen und lernt beim Kaminkehrermeister Zipfel in Kirchzarten. Im nächsten Jahr wird er Geselle. Sein Vater ist auch Kaminkehrer in Ihringen.“ „So so Kaminkehrer. Bei dem Beruf wird man ja nicht sonderlich reich. Und von auswärts ist er auch noch, ein Unterländler!“ Maria dachte, dass es gar nicht so einfach war, es den Eltern recht zu machen. Auf der einen Seite wollten sie ihre Töchter unter die Haube bringen, auf der andern Seite waren sie sehr wählerisch. „Kaminkehrer bringen doch bekanntlich Glück. Es kann doch durchaus sein, dass Hackepeter mir und meiner Familie Glück beschert. Wir können ihm doch eine Chance geben zu beweisen, dass er ein anständiger Kerl ist.“ Sie brachen das Gespräch ab als Mutter zur Stubentüre hereinkam. Frau Schlegel hatte der Frau von Kageneck beim Aufräumen des Saales geholfen. Vater wollte seine Frau nicht beunruhigen und betrachtete die Angelegenheit vorerst für bereinigt. Maria gab ihrer Mutter einen Kuss und sagte: „Schön habt ihr die Nikolausfeier vorbereitet. Für die Kinder war das wieder ein großes Erlebnis. Danke Mutter.“ „Wenn du die Gräfin triffst, kannst du ihr das auch sagen. Die freut sich über ein Dankeschön.“ Als Maria im Bett lag, überlegte sie, warum ein Sprichwort besagte, dass Kaminkehrer Glück bringen.

Die Feuerstelle war der wichtigste Ort im Haus. Hier wurde das leckere Bauernbrot gebacken. Im Kamin hingen die Speckseiten, die täglich zur Vesper gegessen wurden. Ein sauberer Rauchfang sicherte sozusagen die gute Ernährung einer Familie. Brachte der Rauchfangkehrer mit seiner Arbeit nicht Freude ins Haus. Ein ungewarteter Kamin konnte dagegen Funkenflug verursachen und als Brandursache gelten. Bei den vollständig aus Holz gebauten Höfen im Schwarzwald ein gefährlicher Effekt. Oft waren die riesigen weit herabgezogenen Dächer mit Schindeln, oder sogar mit Stroh gedeckt. Das brannte wie Zunder. Der Kaminkehrer war also ein Glücksbringer, wenn er Brände verhindern konnte. Sie dachte an ihren Hackepeter, atmete tief durch und schlief ein. Wilhelm Schlegel ging am kommenden Sonntag nach dem Kirchgang zum Frühschoppen in den Hirschen. Er setzte sich an den Stammtisch neben den Jorgsenhannes. Gegenüber hatte Lehrer Ruf Platz genommen. „Anständige Töchter hast du, Wilhelm. Deine kleine Theresia war am Nikolaustag ein begeisterter Engel. Deine Maria und die Stephanie sind auch liebe Mädchen. Ich wollte, meine Tochter Anna wäre so gut geraten. Aber Lehrers Kinder, Schusters Schuh und Schneiders Joppen sind bekanntlich schlecht.“ Wilhelm brannte seine Frage so sehr unter den Nägeln, dass er gleich mit der Türe ins Haus fiel. „Kennt jemand den Hackepeter? Er soll Lehrling beim Kaminkehrer Zipfel aus Kirchzarten sein. Beim Hammeltanz im Oktober wurde er hier gesehen. Er stammt aus dem Unterland.“ Da meldete sich der Raufer Florian, der am Kopfende des Stammtisches saß. „Hackepeter ist sein Spitzname. Der Junge heißt eigentlich Peter Klingele. Ich habe ihn als Draufgänger kennen gelernt. Meine Tochter Katharina lud er zum

Heubodenfest in Oberried ein. Sie war danach über beide Ohren verliebt. Er wollte aber nichts mehr von ihr wissen. Bald darauf sah man ihn mit der Agathe vom Maierhof. Er rennt jedem Weiberrock hinterher und die Mädchen sind ganz heiß auf ihn. Da kannst du abwarten bis er die erste schwängert. Dabei fragst du dich, was die an dem finden. Einen Dialekt hat der an sich! Aber bei der Liebe kommt es ja nicht auf die Sprache an. Die ist dabei zweitrangig. Prost Wilhelm! Pass auf deine Töchter auf! Es sind viele Windhunde unterwegs und wollen die hübschen Mädchen reinlegen." Diese Information reichte Wilhelm fürs erste.

Er wandte sich wieder an den Lehrer Ruf und lenkte das Gespräch auf die neuen Schulbänke, die er im Augenblick für das Schulhaus zimmerte. Für die vielen Kinder reichten die alten nicht aus und ein paar neue Schulmöbel mussten angefertigt werden. Wilhelm Schlegel hatte erst vor einigen Tagen die Örtlichkeiten begutachtet. Die Schule bestand nur aus einem Klassenzimmer im Parterre. Das Obergeschoss enthielt die Lehrerwohnung. Neben dem Schulgebäude befand sich des Lehrers Garten und Hühnerhof. Südlich begrenzte der murmelnde Eschbach den Schulhof. Hier tummelten sich Enten und Gänse. Die Schüler hielten sich in der Pause mitten in der Natur auf und besuchten eine einklassige Schule. „Euer Hühnerhaus bricht auch bald zusammen, wenn Ihr wollt repariere ich es kostenlos", meinte Wilhelm. Arbeiten für und an der Schule führten stets die Schüler oder deren Väter und Mütter ehrenamtlich durch. Die Eltern bemühten sich, dass ihre Kinder beim Schulmeister gut angeschrieben und beliebt waren. „Da wäre ich Euch sehr dankbar, wenn Ihr den Hühnerstall in Ordnung bringt.“ Einem Schreiner ging der Gesprächsstoff im Wirtshaus nicht aus. Viele Geschäfte leierte er an diesem Ort schon an und manchem Kunden bezahlte er im Hirschen ein Viertele. Der landläufige Ausdruck dafür hieß: „Kundschaft trinken“. Auf dem Nachhauseweg kam Wilhelm sein Anliegen wieder in den Sinn. Von wegen Kaminkehrer bringen Glück! Wie sollte er seine offensichtlich in einen Nichtsnutz verliebte Tochter Maria schützen? Er überlegte. In der augenblicklichen Winterszeit hatten junge Leute nicht viele Gelegenheiten sich zu treffen. Bis zum Frühling musste er seine Tochter zur Vernunft gebracht haben. In nächster Zeit würde er Maria nicht aus den Augen lassen, damit sie keine Gelegenheit bekam, sich mit diesem Tunichtgut zu treffen. Er vermied es vorerst auch, über dieses Thema zu sprechen. Der Widerstand der Eltern verstärkte nur die Sehnsucht. Diese Erfahrung hatte er selbst gemacht und er wusste, dass die Zeit manche Gefühlsverirrungen regelte. Er hatte sich in seinen Lehr- und Wanderjahren auch unter den Mädchen im Hochschwarzwald umgesehen. Manch eine hätte ihm gefallen. Aber meist waren sie aus den Augen, dann auch aus dem Sinn. Er hatte jedenfalls keine in Verlegenheit gebracht. Die Weihnachtszeit verlief im Hause Schlegel friedlich. Nachdem sich auch in den Tagen nach dem Weihnachtsfest kein Hackepeter mehr hatte blicken lassen, meinte Wilhelm, dass der Kaminkehrerlehrling Maria genauso vergessen hatte wie die Katharina von Raufers Florian.

4. Kapitel

Wintermärchen

Kurz nach dem Neujahrsfest fragte der Vater Maria: „Könntest du das Schränkchen, das ich für den Moosbauern angefertigt habe mit dem Schlitten abliefern. Der Weg ist ja nicht so weit und das Wetter ist gerade trocken. Auf dem Pulverschnee lässt es sich gut fahren." Maria freute sich über den Auftrag ihres Vaters. Beim Moosbauern würde sie ihre Freundin Klärle treffen und sie könnten sich verabreden. Vater richtete die Ware her, deckte sie mit einem Leintuch zu und zurrte sie auf dem Schlitten fest. Maria zog ihre neuen gefütterten Winterstiefel und ihren Wollmantel an. Auf den Kopf setzte sie ihr seidenes Kopftuch mit Fransen, das sie von ihrer Gotti zu Weihnachten geschenkt bekommen hatte. Gotti war die Bezeichnung für die Taufpatin. Sie zog den Schlitten über die Brücke und bog auf der Sonnenleite am Waldrand unterhalb des Buchbühls nach Osten ab. Der Mooshof lag etwa zwei Kilometer in dieser Richtung entfernt. Es war heute bitterkalt und die Sonne schien in den Neuschnee. Die Schneekristalle glitzerten und bei jedem ihrer Schritte knirschte der Schnee unter ihren Füßen. Wie mit Zuckerwatte überzogen standen die Nadelbäume vor ihr.

Sie begegnete einigen Waldbauern, die Holz aus dem Wald zogen. Die Arbeiter waren Maria allesamt bekannt und grüßten sie freundlich. Als sie ein Stück gewandert war, kam ihr ein junger Mann entgegen, der ein geöffnetes Buch in den Händen hielt und zu lesen schien. Maria erkannte Heinrich sofort. „Grüß Gott Maria. Ich wünsche dir noch ein glückliches Neues Jahr. Gehst du zum Schlittenfahren?“ „Auch ein gutes Neujahr! Ich liefere ein Möbelstück zum Mooshof. Bei diesem Pulverschnee kann ich es gut mit dem Schlitten transportieren.“ „Darf ich dich ein Stück begleiten. Es würde mir gut tun mich zu unterhalten und nicht nur in meine Bücher zu starren. Die frische Luft ist heute vorzüglich.“ Heinrich kehrte um und schloss sich ihr an. Er fasste die Schlittenschnur und sie zogen gemeinsam. Als er sich unter einem herunterhängenden Ast duckte, zog sie daran und der weiße Schneestaub fiel auf beide herab. Maria ließ die Schnur los, rannte ein Stück weiter und bog sich vor Lachen. Heinrich steckte sein Buch, das er immer noch in der einen Hand hielt in seine Manteltasche und holte sie mit dem Schlitten ein. Sie griffen beide in den Pulverschnee und staubten sich gegenseitig ein. Seine Brille war voll von kleinen Wassertröpfchen und unter seiner Fellmütze sahen ein paar feuchte Haarsträhnen hervor. Marias Kopftuch war weiß eingepudert und auf ihren Wimpern und Brauen glänzten die Schneekristalle wie Perlen. So kannte Heinrich die Spielkameradin Maria. Sie war immer zu dummen Streichen aufgelegt. Jetzt stand sie mit von der Kälte geröteten Wangen vor ihm und kicherte. Sie verstanden sich gut und es kam keine Verlegenheit auf. „Was steht denn in deinem schlauen Buch?“ wollte Maria wissen. „Ich befasse mich mit der Kant`schen Weisheitslehre. Dieser Band, den ich im Augenblick durcharbeite, heißt: „Kritik der Urteilskraft". Er berührt mich am stärksten von allen Büchern des Philosophen. Ich versuche den Text in Verse zu fassen."

„Du bist also ein Dichter und schreibst Reime? So wie das Lied von der Lorelei, das in unserem Lesebuch stand? Oder das Gedicht vom Eppelein von Gailingen? Ich kann dir ein Gedicht aufsagen: „Eins zwei drei picke backe Ei, picke, backe Pfannenstiel, sitzt ein Männchen in der Mühl`, hat ein staubig´s Hütchen auf, liegen viele Geldstück` drauf." Heinrich überlegte und kam zu dem Schluss: Diese Landbevölkerung hier ist praktisch und bodenständig. Mit diesem Auszählreim, den Maria herunterleierte, war alles gesagt, was die Leute hier bewegte. Für ihre täglichen Bedürfnisse brauchten sie etwas zu essen. Als Beispiel dienten die Eier und eine Pfanne. Etwa jedes dritte Bauernhaus befand sich an einem Bach, der von den Schwarzwaldhöhen herunterstürzte und eine Getreidemühle betrieb, die berühmte Mühle im Schwarzwäldertal. Auch waren die Landleute meist staubig, weil sie für ihren Lebensunterhalt hart arbeiten mussten, der sich dann in barer Münze auszahlte. Dieser Sechszeiler drückte alles aus, was der Mensch brauchte.

Das war die Philosophie des einfachen Mannes in der Landwirtschaft. Wie unkompliziert könnte das Leben sein! Ein Grübler wie ich wälzt dagegen schwerwiegende existentielle Fragen und sucht nach Antworten. „Das Dichten ist leider nicht so leicht. Ich brauche viel Zeit dafür. Meine Lehrer helfen mir dabei, wenn ich Fragen habe. Um den Text des Immanuel Kant in Verse fassen zu können, muss ich ihn erst verstanden haben und erklären können. Er fragt nach Gott, Freiheit und Unsterblichkeit. Raum und Zeit scheinen unendlich zu sein. Der Mensch braucht mit Hilfe Gottes formale Gesetze um als soziales Wesen leben zu können. Die menschliche Gesellschaft benötigt eine Vernunftethik und ein Schema der Moralität. Kant sagt zum Beispiel: „Handle nach derjenigen Maxime, durch die du zugleich wollen kannst, dass sie allgemeines Gesetz werde. Das heißt, im Menschen ist ein Gewissen verankert, nachdem er sich zu richten habe, wenn er vor dem Richter Gott bestehen will. Gott will die Natur, die er erschaffen hat, schützen. Darum soll der Mensch sich an die Gebote halten. Denn der Mensch ist die Krone der Schöpfung und deshalb schützenswert. Es ist schwierig über das Sein und Nichtsein des Menschen nachzudenken und es mit Worten auszudrücken." „Wenn du von der Unendlichkeit von Raum und Zeit sprichst, denke ich an den Stern, der längst nicht mehr existiert bis sein Schein Lichtjahre später an unserem Sternenhimmel zu sehen ist. Ich schaue manchmal zu ihm hoch." „Es gibt nicht nur den einen erloschenen Stern. Davon gibt es viele. Im Winter ist der Sternenhimmel klar und die Milchstraße deutlich zu erkennen. Ich betrachte ihn dann mit einem Fernrohr. Über die Weite des Weltalls könnte ich stimmungsvolle und philosophische Gedichte verfassen." „Ich schreibe auch manchmal Verse in mein Tagebuch. Meine Reimwörter bestehen aus: Sonne, Wonne, Leute, heute, morgen, Sorgen, schauen, bauen, Kinder, Rinder, Wiese, Riese, Zwerg, Berg, Hut, Mut, Baum, Traum, Wald, bald. Ich könnte dir noch viele Beispiele aufsagen. Aber meist schreibe ich Geschichten, einfach das, was ich den Tag über erlebt habe. Ich entdeckte das Büchlein, als ich in Freiburg ein Rechnungsbuch für unsere Schreinerei besorgte. Ich erledige nämlich die Buchführung für das Geschäft. Da kaufte ich mir das Tagebuch und ein paar Mal- und Bleistifte dazu."

„Dann sind wir ja richtig seelenverwandt. Jeder von uns schreibt Geschichten." „Manchmal male ich noch ein Bild in mein Tagebuch. Die Landschaftsbilder von Hans Thoma bewundere ich sehr. Der Herr Pfarrer besitzt einen Bildband von ihm. So möchte ich malen können!" „Das Schreiben und das Malen musst du unbedingt beibehalten. Wenn du möchtest kann ich dir ein paar Bücher zum Lesen leihen. Meine Mutter hat eine umfangreiche Bibliothek." Während des Gesprächs verging die Zeit wie im Fluge. Sie gelangten an eine Weggabelung. Der Pfad zum Mooshof führte nur noch ein Stück über eine Lichtung. Heinrich schlug vor: "Ich glaube, es ist besser, du gehst alleine weiter zu den Moosbauern. Wenn du möchtest begleite ich dich auf dem Weg zurück."

Maria nahm die Schlittenschnur und zog ihre Fracht alleine weiter, während Heinrich beschloss, den Buchbühl zu erklimmen. Sie stapfte durch den unversehrten Neuschnee und hinterließ frische Fuß- und Schlittenspuren. An der Kapelle, die zum Hof gehörte, hielt sie an. Sie sah durch das schmiedeeiserne Gitter auf den mit Tannenreisig weihnachtlich geschmückten Marienaltar. Die geschnitzte Madonna trug ein Jesulein auf dem Arm.

In einer Ecke der Kapelle bewunderte Maria die Weihnachtskrippe. Das Kirchenfest Epiphanie war schon vorüber. Die Heiligen Drei Könige zogen also mit einem Kamel und einem Diener wieder vom Bethlehemstall nach Osten. Aussagen der Bibel stellten die Bauern gern figürlich und dem Kirchenjahr angepasst dar. Solche Hofkapellen wie diese Marienkapelle gab es häufig im Dreisamtal. Die Bewohner abgelegener Bauernhöfe konnten auf diese Weise ihre Andachten abhalten, wenn sie zum Beispiel im Winter eingeschneit waren. Da Marias Namenspatronin in dieser Kapelle verehrt wurde, kniete sie nieder. Die Schüler lernten im Religionsunterricht, dass sie sich an Wegkreuzen oder Kapellen zumindest bekreuzigten oder ein Vaterunser beteten. Maria bat bei ihrer Fürsprecherin, dass sie in diesem neuen Jahr 1906 die richtigen Entscheidungen für sich und ihre Familie treffen würde. Sie nahm ihre Schlittenschnur wieder auf und bog in die Hofeinfahrt ein.

Mutters Cousine war gerade dabei, die Wäsche abzuhängen. Sie erkannte Maria sofort und rief: „Grüß dich, meine Liebe! Ein gutes Neujahr wünsche ich dir noch. Das freut uns aber, dass du uns besuchst. Klärle ist im Wald Reisig sammeln vom Schneebruch. Aber sie kommt sicher bald zurück. Du bleibst doch so lange da." Maria schüttelte der Moosbäuerin die Hand und erwiderte den Gruß und die Glückwünsche. Sie nahm ein gefrorenes weißes Leinenviereck von der Wäscheleine ab und legte es in den Korb. „Darf ich dir helfen?" Die Moosbäuerin hatte vor ein paar Monaten Nachwuchs bekommen und nahm gerade die vom Frost steif gewordenen Windeln von der Leine. Als sie fertig waren, trug die Bäuerin den Korb zur Eingangstüre und Maria folgte ihr mit dem Schlitten. Da kam der Moosbauer aus dem Stall, gefolgt von seinem Sohn Johann. Er vermutete richtig, dass Maria seine gewünschte Ware anlieferte und meinte: „Das ist aber schön, dass ich jetzt meine Wertsachen im sicheren Schrank aufbewahren kann. Darf ich mal sehen?“ Sie knoteten gemeinsam die Schnur auf und entfernten das Tuch, das Vater zum Schutz herumgebunden hatte. „So ein schönes Schränkchen! Komm Johann wir tragen es gleich hinauf in die Schlafkammer.“ Sie packten an beiden Enden an und verschwanden mit dem Schrank im Haus. Als Maria in die Stube kam, bot ihr die Bäuerin einen heißen Pfefferminztee an. Bald darauf sah Maria ihre Freundin Klärle mit einem Bund zusammengeschnürter Äste, die sie hinter sich herzog, durch das niedrige Stubenfenster in die Hofeinfahrt kommen. Das Holz diente zum Anfeuern des Kachelofens.

In der Stube begrüßten sich die Mädchen mit einer Umarmung. Sie waren gleich alt, hatten gemeinsam die Stegener Dorfschule besucht und verstanden sich gut. „Darf ich dir einen Hefezopf anbieten. Den habe ich gestern frisch gebacken nach dem Rezept von Schwester Cordula.“ Die Herz Jesu Schwester war oft im Schloss und hatte die Mädchen in Hauswirtschaft unterrichtet, als diese eigentlich schon aus der Schule waren. Die Eltern förderten und unterstützten den Unterricht und die Mädchen gingen gern zu ihr und lernten viel. „Der Zopf ist sehr locker geworden. Die Hefe hat gut gewirkt. Du hast Zibeben und Rosinen hineingegeben und einen Schuss Rum. Das schmeckt man. Den Hefezopf werde ich daheim auch wieder einmal backen nach dem Rezept der Schwester Cordula." „Kommst du mit in meine Kammer? Ich werde dir etwas zeigen, was ich zu Weihnachten gehandarbeitet habe." Sie mussten den Kopf einziehen, um nicht am Balken anzustoßen, als sie die knarzende Holztreppe zum ersten Stock hinaufstiegen. Schwarzwaldhäuser waren bekannt für extrem niedrige Zimmerdecken. Klärle zog einen Schal aus einer Truhe und zeigte ihn Maria. Er war in bunten Farben aus dicker Wolle gestrickt. Danach zog sie noch ein Paar Socken heraus. „Den Schal schenkte ich Mutter und die anderen Familienmitglieder bekamen jeweils ein Paar Socken von mir als Weihnachtsgeschenk." „Da hast du ja ganz schön viel zu stricken gehabt, bei vier Geschwistern." Klärle nickte und meinte: „Die Fersen der Socken sind gar nicht so einfach zu stricken. Aber wenn du sie fast zehnmal angefertigt hast, kannst du sie. Übrigens, ich habe seit dem Hammeltanz einen Freund, den Schusterjackel. Der erhielt natürlich auch Socken von mir. Sie waren allerdings ein wenig zu groß geraten. Aber er war sehr erfreut und beschwerte sich nicht. Es ist sehr schön, verliebt zu sein."

Maria erzählte ihrer Freundin nichts vom Hackepeter, weil sie sich ihrer Gefühle und seiner Treue nicht ganz sicher war. Hatte er doch schon wochenlang nichts mehr von sich sehen lassen. In der Stube unten verabschiedeten sie sich. Der Moosbauer richtete viele Grüße an ihren Vater aus. „Sag dem Wilhelm erst mal vielen Dank. Wenn es ihm recht ist, komme ich an Lichtmess bei euch vorbei und bringe ein Schwein mit. Oder soll ich mit Geld bezahlen? Was meinst du, was hat er lieber?“ „Ich kann mir vorstellen, dass er mit einem Schwein zufrieden ist.“

Als Maria sich mit dem leeren Schlitten auf den Weg machte, rief Klärle ihr nach: „Ich komme an Lichtmess dann mit. Da können wir weiter reden.“ Sie hatte sich mindestens eine Stunde am Mooshof aufgehalten und erwartete nicht mehr, Heinrich noch einmal zu treffen. Er stand jedoch plötzlich neben ihr, als sie etwa die Hälfte des Weges zurückgelegt hatte. Sie gingen diesmal schweigend nebeneinander her.

Nur einmal machte sie Heinrich auf die funkelnden Eiszapfen aufmerksam, die von den Weiden am Ufer über den Eschbach hingen. „Die Kopfweiden mit ihren rötlichen Ästen neben dem weißen Schnee müsstest du malen“, meinte Heinrich. An der Eschbachbrücke trennten sie sich. „Ich werde möglicherweise nicht mehr nach Hause kommen, weil meine Examina anstehen und danach beginne ich zu studieren. Der Spaziergang mit dir heute bleibt mir in guter Erinnerung. Ich habe meinen Kopf richtig frei bekommen und kann wieder denken.“ Schade, dass so ein frisches Mädel wie die Maria für ihn nicht in Frage kam. Die Barrieren der Konventionen waren einfach zu groß. Sie würde, wenn sie Glück hatte, einen Bauern heiraten und viele Kinder in die Welt setzen, wie es das Schicksal für eine Frau aus dem Volke vorsah.

Hatte sie Pech, dann blieb ihr ein armer Saufbold, der sie schlug und noch mehr Kinder aufbürdete als ein wohlhabender es tun würde. „Ich wünsch dir viel Glück für die Zukunft! Lies weiter fleißig Bücher, male und schreibe Geschichten und falle nicht auf irgend so einen dummen Kerl herein! Wenn es dir schlecht geht im Leben, schau zum Sternenhimmel auf und stell dir vor wie unendlich groß das All ist und wie klein dagegen deine Sorgen. Denke an die vielen Lichtjahre, die nötig sind, bis der Schein hier ankommt. Dann geht es dir vielleicht wieder besser." Heinrich hatte Erfahrung mit dem Trostspenden. Als sein Vater starb und seine Mutter in eine große Traurigkeit fiel, musste er sich Überlebensstrategien zurechtlegen. Er war damals ein Kind von zehn Jahren gewesen. Damals hatte seine Kindheit geendet. „Ich wünsche dir alles Gute für deine Prüfungen. Du bist so gescheit. Dein Philosoph Immanuel Kant wird dir helfen, dass du sehr gut abschneidest." Maria merkte an Heinrichs Blick, dass er es ernst meinte mit dem Abschied für lange Zeit. Sie sah ihm noch einmal fest in die Augen und zog den Schlitten in den Schopf.

Einige Tage danach half Therese Schlegel im Haushalt der Gräfin. Als sie abends heimkam, trug sie ein Bücherbündel unter dem Arm. „Das hat mir Frau von Kageneck für dich mitgegeben, Maria. Das oberste Büchlein ist ein Geschenk von Heinrich und die beiden anderen Bücher sollst du seiner Mutter zurückbringen, wenn du sie gelesen hast. Die Gräfin ist wieder sehr traurig, weil ihr Sohn abgereist ist." Das Bücherpaket war mit einer Schnur zusammengebunden. Maria trug es in ihr Zimmer und knotete sie auf. Das oben drauf liegende Buch war mit lila gestreiftem und blau geblümtem Geschenkpapier eingebunden. Maria drehte und wendete es erst, bevor sie es auspackte. Was mochte es wohl enthalten? Ein Buch über Sterndeutung, oder Kant´sche Philosophie oder vielleicht waren Märchen darin? Der Buchdeckel verriet immer noch nichts über den Inhalt. Als sie die erste Seite aufschlug, las sie Heinrichs Widmung. „Der lieben Maria als Anregung fürs Dichten und Malen von Heinrich." Das Buch enthielt romantische Gedichte von Mathias Claudius, Brentano und Mörike. Dazwischen waren Bilder von Hans Thoma abgedruckt. Maria schmökerte in dem Gedichtband und nahm dann schließlich das nächste etwas dickere Buch in die Hand. Es hieß „Wahlverwandtschaften" und stammte aus der Feder von Johann Wolfgang von Goethe. Dann war da noch ein Band von Gotthold Ephraim Lessing „Nathan der Weise". Maria sollte heute ihrem Vater in der Werkstatt helfen. Sie freute sich jedoch schon sehr darauf, nach dem Abendessen noch ein wenig in den Büchern zu blättern. Zuerst würde sie alle Gedichte lesen.

In den nächsten Tagen war Maria jedenfalls jede freie Minute in der Mädchenkammer über ihren Büchern anzutreffen. Im Gedichtband schälte sich bald ein Lieblingsgedicht von Joseph von Eichendorff heraus. Es hieß „Mondnacht".

„Es war als hätt` der Himmel die Erde still geküsst,
dass sie im Blütenschimmer von ihm nur träumen müsst.

Die Luft ging durch die Felder, die Ähren wogten sacht.
Es rauschten leis die Wälder, so sternklar war die Nacht.
Und meine Seele spannte weit ihre Flügel aus,
flog durch die stillen Lande als flöge sie nach Haus."

Bald konnte sie den Text auswendig vor sich hinsagen. Ein paar Wochen später an einem Sonntag an dem Mariä Lichtmess gefeiert wurde, fuhr wie verabredet ein Gespann vom Moosbauernhof vor. Es war nicht mehr so dunkel wie noch beim Jahreswechsel. Die Bauernregel betraf die Dauer des Tageslichts und bewahrheitete sich: „Dreikönig um einen Hahnensprung, Lichtmess um eine ganze Stund`." Es war auch nicht mehr ganz so kalt und Maria und Klärle hielten sich um die Mittagszeit schon eine Weile auf der Bank vor dem Haus auf, als die Sonne durchbrach. Sie unterhielten sich relativ leise, dass die Angehörigen, die ins Haus gegangen waren, nichts von ihrem Gespräch verstehen konnten. „Wie geht es vorwärts mit deinem Schusterjackel?" wollte Maria wissen. „Der geht ganz schön ran. Wir haben uns oft heimlich getroffen. Meine Eltern wissen jetzt auch Bescheid. Er darf zu uns ins Haus und ist willkommen." „Das freut mich für dich. Dann wird ja bald mal Hochzeit sein."

„Wie schaut es mit dir aus, du hast doch bestimmt auch schon irgendwo einen Verehrer, so wie du aussiehst." Maria zog den Gedichtband aus ihrer Rocktasche und reichte ihn Klärle. Natürlich las diese gleich die Widmung. „Der hat aber einen schönen Namen. Kenn ich den?" Jetzt war Maria in einer Zwickmühle. Sie wollte vom Hackepeter eigentlich nichts verraten und doch nicht dastehen, als hätte sie gar keinen Freund. Deswegen zeigte sie ihrer Freundin das Büchlein. Dass die aber gleich alles am Namen festmachen würde, hatte sie nicht erwartet. „Weißt du was, an Fasnet gehen wir gemeinsam zum Ball im Hirschen. Was hältst du davon? Am Rußigen Freitag findet das Faschingstreiben statt. Da treffen wir uns.“ Maria überlegte, dass sie sehr gern mit Hackepeter dort hingegangen wäre. Der hatte sich jedoch schon lange nicht mehr gemeldet. „Schön wäre es schon. Aber ich kann es noch nicht versprechen. Das kann ich nicht alleine entscheiden. Wir sehen uns bestimmt wieder nach dem Sonntagsgottesdienst und reden noch einmal darüber.“

Vier Wochen später stand die kleine Schwester Theresia in einem Kasperkostüm in der Küche und tanzte herum. Sie schlug ihrer Mutter nach und war mit ihren inzwischen elf Jahren schon sehr hoch geschossen. Das Kostüm, das ihre Schwestern in dem Alter getragen hatten, reichte ihr nur noch bis zu den Waden. Schon aus diesem Grund sah sie sehr witzig aus als sie ihr Gesicht zu verschiedenen Grimassen verzerrte. In der Schule durften sie in der letzten Fasnachtswoche an einem Nachmittag verkleidet kommen. Die Maskerade musste natürlich vorher probiert werden. Sie hatten sogar ein kleines Theaterstück mit ihrem Lehrer Ruf vorbereitet, das sie am Fasnachtssonntag der Gemeinde im Schloss vorspielen würden. Auch dafür benötigte Theresia ihr Kasperkostüm. Sie wackelte mit dem Kopf, dass die Glöckchen an der bunten ausgestopften Till Eulenspiegelmütze klingelten.

Maria band der Lehrer auch in die Vorbereitung für die Kulissen ein. Lehrer Ruf kam mit einer Bitte in die Werkstatt: „Die Schulkinder spielen einen Schwank. Er heißt: *Eulenspiegel im Bienenkorb.* Ich bräuchte ein Schild, ein Plakat und ein paar Bäume. Könntest du mir diese Requisiten besorgen? Den Bienenkorb, den ich brauche, habe ich schon beim Korbflechter Laule ausgeliehen." Maria zimmerte aus ein paar Abfallbrettern Tannen und nagelte sie auf ein festes Bodenbrett, dass sie nicht umfielen. Die beiden Schwestern bemalten sie mit grüner Lackfarbe, während Maria ein Brett mit bunten Buchstaben beschriftete: „Eulenspiegel im Bienenkorb"

Theresia murmelte vor sich hin: „Das Bier auf der Fasnacht hat aber gut geschmeckt. Ich bin so müde. Jetzt suche ich mir einen Bienenkorb zum Schlafen. Der hier ist schön groß. Da werde ich mich hineinlegen und meinen Rausch ausschlafen." Dann meinte sie: "Stephanie souffliers du mir im Fall, dass ich bei meinem Text stecken bleibe?" Nun erzählte sie den Hergang des Schwanks, obwohl die Schwestern gar nicht danach gefragt hatten. „Wisst ihr, da kommen dann in der Nacht Diebe und tragen den Bienenkorb fort. Der ist so schwer, weil der Eulenspiegel darin liegt. Die Räuber meinen aber, er ist mit einer Menge Honig gefüllt. Als die Diebe den Korb wegtragen, wacht Till auf und zieht einen der beiden Räuber an den Haaren. Der meint, sein Kumpel greift ihn an. Schon beginnt eine Keilerei. Eulenspiegel benutzt die Gelegenheit um zu fliehen." „Jetzt brauchen wir das Theater ja gar nicht mehr besuchen. Wir kennen nun den Inhalt." „Bitte, bitte kommt. Da spielen noch viele Kinder mit. Es gibt Käfer, Schmetterlinge und viele Bienen, die in dem Wald herumschwirren. Die Kostüme müsst ihr sehen!" bettelte Theresia.

Am Tag der Aufführung war der Saal im Schloss gut besucht. Viele Zuschauer schminkten und kostümierten sich. Fastnachtsfeiern gehörten einer alten alemannischen Tradition an. Maria und Stephanie trugen Holzmasken, die ihr Vater in den Wintermonaten geschnitzt hatte. An ihren grünen Leinenkleidern raschelten Tannenzapfen und Fichtenzweige, die daran befestigt waren. Die beiden als Hutzelweiblein verkleideten Mädchen setzten sich auf die einfachen Holzbänke. Vor dem geschlossenen Vorhang prangte Marias Schild. Da entdeckte sie den Johann vom Mooshof und Kathi, seine Schwester. Sie zog diese auf die Seite. „Was ist mit Klärle? Die wollte mit mir auf die Fastnacht gehen. Warum hat sie nichts von sich hören lassen?"

„Weißt du, Klärle ist schwanger. Die Eltern sind natürlich nicht glücklich darüber. Sie hätte doch bis zur Hochzeit warten können." Maria setzte sich auf ihren Platz. Der Vorhang öffnete sich. Sie konnte sich nicht auf das Theaterstück konzentrieren. Das Schicksal Klärles beschäftigte sie. Bald darauf erfuhr Maria, dass Klärle in aller Stille heiraten und mit ihrem Jackel in ein Haus mit einer Schusterwerkstatt nach Kirchzarten ziehen würde. Maria dachte bei sich: „Da hat das Klärle sich noch einigermaßen glimpflich aus der Affaire ziehen können." Denn oftmals blieben die Mädchen mit vorehelichen Kindern sitzen und fielen ihren Eltern und später den Geschwistern zur Last. In dieser Gegend waren uneheliche Nachkommen weniger ein moralisches als ein praktisches Problem. Es zeigte niemand mit dem Finger auf eine nicht verheiratete Mutter. Sie hatte eben Pech gehabt und musste sehen wo sie bleibt. Dass sie aber ihre Wahlmöglichkeiten und ein wenig auch ihren Stolz eingebüßt hatte, bekam sie deutlich zu spüren. Deshalb hatte ein Mädchen Glück im Unglück, wenn der Freier zu seinem Fehltritt stand und sie zur Frau nahm. Der Jackel liebte das Klärle offensichtlich und besaß auch die finanziellen Voraussetzungen eine Familie zu ernähren. Immerhin erlernte er den Beruf des Schuhmachers und trat damit in die Fußstapfen seines Vaters. Maria freute sich für ihre Freundin, dass die Geschichte ein gutes Ende nahm.

5. Kapitel

Sonnwendfeuer

Am ersten Fastensonntag stand das Sonnwendfest an. Es fand einen Kilometer östlich von Stegen auf dem Holzberg statt. Auf dem unbewaldeten Hügel sammelten die Burschen der umliegenden Höfe laufend den winterlichen Waldbruch und stapelten Äste und Reisig auf einen Haufen. Zum Frühlingsanfang zündeten die jungen Leute den Holzstapel unter Aufsicht der Freiwilligen Feuerwehr an. Sie warfen dann brennende Scheiben ins Feuer und begleiteten den Wurf jeweils mit einem Wunsch oder Spruch. Es war ein heiteres Fest, weil sich alle auf den bevorstehenden Frühling freuten. Die älteren zwei Schlegeltöchter begleiteten ihren Vater zur Veranstaltung. Wilhelm zog seine Feuerwehruniform an und bewachte schon am Nachmittag die vorbereitete Stelle. Die Feuerwehr wollte sicher gehen, dass niemand vorschnell herumzündelte. Neben dem Scheiterhaufen hatten Helfer eine Hütte aufgestellt. In dieser backten Maria, Stephanie und einige Freundinnen Funkenküchle und Strieble auf einem Kanonenrohrofen in einem Schmalztopf heraus. Dazu gab es dampfenden Tee, mit Kaiserstühler Rotwein gemischt, zu trinken. Als es gegen achtzehn Uhr dämmerte, warf der Bürgermeister Raufer die erste brennende Scheibe auf das obenauf liegende Reisig des Holzhaufens. Er rief: „Scheib` aus, Scheib` ein, Scheib` über die nei, die Scheib` soll für unser neues Spritzenhaus sein!“ Ein weiterer Scheibenwerfer lobte:

„Scheib` aus, Scheib` ein, Scheib` über die nei, die Scheib` soll für unsern leutseligen Herrn Hochwürden sein!“ Dann jubelte ein nächster Teilnehmer: „Scheib` aus, Scheib` ein, Scheib` über die nei, die Scheib` soll für unsern Hochzeiter Schusterjackel und seine Braut Klärle sein!“ Inzwischen hatte das Reisig Feuer gefangen und begann lichterloh zu brennen. Anfangs sprangen noch ein paar Burschen über das Holz am Rande des Feuers. Manche Kerle bewiesen von alters her damit ihren Mut, indem sie über die Flammen hüpften. Der heutige Holzhaufen war jedoch so hoch, dass es nicht möglich war, ihn zu überspringen. Diejenigen, die es am Rande versucht hatten, hörten nun auch damit auf. Denn die Flammen griffen bereits auf die Seitenbereiche über und loderten hoch.

Maria betrachtete die Anwesenden von ihrer Küchenbude aus. Es waren lauter Bekannte, deren Gesichter vom Feuerschein beleuchtet wurden. „Ich hätte gern zwei Portionen Striebel und zwei Becher Glühwein.“ Diesen Auftrag hörte Maria heute Abend oft und befolgte ihn. Aber diesmal erregte die Mundart aus dem Unterland sofort ihre Aufmerksamkeit. Der Hackepeter stand vor ihr und hielt Maiers Liesbeth im Arm. Maria versetzte es einen Stich in der Herzgegend. Sie rang mit sich, wie sie reagieren sollte. In diesen Kerl war sie immer noch verliebt und nun vergnügte er sich mit einem anderen Mädchen. Sie bediente ihn wortlos und nahm das Geld entgegen. Er sah sie mit einem triumphierenden Lächeln auf seinem Bubengesicht an.

„Mach`s gut Maria. Deine Striebel schmecken lecker.“ Bei diesen Worten küsste er die Liesbeth auf den Mund. Als Maria in der Nacht in ihrem Bett lag, heulte sie leise in das Kissen. Dann wurde ihr das Schicksal Klärles wieder bewusst. Vielleicht war es gut, dass Hackepeter nicht länger um sie geworben hatte. Möglicherweise wäre sie auf seine Schmeicheleien hereingefallen. Sie war sich sicher, dass es in ihrem Falle kein gutes Ende genommen hätte wie bei Klärle mit ihrem Schusterjackel. Hackepeter ging es offensichtlich nur darum, sich selbst seine männliche Unwiderstehlichkeit zu beweisen. Mit dem Spruch, den ihre Freundinnen für solche Situationen bereit hielten, schlief sie ein: „Eine andere Mutter hat auch ein schönes Kind.“

Wilhelm äußerte sich am nächsten Tag ganz nebenbei, als Maria über den Rechnungsbüchern in seiner Werkstatt saß: „Den Hackepeter habe ich gestern beim Funkenfeuer mit Maiers Liesbeth gesehen. Er wollte eine Kartoffel am Spieß braten und hielt sie ins Feuer. Da verbrannte er sich die Finger gehörig.“ „Recht geschieht ihm“, dachte sie und hatte kein Mitleid. Maria sah ihrem Vater in die Augen und erkannte, dass er Bescheid wusste. Sie schwieg und Wilhelm war zufrieden mit dem Ausgang des ersten Liebeskummers seiner ältesten Tochter. „Oftmals ist es gut, wenn du gar nicht eingreifst. Die Zeit löst manche Probleme von alleine“, dachte er und hobelte die Schulbänke.

Den Winter über las Maria in jeder freien Minute in ihrem Gedichtband. Einige Passagen konnte sie inzwischen auswendig. Die beiden geliehenen Bücher hatte sie auch schon durchgeschmökert. Sie bemühte sich, ihren Sinn zu verstehen. Es war keine leichte Kost, die Heinrich ihr zur Verfügung gestellt hatte. Am Gründonnerstag in der Karwoche brachte Maria den Goethe- und den Lessingband zum Tantenhaus. Sie hatte bis zur Osterzeit damit gewartet, weil sie heimlich hoffte, dass Heinrich in der Ferienzeit eventuell seine Mutter besuchte. Die Gräfin empfing Maria sehr freundlich. Als ihr das Mädchen die Bücher reichte, meinte sie: „Heinrich hat dir die Bände geliehen. Du darfst sie behalten. Ich werde bald von Schloss Weiler wegziehen zu meinen Verwandten nach Bayern. Da bin ich froh, wenn ich wenig einpacken muss. Der Mensch braucht nicht viel zum Leben. Das sagt auch mein Sohn Heinrich. Er legte im März seine Prüfung über Immanuel Kant ab. Seitdem lebt er als Mönch völlig zurückgezogen in einem Kloster des Trappisten-Ordens. Dort gelten sehr strenge Regeln. Ich habe ihn vor seinem Beitritt ein letztes Mal besucht. Jetzt betet und arbeitet er freiwillig eingesperrt hinter Klostermauern. Heinrich war das einzige, das mich noch in Stegen gehalten hat. Deine Mutter weiß nichts von meinem Entschluss wegzuziehen. Du kannst es ihr schonend beibringen. Ab und zu werde ich noch in den Schwarzwald fahren, um das Grab meines Mannes zu besuchen. Da werde ich bei euch vorbeischauen."

Maria kamen Heinrichs letzte Worte in den Sinn. Sie klangen sehr entschlossen. Es war herauszuhören, dass er es mit dem endgültigen Abschied ernst meinte. „Was wird dann aus dem Schloss mit seinen Wiesen und Feldern?“ überlegte Maria laut. „Heinrich ist der Alleinerbe. Er verpachtet den gesamten Besitz an das Kloster. Nur in dem Nebengebäude, dem Tantenhaus, behalte ich das Wohnrecht auf Lebenszeit. Wenn ich zu Besuch kommen werde, wohne ich dort. Aber wir brauchen uns heute noch nicht verabschieden. Es dauert Wochen und Monate, bis ich alles geregelt habe.“ Maria bedankte sich für die Bücher und trat gedankenverloren den Heimweg an.

Mutter bedauerte das Vorhaben der Baronin, als Maria ihr davon erzählte. Sie war eine langjährige Weggefährtin der Gräfin gewesen. Auf der anderen Seite kam Therese Schlegel langsam in ein Alter, in dem ihr die Arbeit nicht mehr so leicht von der Hand ging wie in jungen Jahren. Das Hauswesen in ihrem Jägerhäuschen genügte ihr im Grunde. Dann konnte sie sich im Sommer mehr um die Schmuckkörbchen und das ganze Gemüse in ihrem Garten kümmern und die Farbenpracht der Betunien an ihren Fenstern genießen. Im Winter würde sie es ihrer Familie im Haus gemütlich einrichten und sie verwöhnen. Sie hätte auf jeden Fall mehr Zeit für Wilhelm und ihre drei Töchter. Es würden gute Zeiten für ihr Dreimäderlhaus, nahm sie sich vor.

6. Kapitel

Melcherhof

Wilhelm saß auf dem Kutschbock seines Milchwagens. Das Fahrzeug war aus Holz und hatte hinten größere Räder als vorne. Auf der offenen Tragfläche des Fuhrwerks hinter ihm schepperten die Deckel der leeren Milchkannen. Er war auf dem Heimweg von Freiburg. Jeden Morgen lieferte er in aller Frühe die Milch vom elterlichen Hof in die Stadt. Unterwegs holte er an den Sammelstellen der verstreuten Höfe die vollen Milchkannen ab und fuhr mit ihnen zur städtischen Milchzentrale. Er hatte vor einigen Jahren das Geschäft des Milchhandels von seinem Vater Melchior übernommen. Vor der alten Milchkutsche trottete der treue Apfelschimmel Hans. Wilhelm schnalzte mit der Peitsche und das Pferd fiel in eine etwas flottere Gangart. Die Sonne blitzte durch das Blätterdach, das sich am Rand des Mischwaldes über den ausgetretenen Pfad neigte. Wilhelm hielt den Freiburger Boten in der Hand, den er immer aus der Stadt mitbrachte und auf dem Heimweg las. Das Pferd kannte seinen Weg auswendig, sobald sie aus der Stadt heraus in die Natur gelangt waren. Im Verlauf der etwa fünf Kilometer, die bis zu ihrem Hof zurückzulegen waren, konnte Wilhelm sich ganz der Lektüre widmen. Am Zugang zum Attental stellte er leere Kannen auf ein Holzgestell, ebenso an einigen Höfen. Morgen würde er sie wieder gefüllt hier abholen. Die Milch musste täglich geliefert werden, auch an Sonn- und Feiertagen. Zur damaligen Zeit gab es noch keine Kühlsysteme und die Milch musste schnell verarbeitet werden. Wenn bei Wilhelm einmal etwas dazwischenkam, fuhr sein Vater. An der Kreuzung zum Baldenweger Hof, einem Gutshof aus dem Mittelalter, als hier noch das Geschlecht der Falkensteiner das Sagen hatte, bog er nach links ab und fuhr in das Wittental hinein Richtung Bachmättle. Hier lag ihr kleiner Hof, der noch teilweise mit Stroh gedeckt war. Wilhelm spannte seinen Gaul Hans aus und führte ihn in den Stall. Dann hob er die restlichen leeren Kannen vom Wagen und trug sie zum Brunnen um sie zu spülen.

Als er in die gemütliche holzgetäfelte Stube trat, war die Familie gerade zur Vesper versammelt. Er grüßte, nahm ein Brettchen und schnitt den Speck in dünne Scheibchen. Seine Mutter schob den Korb mit selbstgebackenem Bauernbrot zu ihm hin und schenkte ihm Most ein. Er legte die Zeitung mitten auf den gehobelten Holztisch und berichtete über die wichtigsten Nachrichten, die er schon gelesen hatte. „Im Juli wird ein Jubiläum gefeiert zum 20-jährigen Bestehen der Höllentalbahn. Es ist geplant, dass ein geschmückter Sonderzug von Freiburg über Kirchzarten, Himmelreich, das Höllental mit dem Hirschsprung und der Ravennaschlucht über Hinterzarten bis nach Titisee fahren wird. An jeder Station hält er an und wird von einer Blasmusik empfangen. Im Zug werden Getränke ausgeschenkt und an der Endstation in Titisee wird ein Fest gefeiert. Wenn du an diesem Sonntag für mich die Milch liefern könntest, Vater, wäre ich dir dankbar. Ich würde gerne mitfeiern.“

Bestimmt würden noch einige junge Leute aus dem Wittental daran teilnehmen. Er würde seinen Freund, den Hannes vom Hannesenhof fragen und die Brüder Karl und Emil vom Bankenhof, seine Großcousins. Das wird bestimmt eine Mordsgaudi werden. Seine Mutter blinzelte ihm zu. Sie hatte großes Verständnis. Eleonora, seine Mutter, kam durch Heirat ins Wittental. Sie stammte aus dem Gasthaus „Zum Wilden Mann" in Burg, einem kleinen Ort, zu Kirchzarten gehörig. Ihre Eltern, die Eheleute Hummel, erlebten den Bau der Höllentalbahn ab 1882 hautnah mit. Die Gastwirtschaft, die am früheren einzigen befahrbaren Weg zum Höllental lag, florierte im 19. Jahrhundert. Fuhrmänner, die ihre Waren von Donaueschingen, ja bis aus der Bodenseeregion brachten, kehrten gerne hier ein und stärkten sich, bevor sie ihren Zielort Freiburg erreichten.

1887 wurde die Höllentalbahn in Betrieb genommen. Es war zur damaligen Zeit eine besondere technische Errungenschaft, eine Normalspurbahn mit der Riggenbacher Leiter-Zahnspange zu bauen. Über die Ravennaschlucht führte die Bahn über eine hohe lange Brücke auf Stelzen. Es war die höchste Bahnlinie der Badischen Staatseisenbahnen und war für die Verkehrsanbindung des Schwarzwaldes von großer Bedeutung. Die Bahnstation Bärental lockte Besucher aus Freiburg und dem Rheintal zu einem Ausflug auf den Feldberg, der höchsten Erhebung im Schwarzwald. Die Landschaft erfuhr durch den Bau der Höllentalbahn eine touristische Aufwertung. Während der Zeit des Eisenbahnbaus war in der

Gastwirtschaft „Zum Wilden Mann“ besonders viel Betrieb und das Geschäft florierte. Eisenbahnfachleute, aber auch Bauarbeiter, nahmen die Gastfreundschaft der Wirtsleute in Anspruch und machten eine mehr oder weniger große Zeche. Als die Bahn dann fertiggestellt war, fuhren die meisten Erholungssuchenden zwar mit der Bahn an ihrem Gasthaus vorbei. Manche aber stiegen auch hier schon aus und genossen das milde Klima im landschaftlich schönen Dreisamtal. So mancher Wanderer rastete im „Wilden Mann“. Die Straßenführung blieb weiterhin parallel zur Bahnlinie bestehen. Die Einkehr von Bierkutschern und anderen Transportfuhrleuten war der Familie Hummel gewiss. Insofern hatte Eleonora eine enge Beziehung zur Höllentalerschließung. Sie meinte: “Ich weiß noch gut, wie der Herr Pfister, der Bauleiter, der während der Woche bei uns übernachtete, eine Runde Hefeschnaps ausgab, als die Linie bis zum Hirschsprung fertiggestellt war. Es blieb nicht bei der einen Runde. Die Gastwirtschaft war damals brechend voll und es war eine gute Stimmung. Zu vorgeschrittener Stunde stand Herr Pfister auf seinem Stuhl und hielt Volksreden. Damals war unsere Gastwirtschaft immer sehr gut besucht. Regelmäßig kamen Stammgäste und spielten Zego.“ Das war ein spezielles Kartenspiel aus der Region. Die Mutter war gar nicht mehr zu bremsen. Sie erzählte Anekdoten aus ihrer Zeit als Serviererin im elterlichen Betrieb.

Nach ihrer Heirat mit Melchior war ihr Leben viel ruhiger geworden. Sie arbeitete auf dem abgelegenen Hof ihres Mannes im Wittental und zog zwei Söhne und zwei

Töchter groß. Der älteste hieß Heinrich. Er arbeitete als Bahnbeamter bei der Eisenbahn in Buggingen im Unterland hinter Freiburg und wohnte auch dort mit seiner Ehefrau Fridoline. Ihr zweites Kind hieß Anna. Diese hatte vor zwei Jahren geheiratet, war mit ihrem Ehemann Josef Eichele bis nach Bayern gezogen und wohnte in Mindelheim. Sie betrieben dort eine Spedition. Ein Jahr danach heiratete Tochter Sophie nach Dietenbach bei Kirchzarten einen Josef Rombach. Aus der Rombachlinie sollte sie viele Enkel und Urenkel erhalten, die alle im Dreisamtal anzutreffen sind. Ihr jüngster Sohn Wilhelm war gerade mal 24 Jahre alt und sollte der Erbe des Melcherhofs werden. In dieser Gegend war es üblich, dass der jüngste Sohn das Erbe übernahm. Die älteren Kinder gingen gewöhnlich aus dem Haus, während die Eltern noch rüstig waren und den Hof umtreiben konnten. Das Nesthäkchen blieb, wenn sie Glück hatten, in der Heimat und orientierte sich nicht nach draußen. Eleonora und Melchior schien es beschieden, dass ihr Jüngster Interesse am Weiterführen der Landwirtschaft und des Milchhandels hatte. Schon der Vater fuhr gerne täglich in die Stadt um die Milch zu liefern. Auch Wilhelm gefiel die Abwechslung zwischen Einöde und Stadt. Malerisch lag sein elterlicher Hof auf einer Lichtung am Eichbühl. Der Weg in die Stadt führte an der Sonnenseite der Ausläufer des Rosskopfs entlang. In Ebnet empfing ihn dann die Geschäftigkeit der Stadt, die sich am Schwabentor zur Marktszene steigerte. Auf dem Rückweg genoss er dann wieder das Eintauchen in die Natur. „Von mir aus kannst du an dem Fest teilnehmen. Ich gehe jetzt zum Häckseln in die Tenne“, sagte sein Vater.

Wilhelm zog sich in die Ecke der Stube zurück, an der ein kleiner Sekretär stand. Hier lagen die Bücher über die Milchabrechnung. Er musste täglich die Literbeträge der einzelnen Milchbauern eintragen und verrechnen. Denn die Kühe geben jeden Tag eine unterschiedliche Menge Milch. Auch der Milchpreis in der Stadt, den er für den Liter erhielt, war täglichen Schwankungen unterlegen. Sein Vater war ein guter Rechner gewesen und Wilhelm vertrauten die Bauern der Umgebung ebenfalls. Sie sahen ihre Geschäfte bei ihm in guten Händen. Die Familie war mit dem Milchhandel zwar nicht reich geworden, aber sie hatten ihr Auskommen. „Die Kühe geben zur Zeit gute Milch. Der Abnehmer von der Milchzentrale war heute sehr zufrieden. Auch die Qualität ist hochwertig, stellte er fest. Die Bauern werden sich freuen, wenn ich ihnen am Freitag das Ergebnis präsentiere. Ich sehe jetzt nach den Bienen. Bald werden wir sie schneiden müssen“, meinte Wilhelm zu seiner Mutter gewandt. Am Haus und am Waldrand befand sich jeweils ein Bienenstock. Wilhelm versorgte sie, denn das Imkern gehörte zu seinen Aufgaben. Die Wiesen um den Hof prangten voller Blumen der verschiedensten Arten. Vom gegenüberliegenden Hang strahlten die knallgelben Blüten des Ginsters herunter. Die Bienen holten ihren Nektar sowohl von den Weideflächen als auch aus dem nahen Mischwald. Diesen Honig wurde er in Freiburg auf dem Markt schnell los. Auch hatte er einige Adressen für die Hauslieferung. Auf dem sumpfigen Bachmättle nebenan quakten die Frösche. Für die delikaten Froschschenkel hatte er auch seine Abnehmer. Die Küche der Freiburger Bevölkerung war von der Gourmetküche aus Frankreich beeinflusst. Es gab viele Feinschmecker und Lokale mit ausgezeichneter Speisekarte. Im Herbst lieferte Wilhelm dann die Äpfel ihrer weitläufigen Streuobstwiese. Auch Beeren und Pilze aus dem Hochwald hinter ihrem Hof waren gefragt. Eleonora pflegte am Haus einen Bauerngarten, dessen Ernte im Sommer nicht nur die Familie sondern auch die Städter beglückte. Daneben verkauften sie täglich Hühnereier. Der Milchwagen trug also nicht nur Milchkannen, sondern alle möglichen Produkte der Landwirtschaft in die Stadt.

Wilhelm rauchte die Imkerpfeife und näherte sich dem alten Bienenstock, der aus einem breiten Brett, der Immenbank bestand und sich direkt ans Haus anlehnte. Hier war ein schattiger Platz direkt am Waldrand. Wilhelm überzeugte sich von der emsigen Arbeit des Bienenvolks. Für das zweite neuere Bienenhaus mit den bunten Markierungen hatte er einen sonnigen Standort an der gegenüberliegenden Hangkante ausgesucht. Darüber erhob sich ein unbewaldeter steiler Hang. Die Kühe hinterließen darauf quer zum Hügel verlaufende Trittspuren. Weiter oben war der Hang durch die blühenden Ginsterbüsche begrenzt. Wilhelm überquerte die leicht ansteigende Streuobstwiese und erreichte das zweite Bienenhaus. Hier summten und brummten die Bienen und er zog ein schützendes Leintuch über sein Gesicht. Der hier gewonnene Honig würde der süßere Blütenhonig sein, der von gegenüber wurde als Waldhonig verkauft. Bald würde er den Immenschneider Wilhelm Zähringer vom Waldweberhaus herbestellen und gemeinsam mit der ganzen Familie die Bienenstöcke leeren und für die neue Saison vorbereiten. Immenschneider war hier ein Beruf, der von kleinen Bauern oder Handwerkern im Nebenerwerb ausgeführt wurde.

Wilhelm sah von hier oben auf das Strohdach des Schweinestalls, an den ein Schopf angebaut war. Das Dach des danebenstehenden Holzhauses bestand aus Holzschindeln. Wohnhaus, Scheune und Stall befanden sich unter einem Dach. Das Brunner´sche Taglöhnergut war etwa hundert Jahre alt und wurde zur napoleonischen Zeit erbaut. Im Tal verstreut befanden sich einige sehr alte Taglöhnergüter. Sie gehörten zu größeren Höfen und wurden an Kinder weitervererbt, um deren Existenz zu sichern. Diese bewirtschafteten die Güter im Nebenerwerb und gingen noch einem anderen Gewerbe nach. Die Familie Willmann betrieb zum Beispiel neben der Landwirtschaft den Milchhandel. Zum kleinen Gutshof gehörte ein Wasserrecht, also ein Brunnen. Der Hofname beruhte jedoch nicht darauf, wie man annehmen könnte. Das „Brunner`sche“ hatte seinen Namen vom ersten Besitzer, Nepomuk Brunner. Der Erbe des Gutes wanderte jedoch Mitte des 19. Jahrhunderts nach Südamerika aus. Das hatte Wilhelm schon einmal vom Herrn Pfarrer gehört, der sich mit der Geschichte des Weilers befasste. Aber wie gelangte der Hof an ihre Familie? Als Wilhelm so vor sich hinsinnierte, hörte er Schritte neben sich. Sein Vater, Melchior Willmann, ließ sich neben ihm auf einer Bank nieder. „Ein schönes Gütchen haben wir da“ meinte er, „bald wird es dir gehören.“ Wilhelm nützte die Gelegenheit seinen Vater nach dessen Urspung zu fragen. „Was war eigentlich mit dem Hof los als der Erbe der Brunners in Amerika verschwand und nicht zurückkehrte?“

„Wir haben eine Chronik im Eckschrank liegen. Die Familie Willmann lässt sich bis ins 18. Jahrhundert im Wittental nachweisen. Blasius Willmann war mein Großvater. Lass dir die Geschichte erzählen. Du musst dich auskennen, denn allmählich denken deine Mutter und ich ans Übergeben des Hofs. Nach den Brunners kam der Hof in den Besitz des Bankenhofs, auch „Bürgermeisters“ genannt. Martin Willmann aus dem hinteren Wittental heiratete eine Tochter aus dem Bankenhof, Theresia Bank. Sie war meine Mutter und erhielt als Mitgift den kleinen Hof. Ich hatte meine ersten Lebensjahre auf dem Bankenhof bei meiner Großmutter verbracht. Als meine Mutter meinen leiblichen Vater heiratete, war ich bereits zehn Jahre alt. Meine Mutter bekam von Martin Willmann noch zwei Töchter und einen Sohn. Diese waren nach der Geburt jedoch zu schwach und starben bald. Ich war also der einzige Nachkomme und Erbe.“ Inzwischen war die Sonne hinter den Tannen verschwunden und der Schatten legte sich auf die Gebäude. Schweigend gingen sie nebeneinander her. Schon lange nicht mehr war sein Vater so gesprächig. Ein Schwarzwälder Bauer sagt nur etwas, wenn es sehr wichtig ist. Wilhelms Neugierde über seine Herkunft war gestillt. Er wollte auf dem Hof bleiben und weiterhin die Milch nach Freiburg fahren. Heute wurde das Gütchen „Melcherhof“ genannt. Man könnte glauben, der Name leitet sich davon ab, dass hier Viehwirtschaft betrieben wird und das Wort Melken gemeint ist. Seinen Namen führt der Hof jedoch auf den Vornamen seines Vaters, nämlich Melchior, zurück. Denn bereits seit ungefähr 1850 lebte dieser mit seiner Familie auf dem Hof.

An diesem Abend traf Wilhelm sich mit seinen beiden Großcousins, dem Karl und dem Emil auf dem Baldenweger Hof, der einen halben Kilometer entfernt lag. Die Brüder ritten auf Pferden vom Bankenhof und hatten etwa genau so weit. Wilhelm begegnete den beiden vor dem Gutshof. Dieser bestand aus einem Dreikanthof, dem flachen Schweinestall, dem zweistöckigen Kuhstall und dem Pferdestall. Im oberen Stockwerk war der Heuschober untergebracht. Die Brüder führten ihre Tiere zum Pferdestall. Die beiden Rösser wieherten laut, weil ihnen der Geruch der vielen Gäule fremd erschien. Sie beruhigten sich, als Emil ihnen sanft auf die Flanken klopfte und seinem Pferd ins Ohr flüsterte. Karl, Emil und Wilhelm gingen gemeinsam zum Herrenhaus. Es war ein langgestrecktes Steinhaus mit einer Glocke auf dem Giebel. Die Entstehungszeit des Hofs geht mindestens bis in die Zeit der Falkensteiner Herrschaft, wahrscheinlich jedoch noch weiter zurück. Die Dachreiterglocke diente zum Mittag- und Vesperläuten für die Knechte und Mägde des Gutshofs und für die umliegenden Landwirte.

Wilhelm stieg die Steintreppe hinauf und zog an der Türglocke. Stephan, der Verwalter, öffnete und ließ sie ein.

Baldenweger Hof, Haus des Gutsverwalters, Wittental

Sie folgten ihm in die spärlich möblierte Stube und setzten sich um einen runden Holztisch. Die wenigen Möbel vermittelten einen städtischen Eindruck und sahen anders aus als das Mobiliar in den Schwarzwaldstuben, das sie gewohnt waren. Stephan verteilte Gläser und schenkte Weißwein vom Kaiserstuhl ein. Er goss jeweils einen Schluck Wasser darauf. In Ermangelung eines Gasthofs trafen die jungen Burschen sich hier und tauschten Neuigkeiten aus. Stephan fragte Wilhelm nach den neuesten Nachrichten aus Freiburg. „Im Juli feiert die Eisenbahn das 20-jährige Bestehen der Höllentalbahn. Eine geschmückte Bahn fährt von Freiburg das Höllental hoch. An jeder Station spielt eine Blaskapelle. Wir könnten teilnehmen. Soll ich Fahrkarten für uns besorgen, wie wär`s?“ Stephan und die beiden Brüder vom Bankenhof waren sofort einverstanden. An diesem abgelegenen Ort war ihnen jede Abwechslung willkommen. „Wir fragen noch den Hannes ob er auch mitkommt. Ich treffe ihn morgen, wenn ich die Ferkel bei ihm abhole. Auf dem Rückweg schaue ich bei dir vorbei, Wilhelm und sag dir Bescheid, ob er uns begleitet“, meinte Karl. Wilhelm war natürlich einverstanden, dass sein bester Freund vom Hannesenhof auch mitfahren sollte.

Nun legte Wilhelm die neueste Freiburger Zeitung mitten auf den Tisch. Die Schlagzeile sprang allen ins Gesicht: „Sozialdemokraten Gewinner bei Hottentottenwahl – Soll der Kolonialkrieg weitergeführt werden?“ Am 25. Januar 1907 waren die Burschen gemeinsam nach Kirchzarten unterwegs gewesen und hatten dort bei der 12. Deutschen Reichstagswahl ihre Stimmen abgegeben. Sie hatten sich nicht abgesprochen. Aber es war anzunehmen, dass sie wie auch ihre Väter als katholisch geprägte Wähler mit mehr oder weniger Landbesitz für die Zentrumspartei votiert hatten. Sie diskutierten nun über die Ursachen und Folgen der wachsenden Macht der Sozialisten im Reichstag. Es zeichnete sich eine Zerreißprobe ab. Kaiser Wilhelm II. sah die Sozialdemokratie zu Recht als Feind der Monarchie. Die konservativen und nationalliberalen Parteien hatten sich zum Bülow-Block zusammengeschlossen und erreichten dadurch mehr Sitze im Reichstag als die Sozis. Doch der Zusammenschluss der bürgerlichen Parteien war auch kein Garant für eine zuverlässige Mehrheit, die für die Weiterführung des vom Kaiser unterstützten Kolonialkrieges wäre. Der Fortbestand des Reichstages war deshalb in Gefahr. Emil brachte die Situation auf den Punkt: „Warum müssen die Kaiser immer Kriege führen nur um ihre Macht zu erweitern? Wir sind das Volk und müssen für die Interessen der Mächtigen den Kopf hinhalten.“ „Der Krieg in Deutsch-Südwestafrika kostet den Kaiser sehr viel Geld. Er muss die Kosten in einem Nachtragshaushalt vom Reichstag bewilligen lassen. Ich habe erst eine politische Versammlung in Freiburg besucht“, sagte Stephan, „da sprach ein Redner der Zentrumspartei, der Abgeordnete Matthias Erzberger. Er war gegen eine Fortsetzung des Kolonialkrieges. Das gibt noch eine harte Auseinandersetzung mit dem Kaiser.“

Inzwischen war das Wachs der Kerze auf dem Tisch ziemlich weit heruntergebrannt und erinnerte sie an die fortgeschrittene Stunde. Stephan merkte dazu an: „In der Stadt gibt es jetzt schon in mehreren Häusern elektrisches Licht. Im Rathaus bei den Stadtratssitzungen verwenden die Räte das Licht von Glühbirnen mit einem Wolframfaden. Das können sie so lange brennen lassen wie sie wollen.“ „Bis wir auf dem Lande diese Technik nützen können, läuft noch viel Wasser die Dreisam hinab“, sagte Wilhelm, erhob sich, nahm seinen Hut vom Kleiderhaken und verabschiedete sich. Auf dem Heimweg malte er sich aus, wie er und seine Freunde mit der pfeifenden und qualmenden Lok und der mit Lorbeer und Blumen bekränzten Eisenbahn das Höllental hinauffahren würden. Sein Schritt wurde durch diese Vorstellung und wahrscheinlich auch in Folge des Weingenusses auf dem Baldenweger Hof immer beschwingter.

7. Kapitel

Höllentalbahn

Das Jahr 1907 erwies sich als ein gutes Erntejahr. Die Wiesen waren schon das zweite Mal gemäht und das Heu hereingebracht. Auf den Feldern trotzte der Weizen mit kräftigen Halmen den Attacken des Westwindes, der häufig vom Rheintal in den Kessel des Dreisamtals hereinwehte. Das in Reihen sprießende Kraut der Kartoffelpflanzen versprach gute Früchte unter der angehäufelten Erde. Die Schweine hatten bei dem schönen Sommerwetter viel Auslauf, gediehen und warfen gesunde Ferkel. Auf den Wiesen hüteten die Kinder Kühe und erzählten sich dabei Geschichten. Maria suchte ihre Schwester Theresia auf dem Feld um ihr die Vesper vorbeizubringen. Sie fand Theresia mit ihrer Schulfreundin Agathe beim Kühe hüten auf dem Mättle am Ufer des Eschbachs.

An dieser Stelle schlängelte sich der Bach stark und an seinem Ufer wuchsen Sträucher. Besonders stachen die Weiden hervor. Sie waren durch Menschenhand zu knorrigen Kopfweiden verkrüppelt. Korbflechter schnitten im Herbst die Zweige ab und verarbeiteten sie den Winter über zu Flechtwaren. Zurück blieben dicke Stümpfe, die verwachsene kugelige Holzgebilde trugen. Den Kindern erschienen sie wie riesige gespenstische Köpfe, aus denen lange orangefarbene Ruten herauswuchsen. Diese standen senkrecht vom Kopf ab wie die Haare auf dem Titelbild des Struwwelpeterbuches. Maria packte ihren Brotzeitkorb aus und reichte den Hirtinnen Brot und

Bibilikäse. Das war ein schmackhafter, mit Schnittlauch vermengter Quark. Als Getränk holten sie sich dazu Wasser aus dem glasklaren Eschbach. Maria sah den beiden zu, wie sie die Speisen genüsslich verzehrten. Am Morgen besuchten die Kinder die Stegener Schule und am Nachmittag hüteten sie Kühe. Agathe erzählte Maria vom Unterricht: „Wir haben heute von unserem Lehrer eine Geschichte gehört, die müssen wir morgen nacherzählen und als Aufsatz aufschreiben.“ Als Maria den Text hören wollte, fing ihre Schwester Theresia zu erzählen an: „Es ist eine Fabel von der Biene und der Taube. Eine kleine Biene fiel in den Bach und hatte Angst zu ertrinken. Eine Taube beobachtete das Unglück der Biene.“

Während Theresia redete, streckte sie ihre Füße in den Eschbach und das Wasser strömte zwischen ihren Zehen durch. Agathe zupfte an einem Haselnussbusch ein Blatt ab und warf es ins Wasser. Sie sahen ihm nach wie es herumwirbelte und langsam um die Biegung des Baches verschwand. Agathe setzte die Geschichte fort: „Die Taube flog zu einem Baum, brach mit dem Schnabel ein Blatt ab und kehrte zum Bach zurück. Sie warf das Blatt der Biene zu. Diese schwamm darauf los und rettete sich auf das Blatt. Mit diesem Floß landete die Biene glücklich am Ufer.“ Theresia fuhr fort: „Danach setzte sich die Taube wieder friedlich auf den Baum. Da kam ein Jäger und spannte den Hahn an seiner Büchse. Er zielte auf die Taube. Nun flog die Biene herbei und revanchierte sich für ihre Rettung. Sie ließ sich auf der Hand des Jägers nieder und piek, stach sie ihn in den Finger. Der Schuss des Jägers ging daneben. Die Taube aber flog unverletzt davon." „Der Vogel hat der Biene sein Leben zu verdanken", schloss Agathe. Maria erinnerte sich an andere Fabeln, die sie schon gelesen hatte, zum Beispiel die von Äsop mit dem Löwen und der Maus. Der Löwe verschonte die Maus, als er sie mit seiner Pranke erwischte und ließ sie laufen. Als Gegenleistung zernagte die Maus das Netz, das ein Jäger ausgelegt und in das sich der Löwe verstrickt hatte. Sie rettete damit das Leben des Löwen. Die Aussage der beiden Fabeln war dieselbe, nämlich „wie du mir so ich dir" oder „eine Hand wäscht die andere". Aber es kam noch die Pointe dazu, dass die beiden Tiere ein ungleiches Paar waren. Der eine Teil galt als stark und überlegen und war doch auf die Hilfe des Kleinen und Schwachen angewiesen. Die Metapher sollte zeigen, dass auch der Unbedeutende dem Mächtigen schaden aber auch nutzen konnte und umgekehrt. Das menschliche Zusammenleben war zum Beginn des 20. Jahrhunderts noch von starken Abhängigkeiten geprägt, gab es doch große Standesunterschiede in der Bevölkerung. Sie überlegte, warum im Dreisamtal wohl die Fabel mit der Biene und der Taube gebräuchlicher war. Natürlich, diese Tiere erlebten sie tagtäglich. In der Natur summte und brummte es nur so von Bienen und Wildtauben flogen in Mengen durch die Baumwipfel. Daneben gab es fast an jedem Haus einen Taubenschlag. Tauben galten als begehrter Leckerbissen. Sie lieferten zartes, leicht verdauliches Fleisch. Nachdem Maria den Mädchen die Fabel von Löwe und Maus erzählt hatte, machte sie sich auf den Heimweg.

Sie ging zu ihrem Vater in die Werkstatt, der gerade die Pfosten für das Absperrungsgitter am Bahnhof in Kirchzarten zurechthobelte. „Ich war heute vor Ort und habe noch einmal nachgemessen. Nächste Woche werde ich die Balken liefern und den Zaun aufbauen. Mit der Schindelung, die wir im Frühjahr in so kurzer Zeit am Bahnhofsgebäude angebracht haben ist der Bahnhofsvorsteher Klingele sehr zufrieden. Er hat mir für unsere Familie Freikarten angeboten. Damit können wir beim Jubiläum der Höllentalbahn kostenlos mitfahren. Wenn ihr einverstanden seid, nehme ich sein Angebot in Anspruch." Maria dachte an die Quintessenz der Fabel. Hatte sie sich wieder einmal im Handwerk bewahrheitet? Lieferte der Schreiner gute Arbeit, fiel dies in einer Vergünstigung auf ihn zurück. Maria umarmte ihren Vater und fragte: „Kennen die anderen diese Nachricht schon?" „Nur deine Mutter weiß es. Sie hat allerdings Angst vor der Bahnfahrt. Theresia ist noch nie mit dem Zug gefahren und hat Bedenken, dass ihr übel wird." Beim Abendessen eröffnete Vater seiner ganzen Familie das Angebot des Bahnhofsvorstehers. Die Schwestern Stephanie und Theresia waren genauso begeistert wie Maria, die versuchte, ihre Mutter zu ermutigen: „Ich bin schon ein paar Mal mit dem Zug von Kirchzarten nach Freiburg gefahren. Du kannst dich im Waggon ganz bequem auf die Bank setzen und die Landschaft betrachten. Wenn du willst, kannst du dich aber auch frei bewegen und herumlaufen. Die Eisenbahn rattert zwar ganz schön laut über die Gleise, doch an das Geräusch gewöhnst du dich. Für mich war jede Bahnfahrt ein

Erlebnis.“ Schließlich konnten sie Theresia überzeugen, dass sie diese Gelegenheit nicht auslassen durfte, eine Erfahrung mit dem neuen Transportmittel zu machen.

So kam es, dass an einem regnerischen Sonntagmorgen im Monat Juli sich die Familie Schlegel herausputzte. Mutter und Töchter trugen ihre schönsten Trachtenkleider und zwängten sich neben Wilhelm Schlegel auf den Kutschbock vor ihrem Leiterwagen, der gewöhnlich für den Holztransport bestimmt war. Es nieselte und sie mussten ihre Regenschirme aufspannen. Das Gefährt wurde von zwei Ochsen gezogen. Als die Tiere das Kopfsteinpflaster von Kirchzarten unter ihre Hufe bekamen, rissen die Wolken auf und es kam mehr und mehr die Sonne hervor. Aufgeregt stiegen sie vom Wagen und stellten sich hinter das Absperrgitter, das Vater gezimmert hatte. Hier wartete schon eine große Menschenmenge, die von der Blasmusikkapelle aus Oberried in Stimmung gebracht wurde. An einem Stand boten Wirtsleute Getränke an und die Mädchen tranken rote Himbeerlimonade. Nachdem der Vater das Fuhrwerk mit den Ochsen in einer Remise untergestellt hatte, öffnete sich ein Fenster im oberen Stockwerk des Bahnhofsgebäudes, das mit geflochtenen Girlanden bekränzt war. Herr Klingele trat ans Fenster und hielt die Festrede. Die Grüße des obersten Bahnvorstandes der Badischen Eisenbahn, ja sogar die Glückwünsche des Kaisers übermittelte er. Die Schwierigkeiten beim Bau im 19. Jahrhundert wurden dargestellt und schließlich kam der Bahnhofsvorstand ins Schwärmen, dass man annehmen konnte, auf der ganzen Welt gäbe es keine attraktivere Landschaft als die im Schwarzwald.

„1887 wurde die Höllentalbahn in Betrieb genommen. Was diese Bahn schon auf den ersten Blick so anziehend macht, ist die Aussicht auf Naturschönheiten. Das Höllental mit den hohen Felsen beim Hirschsprung ist eine Reise wert. Die Ravennaschlucht und ihr Viadukt sind äußerst sehenswert. Dann folgt der Titisee mit seinem wunderschönen Panorama. Vom höchsten Bahnhof in Bärental erreichen wir den Feldberg, den höchsten Berg im Schwarzwald. Außergewöhnlich ist auch die Streckenführung und die Technik der höchsten Bahnlinie ...“. Maria und ihre Schwestern entfernten sich ein Stück vom Menschengedränge und überließen den Redner seinen langweiligen Statistiken über Besucherzahlen, die nun folgten. Sie hatten sich ein ganzes Stück vom Bahnhof entfernt, als sie plötzlich das Pfeifen der Lokomotive hörten. Sie nahmen ihre langen Röcksäume in die Hand und liefen im Eiltempo zur Absperrung zurück. Der Zug war schon angekommen, als sie den Bahnhof erreichten und der Redner hatte das Fenster wieder geschlossen. Es stiegen jedoch immer noch Leute in die Waggons. Die Eltern warteten und winkten. Vater zeigte dem Schaffner die Billetts und sie kletterten gemeinsam in den letzten Wagen. Die Eltern konnten für sich noch zwei Sitzplätze erobern. Den Mädchen gefiel es, auf dem kleinen Balkon am Zugende zu stehen. Dabei wehte ihnen der Qualm der Lokomotive um die Nase. Der Zug füllte sich an seinem Ausgangspunkt in Freiburg schon ziemlich. In Kirchzarten waren nun die letzten reservierten Plätze belegt. Wenn in Himmelreich noch jemand zusteigen wollte, musste er mit einem Stehplatz zufrieden sein.

Ein Zugschaffner ging durch die Reihen, entwertete die Fahrkarten und drückte den Reisenden Fähnchen in die Hand, auf welchen mit Lorbeer bekränzte Lokomotiven dargestellt waren. Als die Eisenbahn in Himmelreich mit einem quietschenden Ruck anhielt, winkten die Fahrgäste den Zuschauern am Bahnhof und den Musikanten der Blaskapelle zu. Auch hier schmückten Girlanden und Kränze die Fenster und Säulen der Station. Wilhelm Willmann und seine vier Freunde saßen schon seit Freiburg im letzten Abteil des Zuges. Sie waren mit Wilhelms Vater frühmorgens im Milchwagen mitgefahren und hatten sich auf dem Kutschbock und auf dem Anhänger verteilt. Am Bahnhof hatte sie Melchior abgesetzt. Die Brüder vom Bankenhof kannten Wilhelm Schlegel gut, da er auf ihrem Hof im Frühjahr eine neue Bienenbank angebracht hatte. Sie unterhielten sich angeregt und Wilhelm aus Wittental nutzte die Gelegenheit, mit einem Schreiner ins Gespräch zu kommen. „Wenn mein Vater einverstanden ist, komme ich mal bei euch in Stegen vorbei und bringe die Maße von meinem Schreibtisch mit. Er ist so alt und wackelig, dass ein neuer Sekretär kein Luxus wäre. Ich brauche ihn täglich für meine Milchrechnungen. Außerdem müsste er ein verschließbares Fach haben, weil ich das Milchgeld von mehreren Höfen darin aufbewahren muss, bevor ich es auszahle." Wilhelm Schlegel war nicht abgeneigt, dieses

Vergnügen heute nebenbei geschäftlich zu nützen. „Ich erledige gerade noch einen Auftrag für das Schloss Weiler, bin aber damit schon fortgeschritten. Danach zimmere ich in Eschbach eine Einrichtung für ein Austragshäuschen. Dann könnten wir ins Geschäft kommen“, meinte der Schreiner. „Wenn ich in vier Wochen vorbeischaue, wäre das in Ordnung?“ fragte der Milchhändler. „So kurz vor der Kartoffelernte würde es passen. Da hätte ich noch Luft bevor die große Ernteaktion losgeht“, schlug Wilhelm Schlegel vor und beide reichten sich die Hand.

Inzwischen war der Zug wieder in Bewegung. Die Lokomotive ächzte und keuchte. Die Dampfmaschine hatte schwer zu arbeiten um die Höhenunterschiede zu bewältigen. Die ganze Eisenbahn schien mitzuhelfen, um sich hinauf zu quälen. Die Felsen des Hirschsprungs ragten rechts und links auf und die Fahrgäste konnten kaum noch ein Stück des Himmels sehen, so eng strebten die Gesteinsbrocken aufeinander zu. Auf einem Felsvorsprung stand die Bronzefigur eines sich stolz in die Brust werfenden Hirsches. Danach weitete sich das Tal wieder etwas. Sie näherten sich der Posthalde, einer alten Poststation. Die Mädchen auf der hinteren Plattform waren entzückt von der malerischen Landschaft. Auf der Talsohle unter ihnen breitete sich neben einem Bächlein eine üppig blühende Blumenwiese aus. Sie sahen nach oben und bewunderten die bewaldeten Berge, die hier aufragten. Nun näherten sie sich dem Höllensteig. Er hatte seinen Namen zu Recht. Denn der alte steinige Weg führte von hier an in Serpentinen mit Haarnadelkurven steil bergan und war in der Vorzeit wie auch heute schwierig zu bewältigen. Die Bahntrasse verlief hier auf Stelzen und überquerte die Ravennaschlucht. Die Mädchen erschraken, als sie in der Tiefe die sich in Kurven windende Fahrstraße entdeckten und wichen vom Geländer zurück.

Plötzlich wurde es stockdunkel. Maria meinte: „Jetzt fahren wir durch das Tunnel, von dem mir Klärle erzählt hat. Danach kommen gleich noch mal zwei.“ Und tatsächlich, als sie kaum das Tageslicht erreicht hatten und in die Sonne blinzelten, die sich inzwischen hervorgewagt hatte, verschwanden sie schon wieder in der Finsternis. Sie hatten inzwischen die Höhen des Schwarzwaldes erreicht und der Zug fuhr im Bahnhof von Hinterzarten ein. Die Lok dampfte und pfiff und die Mädchen schwenkten ihre Fähnlein. Der Zug hielt mit quietschenden Bremsen. Auch hier empfing sie eine Blaskapelle. Die Musikanten hatten sich unter ein Glasdach gestellt, das von einem verschnörkelten gusseisernen Gestell getragen wurde. Diese Jugendstilelemente prägten den Baustil der Bahnhöfe, die sämtlich etwa zur selben Zeit gebaut worden waren.

Die Zeiger der Bahnhofsuhr, die über den beiden Flügeltüren des Gebäudes vom Vordach herabhing, zeigten gegen Elf. Als der Empfangsmarsch verklungen war und einige der Fahrgäste den Zug verlassen hatten, hob der Schaffner seine Kelle und die Bahn setzte sich nach einem schrillen Pfiff langsam in Bewegung. Es ging nun fast eben und landschaftlich unspektakulär weiter bis nach Titisee. Familie Schlegel hatte zu Hause schon beschlossen, in Titisee auszusteigen und die Promenade am Wasser zu genießen. Die meisten Fahrgäste schienen dieselbe Idee zu haben, denn der Zug leerte sich zusehends. Nur ein paar Leute wollten noch weiter bis zur Station Bärental und dann zum Feldberg. Die Familie wanderte gemächlich vom Bahnhof durch den Ortskern bis zum Wasser. Am Ufer des Titisees reihten sich Gaststätten, Hotels und Souvenierläden aneinander. Wilhelm Schlegel kannte sich hier aus, denn er wohnte als junger Handwerksbursch einige Monate beim Uhrenmacher Faller und half beim Herstellen der Gehäuse für die Kuckucksuhren. Seit dem Betrieb der Höllentalbahn herrschte hier Fremdenverkehr und das Geschäft der Fallers schien sich ausgeweitet zu haben. Wilhelm hatte gleich einen neuen Anbau entdeckt, in dem sich ein Uhrengeschäft befand. Zu seiner Zeit war hier nur eine Werkstatt vorhanden.

Frau Schlegel und die Mädchen setzten sich auf ein Bänkchen am Strand, während Wilhelm im Geschäft der Fallers verschwand und nicht so schnell wieder auftauchte. Zufrieden lächelnd kam er schließlich mit dem Uhrmacher aus dem Laden und stellte ihm seine Familie vor. „Kommt doch herein. Meine Frau würde sich freuen, wenn ihr mit uns esst und ein Schwätzchen haltet.“ „Ihr habt heute wegen des Jubiläums am Sonntag das Geschäft geöffnet und viel Kundschaft. Da wollen wir nicht länger stören. Wir besuchen euch ein andermal, wenn nicht so viel Betrieb ist", antwortete Wilhelm. Die Schwarzwälder waren sehr gastfreundlich und meinten es ehrlich mit solchen Einladungen. Die Dienstboten der Frau Faller hätten schnell ein Mittagessen für die Schlegels zubereitet, aber die Familie hatte heute ein Picknick im Freien geplant. Sie verabschiedeten sich und ließen sich auf der Terrasse eines Gasthofs unter schattenspendenden Bäumen an Holztischen nieder. Wilhelm bestellte beim Kellner Getränke. Die Mädels freuten sich über die grüne Waldmeisterlimonade. Herr und Frau Schlegel tranken Weinschorle. Frau Schlegel packte ihren Korb mit Schinken und Brot aus. Hier in der Sommerfrische war es erlaubt und üblich, die Brotzeit mitzubringen und nur die Getränke zu konsumieren. Sie bewunderten während des Essens den See, der sich vor ihnen ausbreitete und in der Sonne blitzte und blinkte. Am Ufer vor ihnen befand sich ein Bootsverleih. Sie beobachteten, wie die Interessenten um den Preis feilschten und sich entweder abwandten oder eines der bunt gestrichenen Boote bestiegen.

Als Wilhelm die Zeche bezahlt hatte, meinte die Mutter: „Jetzt wandern wir noch ein Stück am Titisee entlang, nachdem die Sonne sich doch noch gezeigt hat." Die Eltern und die drei Mädels hatten sich für heute mit festen Schuhen ausgerüstet und waren auf steinige Wege gefasst. Der Trampelpfad führte zuerst durch morastige Erde. An manchen Stellen mussten sie über Pfützen springen. Der Pfad verlief durch hohes Schilf, das die Sicht auf den See verhinderte. Schließlich kamen sie aus dem Schilfgürtel heraus. Sie liefen nun direkt am Titisee entlang und mussten über Baumwurzeln und Felsbrocken klettern. Theresia, die Jüngste der Mädchen, setzte sich auf einen umgeknickten Baumstamm und sagte: „Ich ziehe meine Schuhe und Strümpfe aus und wate im Wasser. Hier ist eine seichte Stelle.“ Vater riet: „Wenn wir noch ein Stück weiter wandern, kommen wir an einen Ort, der sich besser eignet. Da mündet ein kleiner Bach in den See. Wenn ihr im Bachbett herumsteigt, ist es ungefährlicher.“ Die Mädchen konnten nicht schwimmen. Es gab keine Möglichkeit für Landkinder, das Schwimmen zu lernen. Für Frauen war es ohnehin unüblich, dürftig gekleidet ins Wasser zu steigen. Deshalb konnte sich kaum eine Frau selbst retten, wenn sie ins Wasser fiel. Es kam immer wieder vor, dass kleine Kinder, aber auch manchmal Erwachsene ertranken. Wilhelm hatte vor Jahren auf seiner Wanderschaft am Bodensee schwimmen gelernt. Er war damit in Stegen einer der wenigen Bürger, die das Schwimmen beherrschten.

Die Stelle, die ihnen Vater versprochen hatte, entpuppte sich tatsächlich als der geeignete Badetümpel für die Mädchen. Maria und Theresia tollten wild herum und bespritzten sich, dass ihre Trachtenröcke am Saum ganz nass waren. Stephanie blieb im Moos sitzen und sah ihren Schwestern zu. Die Eltern holten Behälter aus dem Brotzeitkorb. Sie verließen die Mädchen und krochen ins Dickicht, um nach Pilzen zu suchen. Maria und Theresia ließen sich auf einem großen Stein nieder, der sich mitten im Bachbett befand. Sie breiteten die Röcke um ihre nackten Beine in der Sonne aus um sie zu trocknen. Da hörten sie Stimmen, die immer deutlicher wurden. Schließlich brachen die fünf jungen Burschen aus dem Wittental durch das Gebüsch, die sich im Zug mit ihrem Vater unterhalten hatten. „Hallo, ihr seid die Mädels vom Schlegel Wilhelm, stimmts? Wir sind rings um den See gelaufen. Der Emil hat sich dabei den Fuß vertreten“, sagte Karl, sein Bruder. Dem Emil war das offensichtlich peinlich. Er wollte sich vor den Mädchen keine Blöße geben, biss die Zähne zusammen und versuchte, nicht zu hinken. Maria kannte sich mit Verletzungen gut aus. Sie hatte im Schloss Weiler schon oft den Herz Jesu Brüdern zugesehen oder mitgeholfen, wenn ein Bewohner von Stegen ein Gebrechen hatte. „Zeig deinen Fuß her! Ist er angeschwollen?“ Sie tastete ihn ab und sagte: „Du musst ihn ins kalte Wasser halten. Das mildert die Schwellung.“ Sie schickte Stephanie ein Stück auf dem Pfad zurück auf eine Wiese, um Spitzwegerich zu sammeln. Diese wurde fündig und brachte ein Büschel des Heilkrauts. Die vier jungen Männer ließen sich inzwischen am Bachrand nieder, während Emil seinen Fuß mit dem verstauchten Knöchel ins eiskalte Bachwasser streckte. Maria und Stephanie schlugen die Kräuter mit Steinen und drückten den Saft heraus. Sie tropften ihn auf ein großes Tuch, das sich im Brotzeitkorb befand. „Nimm deinen Fuß aus dem Wasser. Ich wickle jetzt das Tuch ganz fest herum und dann kannst du deinen Socken darüber ziehen.“ Emil lief rot an, als er sein Bein ausstreckte und Maria ihn verband. Musste ihm das passieren! Auf der Heimfahrt würden ihn seine Kameraden bestimmt mit dieser Episode aufziehen. Emil bemühte sich, seine derben Schuhe über die Socken zu ziehen. Er wollte gleich losziehen und das Weite suchen. Aber er war froh, dass er sich auf seinen Bruder stützen durfte und von ihm geführt wurde. „Wir gehen schon mal voraus. In diesem Zustand brauchen wir länger. Um vier Uhr fährt der Zug in Titisee am Bahnhof ab. Den erreichen wir hoffentlich.“ Die drei anderen Burschen blieben noch ein wenig bei den Mädchen sitzen. Wilhelm Willmann meinte: „Wenn wir den Zug verpassen, müssen wir den Jägerpfad entlang des Höllenbachs nach Kirchzarten zu Fuß marschieren. Bis um Mitternacht werden wir zu Hause sein.“

Da brach Wilhelm Schlegel aus dem Gebüsch heraus. „So ein Pech. Früher konnte man hier die Pfifferlinge mit der Sense mähen und heute finde ich überhaupt keinen.“ Seine Frau folgte ihm mit leerem Behälter. Die Familienmitglieder packten nun ihre Sachen zusammen und kehrten um. Neben Wilhelm Schlegel liefen die Wittentäler und unterhielten sich mit ihm über die politische Lage. Bald holten sie Karl und den lädierten Emil ein. Nun ging es langsamer voran. Die Männer wechselten sich beim Führen des Verletzten ab. Wenn der Abstand zu groß wurde zwischen den Wanderern, warteten die schnelleren auf die Nachzügler. Wilhelm Willmann gesellte sich zu Maria und unterhielt sich mit ihr. „Warum kennst du dich mit dem Verbinden so gut aus?“ wollte er wissen. Sie erzählte ihm von ihren Erfahrungen im Krankenzimmer des Schlosses Weiler, das die Herz Jesu Brüder aus Sankt Peter dort eingerichtet hatten. Manchmal waren gleichzeitig mehrere Zimmer notwendig. „Im letzten Jahr erkrankten einige Kinder in Stegen an Masern. Die Eltern brachten sie ins Schloss, damit sie professionell von den Brüdern versorgt wurden und zu Hause ihre Geschwister nicht anstecken konnten. Wir wohnen im Jägerhäuschen direkt neben dem Schloss und helfen alle zusammen, wenn auf dem Gut mehr Arbeit ansteht. Besonders meine Mutter unterstützt die Frau Gräfin wo es geht. Ich war von klein auf mit dabei."

Wilhelm Willmann hatte Maria schon im Zug auf der Plattform bemerkt, als er mit ihrem Vater geschäftliche Gespräche führte. Das hübsche zierliche Mädchen mit den braunen Augen gefiel ihm. Nachdem er nun ihre medizinischen Fähigkeiten und die zupackende Art erfahren hatte, bekam er Respekt vor ihr. Er betrachtete sie von der Seite. Sie hatte eine schmale Nase und einen kleinen Mund mit vollen Lippen. Ihre dunklen Haare waren zu einem Knoten gesteckt, auf dem ein heller Strohhut saß. Maria fand den Gesprächspartner angenehm. Er war schlank und geschmeidig und überragte sie um einen Kopf. Wilhelm besaß gleichmäßige Gesichtszüge mit einem energischen Kinn und war alles in allem ein ansehnlicher Bursche. Maria würde aber weiter keinen Gedanken an ihn verschwenden, denn ihr Herz hing nach wie vor an ihrem Hackepeter, den sie in ihren geheimen Träumen glorifizierte. Ihr Bild, das sie sich von ihrem Angebeteten zurechtzimmerte, entsprach bei weitem nicht der Wirklichkeit. Sie hatte ihn aus den Augen verloren und schon monatelang nicht mehr gesehen. Sein Bild wurde in der Erinnerung aber immer idealisierter. Durch die Träume von Hackepeter war Maria nicht frei für eine neue Schwärmerei. So sollte es kommen, dass Wilhelm Willmann Feuer gefangen hatte, aber bei seiner Auserwählten zunächst keinesfalls auf Gegenliebe stieß. Es stellte sich bald heraus, dass Wilhelm Schlegel den Wilhelm Willmann sympathisch fand. So ein ruhiger und besonnener Geschäftsmann imponierte Herrn Schlegel als Schwiegersohn. Außerdem waren die Jungs so anständig mit den Mädels umgegangen, als sie diese allein im Wald antrafen. Noch dachte niemand an Verbindungen irgendwelcher Art. Das vordringliche Ziel war es, heute noch rechtzeitig die Höllentalbahn zu erreichen.

Der Zug stand im Bahnhof bereit, obwohl die Zeiger der Bahnhofsuhr die Vier schon überschritten hatten. Es fehlten anscheinend noch mehr Fahrgäste. Als sie sich wieder im letzten Abteil niedergelassen hatten, füllte sich der Zug erst allmählich. Er fuhr mit einer halbstündigen Verspätung zischend und qualmend los. Bei der Rückfahrt ging es nun ganz gemütlich ohne Blechbläser und Fähnchenschwinger ins Tal zurück. Die meisten Zuginsassen lehnten sich zurück und genossen entspannt die gemächliche Heimfahrt. In Kirchzarten lud Wilhelm Schlegel den fußkranken Emil mit auf seinen Ochsenkarren und beschloss einen Umweg über Wittental zu fahren, um ihn abzuliefern. Die anderen vier Burschen verabschiedeten sich, kehrten unterwegs noch im Gasthof „Zur Sonne" ein und machten sich danach zu Fuß auf den Heimweg.

8. Kapitel

Vom Adelhauser Geist

Aufgeregt schlitzte Maria mit dem Messer den Brief auf, den ihr soeben der Postillon vom Kutschbock heruntergereicht hatte. Der alte Postmichel kannte Maria, weil er schon öfter Kunde in der Schreinerei gewesen war. Als er das Mädchen auf der Hausbank sitzen und Bohnen brechen sah, erinnerte er sich, dass ihm beim Sortieren der Post eine Nachricht an sie aufgefallen war. Einmal in der Woche hielt die Kutsche gegenüber vom Jägerhäusle in der Wirtschaft „Zum Hirschen" in Stegen. Der Gasthof war die Poststation für die Region. Die Kutsche fuhr von Freiburg über das Schloss Ebnet zum Schloss Weiler in Stegen und lud die Post im dazugehörigen Gasthaus ab. Danach quälten sich die Pferde über Wagensteig hoch bis zum Kloster Sankt Märgen. Diese Route war der zweite etwas weniger steile Weg in den Hochschwarzwald neben den Serpentinen durch das Höllental. Der betagte Kutscher rief Maria zu: „Auf dem Rückweg nächste Woche nehm ich deine Antwort an den Verehrer mit." Er winkte Maria, schnalzte mit der Peitsche und setzte seine Fahrt ein kleines Stück fort bis zur Posthaltestelle. Auch wenn er schon viele Jahre immer dieselbe Strecke abfuhr und sich eine gewisse Routine eingestellt hatte, bereitete es ihm Freude, wenn er hübschen jungen Mädchen Post überbringen konnte.

Maria spürte wie ihr Herz schlug und dachte im ersten Augenblick an den Kaminkehrer Hackepeter, den ihr

Vater so sehr abgelehnt hatte. Ihr wurde bewusst, dass sie immer noch in ihn verliebt war. Denn sie meinte, seine Hände zu fühlen, die bei der Eiche an der Sonnenleite ihre Augen zugehalten hatten. Dann kamen ihr Zweifel. Würde dieser Frauenheld Briefe schreiben? Wenn er etwas von ihr wissen wollte, würde er persönlich auftauchen und sie bedrängen, wie er es immer versucht hatte. Nein, Briefe zu schreiben passte nicht zu ihm. Sie wurde ruhiger und gelassener, faltete den zusammengelegten Briefbogen auf und las die Unterschrift.

Das hätte sie sich gleich denken können. Ihr gräflicher Jugendfreund Heinrich, der sich zum Studium von ihr verabschiedet hatte, war stets mit Papier und Bleistift ausgerüstet. Das Kribbeln beim Gedanken an Hackepeter hatte nachgelassen und wich einem Gefühl von Stolz. Ein Graf, der in Freiburg studierte, schrieb dem einfachen Mädchen vom Lande einen Brief. Sie dachte an die Bücher, die er ihr zum Andenken überlassen hatte. Maria beschloss, sie in der nächsten Zeit wieder zu lesen, die Gedichte von Matthias Claudius, Brentano und Mörike. Dann vertiefte sie sich in die Zeilen. Er schrieb, dass er gerne an die Zeit seiner Kindheit auf Schloss Weiler zurückdenke. Seiner Mutter, die nun in Bayern lebe, ginge es gut. Sie grüße Frau Schlegel recht herzlich. Die Prüfungen im Studium hätte er mit Auszeichnung absolviert. Immanuel Kant und seine Theorien noch besser kennen zu lernen sei sein Ziel. Er würde auch weiterhin gerne Verse schreiben. Um sich dabei besser konzentrieren zu können, würde er als Mönch in einen

Trappisten-Orden eintreten. Die Regeln des Klosters wären sehr streng. Er verpflichte sich, die nächsten Jahre, aber vielleicht auch sein ganzes Leben hinter Klostermauern zu verbringen. Sie sollte ihm nicht antworten, denn in der Klausur dürfe er keine Post empfangen. Aber er sehe abends manchmal zu ihrem Nichtsstern auf. Vielleicht könnten sich ihre Blicke dort treffen. Er schicke einen Gruß hinauf und sie hole ihn mit ihren Augen herunter. Umgekehrt könne sie ihm gute Wünsche über ihren gemeinsamen Stern schicken. Vielleicht wäre auch ab und zu ein schönes Gedicht an die Gedankenpost geheftet. Unter den Zeilen auf dem einfachen weißen Briefbogen, den sie in den Händen hielt, war zu lesen: „Ich denke gerne an Dich, Heinrich von Kageneck" Der Text war mit einer gleichmäßigen und gut leserlichen Schrift geschrieben.

Maria wurde melancholisch. Sie hatte Heinrich und den Nichtsstern völlig vergessen. Jetzt standen die Erlebnisse mit dem Grafen wieder lebhaft vor ihr. Sie würde ihm wahrscheinlich nie wieder begegnen. Nur ihren gemeinsamen Stern konnte sie betrachten. Sie schämte sich, dass sie den Nichtsstern vernachlässigt hatte. Heinrich war ein Menschenfreund und glaubte, die Welt verbessern zu können. Im Kloster zurückgezogen zu leben und über seinen Büchern zu sitzen war seine Entscheidung und sie wusste, dass er konsequent war. Sie sah zum Mittagshimmel hoch, an dem heute kein Wölkchen zu sehen war. Nur die Mondsichel erkannte sie ganz blass über dem Buchbühl. Maria suchte am hellen Tage die

Stelle, an der sie den Nichtsstern vermutete. Sie schickte ihre Botschaft in den blauen Mittagshimmel: „Lieber Heinrich! Danke für deinen schönen Brief. Ich werde ihn bei meinen Schätzen aufbewahren. In Zukunft werde ich dir immer erzählen, wenn ich einen Kummer habe und dich um Rat fragen. Es ist gut, einen Freund in den Sternen zu haben. Ich wünsche dir viel Glück bei deiner neuen Aufgabe, Maria."

An diesem Abend trat sie ans Fenster und sah zu den Sternen hinauf, während sie den Brief noch einmal las und dann in ihre Truhe zwischen die Buchseiten der Goethe`schen „Wahlverwandtschaften" steckte. Maria fühlte, dass für sie ein neuer Lebensabschnitt begann. Die Kindertage und die Jugend waren vorbei. Irgendwie hatte sie auch den Eindruck, dass mit diesem Brief die Sehnsucht nach einem Hackepeter abgeschlossen war. Sie sah nach vorne in die Zukunft und würde ihr Leben in die Hand nehmen.

An einem Sonntag im August stand Wilhelm Willmann in der Tür des Jägerhäusles. Er hatte in Stegen den Gottesdienst besucht und stattete danach der Familie Schlegel einen Besuch ab. „Guten Tag. Ich komme auf unser Gespräch am Jubiläumstag der Höllentalbahn zurück", sagte er. „Ich möchte gerne einen Schreibtisch in Auftrag geben. Die Maße habe ich dabei." Wilhelm Schlegel antwortete: „Komm nur herein und trink mit mir ein Hefeschnäpsle. Dann gehen wir hinüber in die Schreinerei und suchen das Holz aus." Wilhelm Willmann warf Maria, die gerade Hühnerfutter auf den Hof bringen wollte, einen Blick zu und meinte: „Was machen deine medizinischen Kenntnisse? Hast du inzwischen schon wieder jemanden verarztet. Dem Emil vom Bankenhof geht es gut. Ich habe ihn gestern auf dem Feld getroffen. Er hüpft und springt wie der Bruder Lustig. Aber am liebsten reitet er auf seinem Pferd."

Maria drängte ihn zur Seite und schlüpfte durch die Türe. Sie drehte sich um und rief ihm zu: „Ich muss unsere Hühner füttern. In letzter Zeit legen sie so gut, dass wir nicht mehr wissen, wohin mit den Eiern." „Da kann ich euch helfen. Ich fahre täglich in der Frühe nach Freiburg, um die Milch von ganz Wittental in der Zentrale anzuliefern. Meine Mutter gibt mir oft übrige Eier mit, die ich auf dem Markt vor dem Freiburger Münster an Marktfrauen verkaufe. Wenn du willst, kannst du mitfahren und dort eure frischen Eier los werden." Frau Schlegel hatte das Gespräch im Hintergrund verfolgt. Natürlich hatte sie etwas dagegen, dass ihre Tochter alleine mit einem jungen Mann nach Freiburg fuhr. Das schickte sich nicht für ein junges Mädchen. Sie mischte sich ins Gespräch ein und meinte: „Dein Vorschlag ist nicht schlecht. Wir machen einen Tag aus, an dem ich mit Maria die Eier liefere und mir das ganze Geschäft in Freiburg anschaue. Ich denke der Freitag ist ein guter Verkaufstag, was haltet ihr davon?" Als beide zustimmten, fragte sie: „Wo treffen wir uns?" „Am besten wartet ihr an der Rotdornhecke kurz vor dem Baldenweger Hof an der Abzweigung wo es zur Wittentäler Schule geht. Da biege ich Richtung Freiburg ein. Wenn ihr um 7 Uhr morgens dort steht, werde ich euch mitnehmen."

Maria sammelte in dieser Woche fleißig die Eier aus den Verstecken der Hühner auf der Tenne und im Heuschober, damit die Fahrt in die Großstadt sich rentierte. Ihr Onkel, der Mesner von der Herz-Jesu-Kirche, besaß auch einen großen Hühnerhof. Bei ihm holte sie am Mittwoch noch einen großen Korb voll Eier ab, so dass sie für den Verkauf in der Stadt gerüstet waren. Schließlich kam der verabredete Freitag heran und Maria machte sich frühmorgens mit ihrer Mutter auf den Weg an der Sonnenleite am Waldweberhaus vorbei. Sie zogen einen Leiterwagen hinter sich her, auf dem die Eier in weiche Tücher gehüllt auf mehrere Körbe verteilt waren. Die Frauen kamen nur langsam voran, weil sie den Wagen vorsichtig zogen, um Erschütterungen zu vermeiden. Nach etwa zwei Kilometern erreichten sie den ausgemachten Treffpunkt bei der Rotdornhecke. Auf der Holzbank an der Weggabelung standen noch die Milcheimer zum Abholen bereit. Wilhelm Willmann war also noch nicht vorbeigekommen.

Theresia Schlegel unterhielt sich mit dem Bankenbauern, der gerade auf seiner Wiese dabei war, mit der Gabel das Heu auf Heinzen zu verteilen. „Der Sommer war in diesem Jahr zu feucht. Das Heu verschimmelt und verfault auf der Wiese. Ich versuche, einen Teil zu retten. Hoffentlich regnet es nicht mehr, dass der Rest endlich trocknen kann." Da hörten sie das Schnauben eines

Pferdes und sahen auch schon einen Apfelschimmel den Wittentäler Weg heruntertraben. Hinter sich zog er den Einspännerwagen mit der Ladefläche für die Milcheimer. Auf dem Kutschbock saß Wilhelm Willmann, der die knarrenden Bremsen bediente. Er sprang vom Wagen herunter und begrüßte die beiden Frauen. Dann hob er die vollen Milchkannen von der Holzbank auf seine Ladefläche neben die bereits geladenen Behälter. „Wo können wir unsere Eier verstauen ohne dass sie zu Rühreiern werden?“ fragte Theresia. Wilhelm nahm ihnen vorsichtig die Körbe ab und stellte sie behutsam so zwischen die Metallkannen, dass sie keinen Spielraum hatten. Den leeren Leiterwagen schoben sie hinter die Hecke. Mittags würden sie ihn wieder heimziehen, eventuell mit Kleinigkeiten beladen, die sie in der Stadt erstanden hatten. Der junge Landwirt vom Melcherhof half den beiden Frauen auf den Kutschbock und sie setzten sich auf die bereitliegenden Kissen.

Wilhelm wechselte mit dem Bankenbauern noch ein paar Worte, rief: „Hüah!“ und das Pferd setzte sich in Bewegung. Er erkundigte sich, ob Herr Schlegel Fragen zu seinem Auftrag habe und ob das Möbelstück schon in Bearbeitung sei. An verschiedenen Höfen stieg er ab und hob die bereitgestellten Milchkannen auf die Ladefläche. Sie begegneten ein paar barfüßigen Kindern mit Schulranzen auf dem Rücken, die gerade auf dem Weg zur Wittentäler Schule waren. Ein barfüßiger Junge kletterte von hinten auf den Milchwagen, fuhr bis zum Schulhaus mit und sprang im Vorbeifahren ab. Als sie sich dem

Schloss Ebnet näherten, meinte Wilhelm: „Wir fahren gleich auf dem sogenannten Hexenweg. Der war früher die Verbindung von Ebnet in Richtung Zähringer Burg. Diese Festung der Zähringer Herzöge, die Burg Ebnet, die Ruine Falkenstein in Wittental und die Burg Weiler in Stegen bilden eine Linie. Zwischen der wahrscheinlich ältesten Burg im Dreisamtal, der Burg Falkenstein und der Burg Weiler soll sogar ein unterirdischer Gang existieren. Im Wittental kursieren heute noch viele Gruselgeschichten aus früherer Zeit, als die Falkensteiner Ritter für die Zähringer Herzöge das Dreisamtal bewachten." Maria war neugierig geworden. Sie liebte Sagen und Erzählungen aus alten Zeiten. Aber Wilhelm kam nicht mehr dazu weiterzusprechen, weil sie schon durch das Schwabentor in Freiburg einfuhren.

Sicher lenkte er sein Fahrzeug mit Hilfe des Pferdes über das Kopfsteinpflaster zwischen den Bächlein links und rechts der Straße. Diese kleinen Rinnsale waren typische Merkmale der Freiburger Altstadt. Der Anblick des fließenden Wassers erfrischte sie. Mutter und Tochter waren hellwach und gespannt als sie auf den Münsterplatz einbogen und Wilhelm das Pferd vor dem schönen Freiburger Kaufhaus anhielt. Sie bewunderten den dunkelroten Renaissancebau mit den Arkaden, den Zinnen auf dem Dach und den beiden Ecktürmen, die mit bunten Ziegeln gedeckt waren. Vier Ritterfiguren blickten auf sie herab und beherrschten den Platz mit den von bunten Schirmen beschatteten Marktständen. Wilhelm sprang vom Kutschbock, sprach mit einem Händler und kam zum Wagen zurück. „Ihr könnt am Stand von Josef Faller eure Eier verkaufen. Ich muss weiter zur Milchzentrale und hole euch ungefähr in drei Stunden hier wieder ab." Die Frauen begrüßten den Eierhändler und bekamen einen Platz für die Eierkörbe zugewiesen. Die Eier verkauften sich gut und so wurde vereinbart, dass Maria mit ihrer Mutter am kommenden Freitag wieder nach Freiburg mitfahren würde. Auf dem Rückweg fragte Frau Schlegel Wilhelm Willmann, ob er nicht einen Abstecher nach St. Ottilien machen könne. Er war einverstanden und fuhr am Fuße des Rosskopfs auf einem Waldweg zu einer Quelle mit Heilwasser. Frau Schlegel füllte zwei Flaschen mit dem Wasser, dem Heilkraft für die Augen zugeschrieben wurde, wenn man diese damit benetzte. Die Mutter kniete sich danach auf eine Gebetsbank vor der Statue der Hl. Ottilie und betete.

Maria saß in dieser Zeit mit Wilhelm alleine auf dem Kutschbock und unterhielt sich mit ihm. „Du hast von den alten Sagen aus dem Wittental gesprochen. Meine Mutter lässt sich immer Zeit mit dem Beten. Bitte erzähl mir eine von den Geschichten bis sie wiederkommt!" Wilhelm begann zu erzählen: „Die bekannteste Geschichte ist die vom Adelhauser Geist. Auf dem Baldenweger Hof geht zu manchen Zeiten der Geist eines früheren Besitzers um. Ich denke es wird der Geist eines Falkensteiner Ritters sein, denn der Hof war früher das Wirtschaftsgebäude der Burg Falkenstein. Die Burg steht nicht mehr, aber der Baldenweger Hof ist noch in Betrieb und hat schon häufig den Besitzer gewechselt. Als die

Großmutter des jetzigen Besitzers, Herrn Stößer, eines Tages allein im Zimmer in ihrem Lehnstuhl saß, kam plötzlich ein Herr im schwarzen Anzug, mit Handschuhen und Zylinderhut ins Zimmer herein und blieb nach einer höflichen Verbeugung vor ihr stehen. Sie fragte ihn: „Mein Herr, was wünschen Sie?“ Es folgte keine Antwort. Sie fragte zum zweiten Mal: „Mein Herr, was wünschen Sie?“ Wieder keine Antwort. Ganz bestürzt rief sie zum dritten Mal: „Um Gottes Willen, was wünschen Sie, mein Herr?“ Darauf antwortete er mit hohler Stimme: „Ich wollte nachsehen, wie es in diesem Hause geht. Ich bin der Graf von Sickingen, früher war ich euer Herr.“ Die Frau fragte, ob sie mit ihm gehen solle. Der Mann aber drehte sich um und sagte: „Nein, jetzt nicht, erst wenn ich wiederkomme“ – und verschwand vor ihren Augen. Die Frau zog daraufhin vom Hof weg.“ „Ist der Adelhauser Geist noch öfter aufgetreten?“ wollte Maria wissen. „Es heißt „Im Adelhauser“ spukt es. So werden die Felder zwischen Schloss Ebnet und Wittental bezeichnet. „Im Adelhauser“ ist der Flurname für die zum ehemals Sickingischen Schloss Ebnet gehörigen Äcker. Der Adelhauser Geist begegnet dir in verschiedener Gestalt. Manchen ist er als totes Pferd erschienen, das quer über den Weg lief und plötzlich verschwand. Ein anderes Mal umsprang er die Leute drohend als großer Hund. Als Mann ohne Kopf ist er bekannt oder als brennendes Fackellicht, das durch die Luft schießt.“ „Da traust du dich bei Wind und Wetter jeden Morgen mit deinem Pferd und Wagen an den Feldern und Äckern „Im Adelhauser“ vorbeizufahren?“

fragte Maria. „Oder ist dir der Adelhauser Geist etwa schon begegnet?“

Inzwischen war Marias Mutter mit den beiden mit Ottilienwasser gefüllten Flaschen zurückgekehrt und hatte neben ihnen Platz genommen. Wilhelm Willmann meinte: „In der Schule haben wir gelernt, dass es keine Gespenster gibt. Das ist alles Aberglaube und Humbug. Und wenn man nicht daran glaubt, sieht man auch nichts. Aber schön gruselig sind die Geschichten schon! Die alten Wittentäler erzählen sie sich, wenn sie im Winter an ihrem Spinnrad am warmen Kachelofen sitzen.“ Wilhelm musste nun seine leeren Milchkannen wieder an den dafür vorgesehenen Holzbänken abliefern und hatte zu tun bis sie sich an der Rotdornhecke voneinander verabschiedeten. „Adieu, bis zum nächsten Freitag.“ Durch die Nähe zum Elsass waren hier französische Vokabeln gebräuchlich, wie z.B. diese Grußformel.

So fuhren die beiden Frauen den ganzen Herbst über jeden Freitag mit Wilhelm Willmann nach Freiburg. In der großen Stadt lernte Maria allmählich immer mehr Ecken und Winkel kennen. Eines Tages entdeckte sie den Adelhauser Platz mit der Adelhauser Kirche. In dieser befand sich ein uraltes Adelhauser Kruzifix. Sie erzählte Wilhelm von ihrer Entdeckung und zog den Schluss: „Ich glaube, die Bezeichnung Adelhausen kommt einfach davon, dass in dieser Gegend im Dreisamtal schon in sehr frühen Zeiten der Adel hauste.“ „Es gab hier im Mittelalter das Adelsgeschlecht der Zähringer, die Freiburg gründeten. Die Ritter von Falkenstein bewachten und verteidigten das Territorium der Zähringer zum Schwarzwald hin. Am Eingang zum Höllental mussten Reisende den Falkensteinern z.B. auf der Burg Falkensteig Zoll zahlen. Die älteste Burg der Falkensteiner stand wohl auf dem Falkenbühl im Wittental. Zu ihr gehörte das Gut Baldenweger Hof. Dieses ist heute noch ein ansehnlicher Gutshof, während die Burgruine auf dem Falkenbühl nicht mehr vorhanden ist. Auf dem Schlossreih, so wird der Burghügel auch genannt, wird heute Wein angebaut. Die Lage auf der Südseite des Schwarzwaldhöhenzuges wird von der Sonne verwöhnt.“

Sie unterhielten sich gut auf ihren Fahrten nach Freiburg und Maria fand den Milchhändler immer sympathischer. Er war ruhig und gelassen. Auch konnte er spannende Geschichten erzählen, wenn sie ihn darauf ansprach und sie aus ihm herauskitzelte. Wilhelm gefiel das Mädchen, weil Maria so wissbegierig war und gut zupacken konnte. Schließlich bezauberte sie auch durch ihr Äußeres. Sie fiel ihm nicht nur durch ihre edlen Gesichtszüge auf. Das Mädchen bewegte sich natürlich und anmutig. Seine Tracht war stets sauber und adrett. Die weißen Puffärmel schauten frisch gestärkt und gebügelt unter dem anliegenden Samtmieder hervor. Dies hatte Wilhelm auf ihren inzwischen regelmäßigen Fahrten an den Freitagen aus den Augenwinkeln heraus bemerkt.

Ab und zu fuhren auch die Schwestern mit und das Geschäft mit dem Eierverkauf lief vortrefflich. Während der Herbstferien zur Kartoffelernte durfte Theresia am Freitag alleine mit Maria in die Stadt fahren. Sie genoss es, anschließend an den Eierverkauf mit ihrer großen

Schwester in der Freiburger Altstadt zu bummeln. Sie kauften für Theresia einen grünlich schillernden Stoff für eine neue Tracht. Das Mädchen war im Wachstum begriffen und schoss in der Körpergröße über ihre beiden Schwestern hinaus. Ihre Körperformen erschienen noch unproportioniert und schlaksig. Sie würde sich in den nächsten Jahren schon noch zurechtwachsen, dachte Maria, als sie im Stoffladen die Körpermaße ihrer Schwester abnahm.

Auf dem Rückweg fragte Wilhelm, ob sie mit ihm in Ebnet einkehren wollten. In Begleitung der Mutter hatten sie das noch nie gemacht. Maria war außer im „Hirschen“ in Stegen und einmal beim Ausflug in Titisee noch in keinem Gasthaus gewesen. Sie war sofort einverstanden. Alle drei setzten sich in die Gartenwirtschaft und die Mädchen bestellten eine Limonade. Theresia fragte, ob sie auf die nahe gelegene Wiese gehen dürfe zum Blumenpflücken. Wilhelm und Maria hatten nichts dagegen. Jetzt konnten sie sich endlich einmal unter vier Augen unterhalten. „Kennst du noch eine Gruselgeschichte aus dem Wittental?“ fragte Maria. Wilhelm fiel noch eine Sage ein, die sich die Wittentäler beim Dorfhock erzählten: „In der Nähe des Bankenbrunnens bei Wittental ist ein Grasplatz, von vier alten Eichen umstanden. Dort scharrte eines Tages ein Schaf von der Herde des Bankenhofs etwas Blinkendes aus der Erde. Einer der Hirtenbuben ging hin und sah, dass es mehrere alte Silbermünzen waren, so groß wie Kronentaler. Sogleich rief er seinen Kameraden, der eben die Herde zusammentrieb. Aber der hielt es für einen Scherz und kam nicht, worauf der Bub allein im Boden suchte und so viele Münzen fand, dass er seinen ganzen Hut damit füllte. Voll Freude lief er zu den Leuten, die auf dem Felde des Bankenhofs arbeiteten, zeigte ihnen das Geld und gab jedem etwas davon. Als er dann wieder auf den Grasplatz eilte und weitersuchte, fand er nur noch einige kleine Münzen, die voll Grünspan waren. Er ging zum Brunnen und fing an, die Münzen abzuwaschen. Da sah er auf einmal einen langen Mann neben sich stehen. Der war wie ein Jäger gekleidet, trug Schnallenschuhe und auf der Brust ein glänzendes Schild von Kupfer. Der Mann sagte zu ihm mit drohender Gebärde: „Hättest du dich heute Morgen nicht gesegnet, so solltest du jetzt sehen, was ich mit dir anfinge!“ Heftig erschreckt rannte der Junge davon. Als er wieder zu den Arbeitern kam, erzählte er ihnen das Geschehene. Seine Schwester ging nun weit mit ihm zurück, dass sie den Brunnen sehen konnten. Aber sie sah den Jäger nicht, den ihr Bruder noch dort stehen sah. Es waren wohl Fieberphantasien. Denn der Bub fiel darauf in eine mehrwöchige Krankheit und jammerte oft, dass der Jäger neben ihm stehe. Nachdem er wieder genesen war, mussten die Leute auf Befehl des Pfarrers ihm alles zurückgeben, was sie ihm von seinem Fund genommen hatten. Hierdurch erhielt er so viel Vermögen, dass er seinen Dienst aufgeben konnte. Auf dem Grasplatz ist seitdem öfters nach Geld gegraben, aber stets nur Erzstaub gefunden worden.“

„In Wittental gibt es wohl zu jedem Hof eine Sage?“ wollte Maria wissen. Wilhelm gab zur Antwort: „Von unserem Melcherhof weiß ich keine Sage. Meine Oma stammte jedoch vom Bankenhof, sodass wir doch eine Beziehung zu dieser Geschichte haben. Aber eine andere Frage: Du hast jetzt einige Geistergeschichten aus dem Wittental von mir gehört. Könntest du dir trotzdem vorstellen, in dieser verhexten Gegend zu leben z. B. auf dem Melcherhof?" „Willst du mich als Dienstboten haben? Ich bin bei meinem Vater in der Schreinerei genug beschäftigt", meinte sie. „Nein, ich suche eine Frau. Im November werde ich 25 Jahre alt. Mit meinem Milchhandel habe ich ein gutes Auskommen. Als jüngster Sohn erbe ich den Hof. Du bist ein nettes Mädchen und gefällst mir. Wenn du und deine Eltern einverstanden sind, kannst du meine Frau werden. Ich kann mir vorstellen, dass meine Eltern dich als Schwiegertochter gut aufnehmen werden." Für Maria kam diese Frage nicht ganz überraschend. Sie hatte sich darüber auch schon Gedanken gemacht. Schließlich war sie 20 Jahre alt und im besten heiratsfähigen Alter. Die Mutter war bei ihrer Heirat über 30 und der Vater 40 Jahre alt gewesen. Maria empfand es eher als Nachteil, wenn die Eltern verhältnismäßig alt waren. Ihr Vater war zwar im Wesen jung geblieben. Die Mutter wirkte jedoch streng und sehr von den religiös geprägten Sitten der Grafen von Kageneck beeinflusst. Sie sah Wilhelm in die blauen Augen und betrachtete sein Gesicht. Er hatte dunkle Haare und ein kleines Schnauzbärtchen, wie es zur Zeit Mode war. Die Nase war schmal und lang und das Kinn wirkte markant. Er schaute sie gewinnend an und sie meinte keck: „Dann müssen wir zwei halt gemeinsam die Silbermünzen auf dem Grasplatz bei den vier alten Eichen im Wittental ausbuddeln." Inzwischen war Theresia mit einem bunten Blumenstrauß zurückgekehrt. Als diese sich an der Rotdornhecke zum Leiterwagen hinunter bückte und beim Einladen der Körbe war, drückte Wilhelm Maria einen schnellen Kuss auf die Lippen, der ihr in den nächsten Wochen in Erinnerung blieb.

Der Sekretär für Wilhelm Willmann war fertig gestellt und eines Tages im Spätherbst holte er ihn mit seinem Milchwagen in der Schreinerei in Stegen ab. Wilhelm Schlegel und Wilhelm Willmann verstanden sich und hielten wieder einen angenehmen Plausch. Sie saßen bei einem Schnäpschen am Tisch unter dem Herrgottswinkel in der Stube. Die beiden Männer unterhielten sich über den Milch- und über den Eierpreis, die ständig schwankten. Wilhelm Schlegel bedankte sich dafür, dass der Fuhrmann seine Familienmitglieder regelmäßig am Freitag mit nach Freiburg auf den Markt nahm. „Ihr habt eine freundliche Tochter, die mir gefällt." „Du meinst die Maria, meine Älteste. Die ist ein patentes Mädchen. Sie hilft mir auch fleißig in der Schreinerei." „Irgendwann werdet ihr sie entbehren müssen. Sie ist im heiratsfähigen Alter." „Mit 20 Jahren hat man immer noch Zeit sich umzuschauen", meinte der ältere Wilhelm. Obwohl er schon über solcherlei Veränderungen nachgedacht hatte, konnte er sich nicht vorstellen, seine Maria zu verlieren. „Ich habe mit Maria gesprochen. Sie ist nicht abgeneigt, die Bäuerin von unserem Melcherhof zu werden." „Wie ginge denn das?" wollte Herr Schlegel wissen. „Ich würde sie gerne heiraten. Wir sind uns beide einig. Wenn die Eltern es erlauben, würden wir ein Paar werden.“ Wilhelm war doch etwas überrascht, obwohl ihm dieser Wilhelm Willmann aus dem Wittental gefiel. Er fand ihn schon beim Jubiläum der Höllentalbahn sympathisch. Herr Schlegel verabschiedete den jungen Willmann mit dem Versprechen, sich erst noch mit seiner Frau und seiner Tochter zu unterhalten, bevor er seine Zustimmung gebe.

Theresia Schlegel fand, dass ihre Tochter noch sehr jung sei. Aber eine gute Partie stand nicht jeden Tag vor der Haustüre. Der Schwiegersohn machte einen ansprechenden Eindruck und seine Familie war im Dreisamtal bekannt. Die Mutter stammte vom Gasthof „Zum Wilden Mann“ in Kirchzarten und die Großmutter vom Bankenhof in Wittental. Schließlich war sie mit der Verbindung einverstanden, auch wenn sie sich nicht gerne von ihrer Tochter Maria trennte. Als Wilhelm einige Tage nach dem Gespräch mit seiner Frau an der Hobelbank stand und Maria gerade Späne zusammenkehrte, sagte er so nebenbei: „Der Wilhelm Willmann aus Wittental hat gefragt, ob du Bäuerin auf seinem Melcherhof werden möchtest. Dich hätte er schon gefragt und ihr seid euch einig.“ Maria gab ihm zu verstehen, dass sie Bescheid wüsste. „Ich habe mit deiner Mutter gesprochen. Wir geben dich nicht gerne her. Aber in Gottes Namen, so ist der Lauf des Lebens. Du sollst glücklich werden im Wittental.“ Maria fiel ihrem Vater um den Hals: „Es ist ja nicht weit und ich werde euch so oft wie möglich besuchen.“

9. Kapitel

Schwarzwaldhochzeit 1908

Maria hielt sich die Ohren zu. Hinter dem Schopf hörte sie ein lautes Gezeter. Die Hühner waren alle in den Stall gesperrt. Die Geräusche ließen jedoch darauf schließen, dass sie sehr nervös waren und das Vorhaben des Nachbarn draußen wahrzunehmen schienen. Der schöne Hahn mit den schillernden Schwanzfedern und dem stolzen roten Hahnenkamm kämpfte um sein Leben. Der Mesner von der Herz Jesu Kapelle nebenan, der Bruder von Wilhelm Schlegel, wurde von Mutter immer beauftragt, wenn es Tiere zu schlachten gab. Er hatte viel von seinem Vater abgeschaut, der von Beruf Metzger war und hatte keine Scheu. Maria schaute durch das Stubenfenster und beobachtete, wie der Onkel das prächtige Tier verfolgte. Der Vogel kreischte und wirbelte flügelschlagend den Staub auf. Der Schlächter hatte Erfahrung und trieb das Tier schließlich in eine Ecke zwischen Gartenzaun und Holzstapel. Maria sah, wie der Onkel den Hahn hinter dem Kopf zu fassen bekam. Der Gockel flatterte und schlug mit seinen Krallen wild in die Luft. Da drehte ihm der Mesner den Hals um, dass er nicht mehr schreien konnte. Aus den Augenwinkeln heraus bekam sie mit, wie der Hahn auf dem Holzstock lag und der Metzger ihm mit einem Axthieb den Kopf abhackte. Da packte sie das Entsetzen, als sie beobachtete, wie der Hahnenkörper vom massiven Holzklotz fiel und ohne Kopf mehrere

Meter vor sich hin torkelte, bis er schließlich nieder sackte und auf der Erde liegen blieb. Ihre Schwester Theresia, die während des Vorgangs vom Küchenfenster aus zugeschaut hatte, hüpfte in die Stube und sang: „Der Hahn ist tot, der Hahn ist tot. Der Hahn ist tot, der Hahn ist tot. Er kann nicht mehr krähn, kokodi, kokoda. Er kann nicht mehr krähn, kokodi, kokoda.“ Maria schüttelte sich vor Grausen und hielt ihrer Schwester den Mund zu, damit sie sich nicht wiederholen konnte. Als Maria sie wieder losließ, meinte Theresia: „Der Gockel schmeckt am Sonntag bestimmt sehr gut, wenn die Willmanns aus Wittental zur Besprechung deiner Hochzeit zu Besuch kommen.“

Mutter war heute mit Stephanie in die Stadt Freiburg gefahren, um auf dem Markt Eier zu verkaufen. Maria durfte nicht mehr mit dem Milchwagen fahren, weil sie dem Wilhelm Willmann versprochen war und die Brautleute sich bis zur Vermählung möglichst nicht mehr sehen sollten. Am Sonntag besuchten Eleonora und Melchior Willmann ausnahmsweise den Gottesdienst in der Schlosskapelle in Stegen. Sonst fuhren sie mit ihrem Pferdegespann immer zur Kirche ihres Kirchsprengels nach Kirchzarten. An diesem Sonntag lenkte Melchior nach dem Gottesdienst sein Pferd gegenüber der Kapelle auf den Vorplatz beim Jägerhäuschen. Die Mutter war heute zu Hause geblieben, um den Hahn recht knusprig zu braten und die Nudeln vorzubereiten. Die Nudeln gab es zuerst als Nudelsuppe in einer kräftigen Hühnerbrühe, danach reichte man sie zum Hähnchen. Die drei Mädchen mussten heute alleine in der Küche essen, während das Elternpaar Schlegel mit den Eltern von Wilhelm Willmann sich in der Stube niederließen. Maria war die einzige der Mädchen, die das Essen in der Stube servieren durfte. Sie bemühte sich, einen guten Eindruck bei ihren zukünftigen Schwiegereltern zu hinterlassen. Als die Schlegels und die Willmanns sich über Mitgift und Hochzeitsmodalitäten einig waren, riefen sie Maria ins Zimmer.

Marias Vater ergriff das Wort und meinte: „Wir sind uns einig geworden über deine Mitgift. Bettwäsche hat deine Mutter schon vorbereitet und einige Möbel werde ich schreinern. Auch mit etwas Geld werden wir deinen zukünftigen Mann unterstützen, damit er seinen Eltern den Melcherhof abkaufen kann. Denn sie wollen euch den Hof überschreiben.“ Dann fuhr Eleonoras Mutter fort: „Wir sollen dir einen schönen Gruß von Wilhelm bestellen. Wenn ihr beide einverstanden seid, werden wir die standesamtliche Trauung beim Ratschreiber in Wittental und die kirchliche Trauung in der Sankt Galluskirche in Kirchzarten abhalten. Danach feiern wir in Stegen im Gasthof Hirschen. Wenn es vom Ratschreiber und dem Pfarrer aus möglich ist, wählen wir einen Termin im Monat Mai. Vielleicht können wir schon bald das Aufgebot bestellen.“ Maria sagte: „Das passt gut. Wir heiraten in eurer Kirche und feiern in unserem Gasthof. Da trägt jede Familie einen Teil dazu bei. Richtet dem Wilhelm auch einen Gruß von mir aus. Ich weiß schon gar nicht mehr wie er aussieht, so lange habe ich ihn nicht mehr gesehen.“ Melchior Willmann schmunzelte: „Das steigert die Sehnsucht. Das ist gut so.“ Die Gäste erhoben sich und verabschiedeten sich. Maria hörte noch, wie Eleonora zu ihrem Gatten sagte: „So ein nettes Mädchen!“

Sie überlegte und malte sich aus, wie sie in Zukunft mit diesen fremden Menschen unter einem Dach leben sollte. Diese traten sozusagen an die Stelle ihrer Eltern. Wilhelms Mutter empfand sie als warmherzige und leutselige Frau, die ihr gleich sympathisch war. Der Vater war groß gewachsen, hinkte ein bisschen und schien Humor zu haben. Sie konnte sich vorstellen, mit ihnen auszukommen.

Dann kamen ihr weitere Gedanken. Der Melcherhof lag als Einödhof einsam am Waldrand in Wittental. Würde sie sich dort wohlfühlen? Stegen war doch immerhin ein Dorf mit Schloss, Kirche und Schule. Als hätte ihre Schwester Theresia ihre Gedanken lesen können, unkte diese darauf los: „Da wirst du ganz schön versauern. Hänsel und Gretel im Hexenhäuschen im tiefen Wald.“ Da fiel Maria gleich eine Retourkutsche ein: „Mein Mann wird jeden Tag mit dem Milchfuhrwerk in die Stadt fahren. Wenn ich will, kann ich täglich Freiburg besuchen, wo ich viele Städter treffe. Du versauerst dagegen in deinem Dorf Stegen.“ Theresia schnitt eine Grimasse und rief: „Da nimmst du mich schon wieder zum Eierhandel mit auf den Markt. Dann komme ich auch in die Stadt!“ Maria warf mit einem Kissen nach ihrer Schwester, die aus der Stube lief.

Wilhelm wurde von seinen Eltern inzwischen über die Abmachungen in Kenntnis gesetzt. Er hatte mit seinen 24 Jahren schon einige Hochzeiten erlebt, die meisten bei seinen Freunden und Schulkameraden. Er erinnerte sich an die Hochzeit seines Bruders Heinrich, die schon acht Jahre zurücklag. Sie heirateten in einem Vorort von Freiburg, in Littenweiler, wo die Braut herstammte. Es war eine kleine Hochzeitsgesellschaft. Die Hochzeit seiner Schwester Sophia war eine richtige Bauernhochzeit, weil ihr Bräutigam auf dem Reckenhof in Stegen daheim war. Das Essen fand im Hirschen statt. Er konnte sich gut vorstellen, im selben Gasthof zu feiern. Wenige Tage später begaben sich Melchior und Wilhelm Willmann zum Notar nach Kirchzarten. Dieser hielt fest, dass der Melcherhof fortan dem Sohn und seiner Frau gehörte, wenn sie verheiratet waren. Sie kamen überein, dass Wilhelm 8000 Reichsmark zu bezahlen hatte. Das Geld sollten zu gleichen Teilen die drei Geschwister und die Eltern bekommen. Somit hatte Wilhelm seine Eltern und seine Geschwister ausgezahlt und war Besitzer des Melcherhofs. Mit dem Erbteil, das Maria mit in die Ehe bringen würde, könnte er sich leichter tun, diesen Betrag aufzubringen, so dass er fast schuldenfrei war.

Nach dem Überschreiben des Hofes fuhren sie mit dem Gespann weiter bis nach Ebnet und tranken einen Schoppen Wein auf die vollzogene Übertragung. „Fortan hast du das Sagen auf dem Melcherhof. Nicht nur das Milchgeschäft hängt an dir wie bisher. Jetzt bist du auch für die Landwirtschaft zuständig. Deine Frau Maria ist es ja gewöhnt, das Vieh im Stall zu füttern und die Kühe zu melken. Eleonora und ich werden in Zukunft nach deiner Hochzeit leiser treten und uns in das hintere Stübchen zurückziehen. Natürlich werden wir noch bestimmte Aufgaben übernehmen. Aber verantwortlich für den Hof sind wir nicht mehr." „Deine Bienen wirst du bestimmt nicht im Stich lassen. Das Mosten im Herbst hat dir doch auch immer großen Spaß bereitet, Vater. Dir wird bestimmt nicht langweilig. Mutter wird ihren Garten doch nicht im Stich lassen. Das Kochen, das sie in ihrem Elternhaus im Wilden Mann so gut gelernt hat, wird sie sicher weiterhin betreiben. Wir kommen ganz bestimmt gut klar auf dem Hof, wenn Maria eingezogen ist." Sie prosteten sich zu, während sich einige Wittentäler, die auf dem Heimweg aus der Stadt waren, zu ihnen an den Stammtisch gesellten.

„Wir haben gehört, dass auf dem Melcherhof ein großes Fest startet", meinte Emil vom Bankenhof, der sich unter den Kameraden befand. Solche Neuigkeiten waren kaum geheim zu halten und die beiden Willmänner dachten, dass sie möglichst bald das Aufgebot zu machen hatten. Der Pfarrer in Kirchzarten legte den Hochzeitstag auf Samstag, den 13. Mai. In der Wirtschaft „Zum Hirschen" passte dieser Termin auch. Auf dem Baldenweger Hof lebte ein Knecht, der sich nebenbei als Hochzeitslader betätigte. Als Wilhelm an einem frostigen Märztag mit seinem Milchfuhrwerk von Freiburg nach Wittental heimkehrte, fuhr er an der Kreuzung nach rechts und bog in den Vorplatz des Baldenweger Hofs ein. Der Verwalter Stephan verhandelte gerade mit einem

Bauern über den Kartoffelpreis und winkte zu Wilhelm herüber. Nach einiger Zeit lud der Landwirt einige Kartoffelsäcke auf seinen Wagen. Dem Bauern waren über den Winter die Erdäpfel ausgegangen. Nun einigte er sich mit dem Gutsverwalter über den Preis. Stephan lief zu Wilhelm über den Hof. Er war anscheinend gerade auf dem Weg zur Jagd, denn er trug seine Jagdkleidung und hatte das Gewehr überhängen. „Ich wünsche dir Weidmannsheil. Wo versuchst du dein Glück?“ „Im Eichbühl halten sich Wildschweine auf. Der Hannesenbauer hat gerade erzählt, dass die Säue zur Zeit aus dem Wald herausdrängen und seine Felder verwüsten. Da werde ich einigen den Garaus machen.“ „So ein Wildschweinbraten zu unserer Hochzeit wäre nicht schlecht“, schwärmte Wilhelm. „Der Emil hat mir schon erzählt, dass du auf Brautschau und fündig geworden bist. Wer ist denn die Auserwählte?“ Als Wilhelm ihm den Namen nannte, antwortete Stephan: „Die Maria vom Schreiner Schlegel in Stegen kenne ich gut. Sie schreibt immer die Rechnungen, wenn du Holzarbeiten in Auftrag gibst. Das ist eine kluge Geschäftsfrau und ausschauen tut sie auch nicht zuwider. Sie kommt immer sehr adrett daher. Wann soll denn die Feier stattfinden?“ Als Wilhelm den Termin nannte, lachte Stephan. „Bis dahin kann ich noch Dutzende von Wildschweinen jagen. Ich verspreche dir ein knuspriges Spanferkel als Hochzeitsgeschenk vom Baldenweger Hof, wenn es soweit ist. Wir kommen aber weiterhin zu unseren Burschentreffen in meiner Stube zusammen, auch wenn du zu Hause gebunden bist, hoffe ich doch.“

Wilhelm versprach mit seinen Freunden weiterhin Kontakt zu halten. Schließlich ließ er sich den Weg zeigen, wo sich der Hochzeitslader gerade aufhielt. Er wurde einig mit ihm. „Am Sonntag habe ich frei. Da ziehe ich mein schwarzes Wams an und gehe von Hof zu Hof, um eure Hochzeit zu verkünden. Einen hübschen Blumenboschen nehme ich auch mit. Jetzt blühen ja schon einige Frühlingsblumen, Schneeglöckchen und Narzissen. Die binde ich zu einem Busch. An welche Höfe soll ich mich wenden?" Wilhelm gab ihm den Auftrag, alle Höfe im Wittental abzuklappern, den Waldweber an der Sonnenleite nach Stegen und die Verwandten vom Gasthof „Zum Wilden Mann" bei Kirchzarten. Meine Geschwister wohnen weiter weg. Die werden wir mit der Post verständigen." Am Sonntag kleidete sich der Knecht in seine schwarze Hochzeitsladertracht mit flachem Hütchen. Er steckte Blumen darauf und ans Revers und band einen schönen Blumenboschen an seinen langen Hochzeitsladerstock. Prunkvoll gekleidet verrichtete der Hochzeitslader nun sein Geschäft. Jetzt stand der Vermählung im Wonnemonat Mai nichts mehr im Wege.

Als Frau Schlegel nach zwei Wochen Pause mit ihren Eierkörben am Treffpunkt in Wittental auf das Milchfuhrwerk wartete und dann mit Wilhelm Willmann nach Freiburg auf den Markt fuhr, meinte er: „Frau Schlegel, es geht alles seinen geplanten Gang. Der Melcherhof ist auf mich überschrieben. Maria und ich werden also Hofbesitzer sein. Das Aufgebot ist gemacht. Die Trauung kann am 13. Mai in Kirchzarten vollzogen werden und die Hirschenwirtsleute sind auch unterrichtet. Den Hochzeitslader habe ich beauftragt, die Wittentäler und unsere Verwandten einzuladen. Um eure Hochzeitsgäste müsst ihr euch selbst kümmern." In den nächsten Tagen machte sich Maria auf den Weg zu ihrer Freundin Klärle, die nach ihrer Heirat in Kirchzarten wohnte. Sie fuhr mit ihrem Onkel, dem Mesner und Metzger, der Trauzeuge werden sollte und dort einiges zu erledigen hatte. Von Klärles Eltern wusste Maria, dass bei ihrer Freundin inzwischen das zweite Kind geboren war. Die vierzig Tage nach der Geburt waren vorbei, in denen die Wöchnerin nicht aus dem Haus durfte. Danach wurden die jungen Mütter in der Kirche ausgesegnet. Jetzt konnten sie erst Besuch empfangen. Der Onkel setzte Maria auf dem Kirchplatz ab.

Als Maria die Hauptstraße entlang ging und in eine Seitenstraße einbog, sah sie schon von weitem ihre Freundin auf der Bank vor dem Haus sitzen. Der Erstgeborene war eineinviertel Jahre alt, kniete auf dem Boden und spielte mit den Kieselsteinen. Klärle bückte sich gerade und verhinderte, dass der Kleine Schmutz in den Mund schob. Als sie aufsah, entdeckte sie Maria und kam auf sie zu. Die beiden Freundinnen umarmten sich. „Das ist eine Freude, dich wiederzusehen. Wie geht es dir?"
„Mir geht es gut. Ich bin in Heiratsvorbereitungen. Aber warum ich komme, ist noch ein anderer Grund. Von deinen Eltern haben wir am letzten Sonntag nach dem Gottesdienst erfahren, dass du und dein Jockel seit ein

paar Wochen wieder einen neuen Erdenbürger habt. Ich freue mich für euch und gratuliere euch recht herzlich." Maria zog ein weißes gehäkeltes Häubchen aus ihrem Korb und reichte es ihrer Freundin. Diese drehte es in ihren Händen und als sie erfuhr, dass Maria es selbst gehäkelt hatte, meinte sie: „Du hast bei Schwester Cordula gut aufgepasst. Das Häkelmuster sieht schwierig aus. Komm herein, wir probieren das Häubchen gleich auf." Sie hob ihren Sprössling vom Boden auf und führte Maria in die Schusterwerkstatt.

Der Schusterjockel saß auf seinem dreibeinigen Schusterstuhl und spannte gerade einen Herrenschuh auf einen Leisten, während sein Lehrling an der Werkbank stand und mit dem Hammer Nägel in die Schuhsohle eines Stiefels klopfte. Das Geräusch war so laut, dass der Kleine sich die Ohren zuhielt. Maria grüßte und gratulierte dem frisch gebackenen Vater. Sie begleitete ihre Freundin weiter durch die Türe, die aus der Werkstatt in die Stube führte. Im Zimmer war es dämmrig, denn durch die winzigen Fenster der Schwarzwaldhäuser drang wenig Licht und die dunklen Holzwände verbesserten die Beleuchtung keineswegs. Neben dem Kachelofen, der die Stube beherrschte, stand eine geschnitzte, bemalte Wiege. Klärle schob den duftigen weißen Vorhang zur Seite und Maria konnte das rosige Gesicht des schlafenden Säuglings sehen. Der Junge war sechs Wochen alt und hatte schon runde Pausbacken. Das Köpfchen kam ihr sehr klein vor, wenn sie es mit dem seines Bruders verglich. Klärle hob das Kind behutsam aus seinem Bettchen. Es zuckte zusammen und blinzelte. „Ich muss den Kleinen ohnehin bald stillen. Da kann er langsam aufwachen." Sie drückte Maria den Neugeborenen in die Arme und setzte ihm vorsichtig das Häubchen auf. Als das Kind sein Gesicht verzog und zu heulen begann, steckte ihm Klärle einen Leinenschnuller in den Mund, den sie in Honigwasser getaucht hatte. Der Kleine beruhigte sich und Maria fragte: „Ist er schon getauft?" Klärle bejahte, denn es war üblich, die Kinder gleich am nächsten Tag der Geburt zu taufen, weil die Kindersterblichkeit sehr groß war. So kamen sie, wenn sie die erste kritische Zeit nicht überlebten, wenigstens als Christen in den Himmel, wie die Eltern sich das vorstellten. „Der Bruder von unserem Großen, dem Jakob, heißt Damian wie sein Großvater. Ich war noch im Wochenbett, als er getauft wurde. Aber Jockel und unser Getti und die ganze Verwandtschaft haben unseren Damian gut aus der Taufe gehoben." Maria wiegte den Kleinen ein wenig auf dem Arm hin und her und reichte ihn seiner Mutter zurück. „Ich habe eine Neuigkeit für dich", sagte Maria, „am 13. Mai werde ich den Wilhelm Willmann aus Wittental heiraten. Wenn du dich bis dahin von der Geburt wieder erholt hast, kannst du mit deiner Familie an unserer Hochzeitsfeier teilnehmen. Die Trauung findet in der Kirchzartner Kirche statt. Danach feiern wir im Hirschen in Stegen. Deine Eltern haben wir am vergangenen Sonntag schon eingeladen." Klärle legte den Säugling in sein Bettchen und fiel ihrer Freundin um den Hals. „Das ist aber eine schöne Nachricht. Natürlich kommen wir. Danke für die Einladung." Der kleine Damian begann sich nun lautstark bemerkbar zu machen und kündigte an, dass er Hunger hatte. Deshalb verabschiedete sich Maria rasch und machte sich nun zu Fuß zurück auf den Heimweg nach Stegen.

Unterwegs klopfte sie noch an drei Häusern an, wo mehr oder weniger entfernte Verwandte wohnten, die sie zur Hochzeit einlud. Am Mittwoch der folgenden Woche passten Frau Schlegel und die drei Töchter die Postkutsche ab, als sie von Wagensteig herabkam und fuhren mit ihr nach Freiburg. Sie rollte zweimal in der Woche um die Mittagszeit vorbei in Richtung Stadt. Mit einer Störschneiderin aus Burg hatten sie schon einen Termin vereinbart und sie beauftragt, das Brautkleid und neue Kleider für Mutter und Stephanie zu nähen. Theresia, die jüngste der Schlegeltöchter, hatte erst eine Tracht erhalten, beschwerte sich aber, dass sie nicht auch neu eingekleidet wurde. Mutter blieb hart: „Die Hochzeit kommt uns ohnehin sehr teuer.
Dein Kleid ist noch nagelneu. Außerdem wächst du in deinem Alter gleich wieder heraus.“ Schließlich konnte Theresia erreichen, dass sie beim Stoffkauf in Freiburg dabei sein durfte. Als sie dann aber Schuhe bekommen sollte, wo sie doch sonst im Sommer immer barfuß lief, stieg sie gut gelaunt mit ihren Schwestern in die Postkutsche.

Nachdem sie in Freiburg bei der Poststation angekommen waren, steuerten sie sofort in einen Schuhladen und fanden Gott sei gedankt auch passende leichte Sommerschuhe aus schwarzer gerippter Seide mit einer dünnen Ledersohle. Somit hatten sie die nervende kleine Schwester, die ihnen von der Körpergröße her schon fast über den Kopf gewachsen war, mundtot gemacht. Unterwegs nahm Theresia ihre neuen Schuhe immer wieder aus dem Karton mit Blumenmuster, strich über den Stoff und bewunderte die glänzenden Schnallen. Schließlich kamen sie im Spezialgeschäft an, das die Seidenstoffe führte, die für die Schwarzwaldtrachten der Frauen benötigt wurden. Zuerst wählte Stephanie einen grünlichen Stoff aus. Sie war schon fest entschlossen ihn zu kaufen. Da brachte die Verkäuferin einen bläulich schimmernden Seidenstoff an und Stephanie war verunsichert. Die Mutter hielt ihn neben ihr Gesicht. Alle fanden, dass er gut zu ihren braunen Haaren und ihrem Teint passte und Stephanie ließ sich überzeugen. Mutter meinte: „Dann kaufe ich den grünen Stoff für mein neues Kleid." Die Verkäuferin nahm die Maße ab und schnitt die Bahnen von den Stoffballen. Während dessen betrachtete die Mutter ihre Töchter. Alle drei Mädchen hatten feine Gesichtszüge, dünnes langes Haar und dunkle Augen. Stephanie und Maria waren ungefähr gleich groß, nur Theresia schoss nach oben. Sie schien am meisten ihrer Mutter nachzuschlagen.

„Nun brauchen wir das wichtigste, nämlich einen Stoff für ein Brautkleid", gab die Mutter kund. Die Verkäuferin holte ein Heft, in dem verschiedene Schnitte für Trachtenbrautkleider abgebildet waren. Sie bestanden alle aus einem Mieder, hochgeschlossen mit einem kleinen Stehkragen und längs gefältelten Biesen, welche die Figur betonten. An der Taille schlossen alle mit einem Schößchen ab. Darunter befand sich ein langer Rock, der am Saum mit Bordüren verziert war. Eine fast bis zum Boden reichende Schürze rundete die Erscheinung ab. Die Schnitte unterschieden sich eigentlich nur durch mehr oder weniger üppige Samtbänder oder Brokatbordüren am Rocksaum. Die Ärmel waren alle wattiert, entweder kurz oder lang. Die Biesen am Mieder gab es in einfacherer oder ausladender Ausführung. Sie suchten einen gediegenen Schnitt aus und die Verkäuferin nahm das Maß ab. Nun legte sie ihnen verschiedene schwarze Stoffe vor, die entweder matt schimmerten oder stark glänzten. Denn es war üblich, dass die Brautleute ganz in Schwarz heirateten. Mutter reihte die Stoffe mit den Händen an. Schließlich entschieden sie sich für einen Seidenstoff, der sich durch einen schönen Faltenwurf auszeichnete. Für die Borte am Saum wählten sie ein breites Samtband, das von schmaler glänzender Seide eingerahmt war. Der Schürzenstoff fiel durch seinen starken Glanz auf, der noch durch ein zartes silbern funkelndes Blumenmuster verstärkt wurde. Für den Abschluss des Ärmels schlug die Verkäuferin einen feinen Spitzenbesatz vor, den sie von einer Rolle spulte. „Unsere Störschneiderin hat uns aufgetragen, eine möglichst feste Nähseide zu besorgen“, meinte Mutter. In Freiburg befand sich an der Dreisam eine große Nähseidenmanufaktur mit dem Namen MEZ. Also war es nicht schwierig, einen passenden Faden zu finden. Die Auswahl, die den Kunden vorgelegt wurde, war groß. Sie überlegten gemeinsam mit der Verkäuferin, ob sie nun alle Zutaten für ein Brautkleid beisammenhatten. Die Wattierung für die Ärmel und die vielen kleinen Häkchen zum Verschließen des Mieders fielen ihnen noch ein. Schließlich verpackte das Lehrmädchen alles in eine große Schachtel und Mutter bezahlte bei der Verkäuferin. Sie trugen die Kiste abwechselnd, denn der Haltegriff, der zum Tragen befestigt war, schnitt in die Finger ein.

In der Nähe des Freiburger Münsters befand sich ein Laden für elegante Hüte und Brautausstattung. Dorthin gingen sie nun. Die Bedienung in diesem Geschäft musterte ihre ländlich gekleidete Kundschaft und meinte sofort: „Ihr sucht bestimmt etwas aus unserer Trachtenabteilung." „Wir brauchen einen Brautschmuck zu diesem Brautkleid", Maria zeigte das Bild aus der Zeitung, das sie mitbekommen hatten. Die vornehm städtisch gekleidete Dame schien die Ladenbesitzerin zu sein. Sie bat die Kundschaft in einen Seitenraum, holte eine runde Schachtel hervor und hob den Deckel. In diesem mit schwarzem Samt ausgeschlagenen Behälter kam ein weißes, mit Perlen besticktes Käppchen zum Vorschein und eine Kette mit lauter winzigen perlmuttglänzenden Blüten versehen. Der Schmuck endete in einem kleinen Blumenkranz. Als zusätzliche Verzierung war eine Perlenbrosche für den Stehkragen vorgesehen. Maria trug ein einfaches hellblaues Trachtenkleid. Die Frau legte ihr den Schmuck an und setzte ihr das Häubchen auf. Theresias Augen sah Maria an, dass ihr der Zierrat stehen musste. „Sehen Sie ruhig in den Spiegel." Maria sah mit einem Blick, dass sie den Brautschmuck nehmen würden. „Wenn Sie Brautschuhe brauchen, die führen wir auch", sagte die Dame, und zeigte ihnen elegante schwarze Schühchen, noch etwas feiner als die von Theresia. Als sie endlich aus dem Geschäft herauskamen, schleppte jeder einen Karton mit sich herum. Theresia trug stolz ihren Schuhkarton vor sich her, Stephanie fühlte sich geehrt, die Brautschuhe tragen zu dürfen, Maria hielt die runde Schachtel mit dem Brautschmuck und Mutter nahm die schwere Stoffkiste mit den Nähutensilien von einer Hand in die andere.

Als sie müde am Bahnhof ankamen, mussten sie noch eine Stunde warten, bis der nächste Zug nach Kirchzarten fuhr. Hier stellten sie abends die Einkaufskartons bei Marias Freundin Klärle unter, bis in den nächsten Tagen jemand sie hier abholen konnte. Zu Fuß legten die vier Frauen dann die zwei Kilometer bis nach Stegen zurück. Theresia brachte es auf den Punkt, als sie gegen acht Uhr abends zu Hause eintrafen: „So viele Sachen haben wir noch nie in Freiburg eingekauft." Auch Wilhelm Willmann besuchte bei einer seiner Milchfahrten das Geschäft für Brautleuteartikel. Er suchte sich eine weiße Hemdbrust mit gestärktem Kragen aus. Dazu empfahl ihm die Besitzerin des Ladens eine schwarze Seidenbinde. Am schwarzen Filzhut, den er nun probierte, glänzte ein schwarzes Seidenband. Danach holte die Dame aus dem Nebenraum eine runde Schachtel, die ebenfalls mit schwarzem Samt ausgelegt war, wie die von Maria.

Jedoch wusste er nicht, dass sie auch schon hier gewesen war. In dem Schmuckkarton befand sich ein weißer Perlenkranz und ein Perlensträußchen als Verzierung für den Hut. In der Mitte der Schachtel prangte jedoch ein großes perlmuttartig glänzendes Blumengebinde, das von einer weißen Schleife zusammengehalten wurde. Dieser Schmuck war flach und groß und wurde am Revers des schwarzen Anzugs getragen. Mit diesen Utensilien verließ Wilhelm den Laden. Danach ließ er sich beim Herrenschneider um die Ecke seine Maße abnehmen und bestellte einen maßgeschneiderten Hochzeitsanzug. Schwarze Schuhe hatte er schon beim Schusterjockel in Kirchzarten in Auftrag gegeben.

So waren beide für den wichtigen Tag in ihrem Leben gerüstet, hatten sich jedoch schon monatelang nicht mehr gesehen. Maria machte sich nachts manchmal Gedanken und sah zu ihrem Nichtsstern auf. Sie fragte: „Habe ich die richtige Entscheidung getroffen? Ich kenne den Mann doch gar nicht. Wie wird er sein? Ist er freundlich und rücksichtsvoll, so wie du es warst, Heinrich? Hoffentlich ist er nicht jähzornig wie der Mann einer ihrer Freundinnen, oder ein Trinker wie ihr Nachbar." Der Stern funkelte und sie dachte: Es wird schon alles gut werden. Als Maria mit ihrem Vater die Hochzeitsutensilien beim Schuster in Kirchzarten mit dem Ochsenkarren abholte, fragte sie Klärle: „Willst du meine Kirchführerin sein?" Sie war natürlich einverstanden. Für ihre Freundin bedeutete das eine große Ehre. Schließlich rückte der Hochzeitstag heran. Stephan vom Baldenweger Hof schoss ein

Wildschwein und der Onkel zerlegte es. Das Siedfleisch mit den Nudeln bereiteten Mutter, Stephanie und die Wirtin vom Hirschen gemeinsam zu. Sie rieben Meerrettichknollen, die im Gemüsegarten wucherten und kochten daraus eine weiße Soße. Die Preiselbeermarmelade, die noch von der letzten Ernte im Herbst stammte, stellten sie bereit. Einige Freundinnen Marias aus dem Ort bekränzten die Hauseingänge am Jägerhäusle, am Hirschen und am Melcherhof. Maria ging am Vorabend ihrer Hochzeit zur Ohrenbeichte in der Herz Jesu Kapelle gegenüber.

Das Brautkleid hatte die Störnäherin als erstes fertig gestellt. Mutters Kleid kam als nächstes dran und Stephanies bläulich schimmernde Tracht wurde in letzter Minute fertig. Alle waren sie einigermaßen mit ihrem Spiegelbild zufrieden. Theresia, die Jüngste, hüpfte mit ihren neuen Ballerinas den ganzen Tag im Haus herum und ging ihrer Familie auf die Nerven. Sie war aufgeregter als die Braut, die ihrem wichtigen Tag ganz gelassen entgegensah. Sie war gewappnet und freute sich auf ihre Hochzeit. Die erste, die bei Morgendämmerung fix und fertig gekleidet und gekämmt an der Türe stand, war Theresia. Klärle übernachtete mit ihrem Säugling im Jägerhäusle. Sie stillte das Kind und übergab es dann ihren Eltern, die früh morgens vom Mooshof angereist waren. Stephanie und Klärle halfen der Braut beim Ankleiden. Vor dem Haus versammelten sich in Festtagstracht gekleidete Verwandte und Nachbarn. Dann hörten sie Wagenräder auf dem Kies herannahen.

Der Bräutigam kam mit seinem Milchwagen an, der heute mit Blumen und Bändern geschmückt und bekränzt war. Sogar zwei Birkenbäumchen befanden sich rechts und links vom Kutschbock, auf dem Wilhelm mit seinen Eltern Platz genommen hatte. Auf der Ladefläche standen zwei Bänke, die mit Verwandten und Freunden aus dem Wittental besetzt waren. Es folgten noch einige mit Hochzeitsgästen beladene Fahrzeuge. Wilhelm ging zu seinen zukünftigen Schwiegereltern und begrüßte sie.

Hochzeitsfoto, Maria und Wilhelm Willmann, 1908

Er winkte in die Runde und viele klatschten Beifall. Der Bräutigam musterte seine Zukünftige und war sicher, dass er die richtige Wahl getroffen hatte. Sie lächelten sich an und Maria sagte: „Das wird der schönste Tag in meinem bisherigen Leben. So viele Menschen wünschen uns Glück und Gottes Segen und freuen sich mit uns.“ Wilhelm erwiderte: „Du bist die schönste Braut, die ich je gesehen habe!“ Er bückte sich und gab ihr einen behutsamen Kuss auf die Wange. Theresia war begeistert. Sie bemerkte sofort, dass seine Ausstaffierung sehr gut zu Marias Brautschmuck passte. Bewundernd sah sie an ihm hoch. Wilhelm kannte sie schon gut von ihren gemeinsamen Fahrten nach Freiburg. Er dachte sich, das hässliche Entlein wird sicher auch einmal ein schöner Schwan. Wilhelm beendete ihr Staunen, indem er fragte: „Wo hast du deinen Korb zum Blumenstreuen?“ Theresia verzog das Gesicht und protestierte: „Ich bin doch kein Kind mehr!“

Die Wittentäler brachten ihren Ratschreiber mit, der zum Fest eingeladen war. Er ging mit dem Brautpaar gegenüber in eine Schreibstube im Schloss und trug die Eheleute ins Register von Wittental ein. Inzwischen formierten sich die Feuerwehrmänner aus Stegen mit ihren Instrumenten auf dem Weg zwischen Schloss und Jägerhäusle. Wenn die Tochter eines Mitgliedes heiratete, waren sie natürlich dabei.

Der Mesneronkel sorgte für die Ordnung des Hochzeitszuges. Er sammelte alle Kinder und führte sie an die Spitze. Die Mädchen trugen Blumenkränzchen im Haar und am Revers der Buben steckten Blumensträußchen. Einige hatten mit Blütenblättern gefüllte Körbchen dabei, um dem Brautpaar den Weg mit einem Blumenteppich zu verschönern. Im Monat Mai prangte die üppige Natur und überall entfaltete sich die bunte Pracht. Wilhelm Willmann brachte Stephan als Kirchführer mit und Klärle führte die Braut. Hinter dem Brautpaar mit ihren Kirchführern stellten sich die Eltern, die Geschwister und die Taufpaten auf. Dann folgten entferntere Verwandte, Freunde und Nachbarn. Den Schluss bildete die Feuerwehrkapelle, die mit ihrer Blasmusik den Rhythmus zum Marschieren gab. Der Hochzeitszug setzte sich in Bewegung, als der Mesner den Kindern und dem Dirigenten winkte. Der Umzug bewegte sich ins Zentrum Stegens. Nun führte der Weg durch Felder und Aumatten über die Dreisambrücke zu den ersten Häusern von Kirchzarten. Der Hochzeitszug kam am Bahnhof vorbei und erreichte den alten Ortskern mit der Sankt Gallus Kirche. Die Prozession zog mit Blasmusikbegleitung in die Kirche ein und die Bänke füllten sich. Nun spielte die Orgel. Der Pfarrer predigte von der Nächstenliebe. Maria merkte sich den Inhalt ihr ganzes Leben. „Liebe deinen Nächsten wie dich selbst. Wenn du dich selbst nicht liebst, kannst du auch keinen andern lieben."

Nach der Trauung löste sich der Zug auf. Viele besuchten die Gräber ihrer Verwandten auf dem Friedhof. Danach gingen sie entweder ungeordnet zu Fuß nach Stegen zurück oder es standen Kutschen bereit. Für das Brautpaar hatte ein Knecht das geschmückte Milchfuhrwerk nach Kirchzarten gefahren. Auf dem Kutschbock nahm nun das Brautpaar Platz. Die Bänke belegten die engsten Verwandten. Mit Peitschenknall und Gesang ging es zurück nach Stegen zum Hirschen. Die Hochzeitsgesellschaft war in aller Frühe am Morgen losgezogen, so dass die ersten Gäste ungefähr um halb zwölf Uhr mittags im Hirschen eintrafen. Auch das Brautpaar, das mit dem Milchwagen gefahren war, betrat den geschmückten Festsaal frühzeitig. Als der Raum gefüllt war, brachten fleißige Bedienungen flink die

Schüsseln mit Nudelsuppe aus der Küche. Der Pfarrer sprach ein Tischgebet und die hungrigen Gäste wärmten mit der Suppe ihren Magen an. Danach trugen die Helfer Fleischplatten, Nudeln, Meerrettich und Preiselbeeren auf. Dazu wurde Wein vom Kaiserstuhl gereicht. Die Kinder tranken Limonade. Nach dem Essen gratulierten viele Eingeladene. Sie überreichten nicht nur dem Brautpaar sondern auch den Kirchführern Geschenke. Am Nachmittag verließen die Jüngeren den Raum und vergnügten sich auf einer Wiese mit Spielen. Es geschah häufig, dass sich bei Hochzeitsfeiern erneut junge Paare fanden. Ein besonderer Hochzeitsbrauch im Dreisamtal war das Taschentuchspringen. Das Brautpaar mischte sich im Freien unter die jungen Leute. Klärle und Stephanie gingen zu Maria: „Wir hätten gerne dein Taschentuch." Maria zog ihr Taschentuch unter der Schürze hervor. Ihre Gotti hatte es am Rand mit Spitzen behäkelt und ihr für diesen Zweck geschenkt. Marias Schwester und ihre Freundin hielten das Taschentuch an beiden Enden fest. Klärle rief: „Wer macht mit beim Taschentuchlauf? Alle Teilnehmer sollen sich am Zaun aufstellen!"

Anfangs ging es sehr zäh, aber mit der Zeit lehnten erst sieben, dann acht, schließlich elf junge Burschen am Gartenzaun. Die Spielregeln kannten alle von anderen Hochzeitsfesten. Wer beim Lauf gewann, durfte das Taschentuch behalten. Es bedeutete Ansehen, weil man der Schnellste war aber auch Glück für die Zukunft. Die beiden Frauen mit dem Taschentuch der Braut entfernten sich über die Wiese, damit die jungen Männer ein gutes

Stück zu laufen hatten. Der Mesneronkel fühlte sich berufen, das Kommando zu geben. Die Burschen rannten los und Emil vom Bankenhof im Wittental wurde Sieger. Stephan, der auch mitgelaufen war, rief: „Da hat dir die Maria am Titisee dein verstauchtes Bein gut verarztet, dass du jetzt so flitzen kannst und ihr Taschentuch als Trophäe mit nach Hause nimmst.“ Maria erinnerte sich, dass sie bei dem erwähnten Ausflug mit der Höllentalbahn Wilhelm Willmann kennen gelernt hatte. Maria rief: „Dem Emil gönne ich das Taschentuch. Hätte er sich den Fuß nicht verstaucht, hätte ich meinen Mann nicht gefunden.“ Lachend kehrten sie in die Gaststube zurück und stärkten sich mit Hochzeitslaible. Das Gebäck hatten die Schulkameradinnen gemeinsam im Backofen des Moosbauern gebacken.

Abends kamen dann noch mehr Besucher, die nicht an die Hochzeitstafel geladen waren. Sie mussten die Getränke und das Essen selbst bezahlen. Für die Bevölkerung war eine Hochzeit eine willkommene Abwechslung. Zum Abendessen gab es Bratwürste, die der Mesner- und Metzgeronkel selbst hergestellt hatte. Die Blasmusik spielte und Wilhelm forderte seine Angetraute zum Brauttanz auf. Maria hatte mit ihren Schwestern in den letzten Tagen den Dreher und den Zwiefachen geübt. Die Gäste standen im Kreis um das tanzende Paar herum und klatschten im Takt. Dem Wilhelm stand der Schweiß auf der Stirn. So ein Hochzeitstag war anstrengend. Maria atmete bei der schnellen Drehung tief durch, damit ihr nicht schwindlig wurde. Schließlich endete die Schau und die Zuschauer applaudierten. Plötzlich stand ein Bursche neben ihr und löste Wilhelm ab. „Darf ich bitten?“ fragte der Hackepeter und schon wirbelte er sie im Kreise herum. Als die Musik den Takt wechselte und der Kaminkehrer immer noch nicht aufgab, kam Wilhelm und zeigte energisch, wer hier das Sagen hatte. Maria verglich die beiden und fand, dass sie die richtige Wahl getroffen hatte. Wilhelm Willmann war ein Mann im Vergleich zu diesem zwar großen aber schlaksigen Bürschchen. Der Hackepeter schien auch zu merken, dass er keine Chancen mehr hatte und kein Feuer mehr entzünden konnte. Er war im Nu von der Bildfläche verschwunden. Wilhelm Schlegel beobachtete den Zwischenfall und sagte zu seiner Frau: „Gut, dass der Schürzenjäger erschienen ist. Jetzt kennt er sich wenigstens aus, was Sache ist.“ Die Gäste tanzten zur Musik, die fleißig spielte. Theresia rief: „Ich will auch mal mit dem Bräutigam tanzen. Das bringt Glück.“ Wilhelm tat ihr den Gefallen und warf sie am Ende in die Luft. Theresia zog beleidigt von dannen. „Niemand nimmt mich ernst. Ich bin doch schon fast erwachsen.“ Als Wilhelm ihr ein Sträußchen überreichte, das er von einer Verehrerin bekommen hatte, war sie besänftigt und verzieh ihm alles.

Gegen Mitternacht verabschiedete sich das Paar. Die Hochzeitsgäste feierten bis in die Morgenstunden weiter. Manche Landwirte kamen heim und melkten, ohne sich hinzulegen, gleich die Kühe im Stall. Das waren jedoch eher die Jungbauern. Die älteren Semester machten sich gleich nach der Verabschiedung des Brautpaars auf den Heimweg. Stephanie fiel Maria um den Hals. Ihr wurde bewusst, dass ihre Schwester nie mehr ihr Zimmer im Jägerhäusle teilen würde. Sie flüsterte ihr ins Ohr: „Du gehst aber schon am Sonntag in Stegen in die Kirche und besuchst uns nach dem Gottesdienst.“ Maria würde ihr ganzes Leben im Wittental, nachdem sie die Kühe am Morgen gemolken und gefüttert hatte, zu Fuß und später mit dem Fahrrad zur Herz Jesu Kapelle kommen, um den Gottesdienst und anschließend ihre Familie zu besuchen. Die Eltern umarmten ihre Tochter und Vater sagte: „Machs gut meine Kleine.“ Er hatte Tränen in den Augen. Wilhelm fuhr mit seinem Milchwagen vor und half Maria auf den Kutschbock. Seine Eltern nahmen daneben Platz und hinten auf den Bänken ließen sich noch ein paar ältere Wittentäler nieder. Die Fahrgäste wurden abgeliefert und Wilhelms Eltern wünschten eine gute Nacht und waren in einem Zimmer im Melcherhof verschwunden. Wilhelm stieg mit Maria die Stufen zu ihrer Schlafkammer hinauf. Sie setzten sich auf das Bett und Wilhelm fragte neugierig. „Wie war denn die Geschichte mit diesem Heißsporn, der dich zum Tanzen geholt hat?“ Maria fühlte sich erleichtert, dass sie erst erzählen durfte, bevor etwas anderes geschah, das ihre Freundinnen mit entzücktem Kichern angekündigt hatten. „Der Hackepeter ist ein Kaminkehrer aus Kirchzarten, der mir vor zwei Jahren nachgestiegen ist. Mein Vater war sehr gegen diese Verbindung. Ich glaube er hatte recht, denn er machte mehreren Mädchen den Hof. Er bildet sich ein, der schönste Mann im Dreisamtal zu sein.“ „Jetzt hast du halt einen andern schönen Mann, mit dem du glücklich werden kannst“, sagte er und zog sie ins Bett.

10. Kapitel

Ginstergeflüster

Der Sommer lag vor den Neuvermählten. Sie beschnupperten sich und Wilhelm ließ Maria Zeit, sich an die neue Umgebung und die Aufgaben zu gewöhnen. Jeden Sonntag fuhr Maria morgens mit ihrem Mann, wenn er mit dem Milchfuhrwerk nach Freiburg unterwegs war, bis zur Abzweigung nach Stegen mit. Danach wanderte sie zu Fuß bis zur Stegener Herz Jesu Kapelle um den Gottesdienst zu besuchen und bei ihren Eltern vorbeizuschauen. Manchmal kam sie zu spät zur Kirche, dann kehrte sie gleich in ihrem Elternhaus ein. Sobald sie über die Brücke bei der Sonnenleite lief, kam ihr der Hund entgegen und begrüßte sie freudig kläffend. Auch auf dem Heimweg begleitete er sie bis zum Ende des Waldes, wo schon der Baldenweger Hof zu sehen war. Ihre Schwiegereltern hatten auch nichts dagegen, wenn sie erst mittags wieder am Melcherhof ankam. Sie wussten es zu schätzen, dass Maria an ihrem Elternhaus hing und gewährten ihr diese sonntägliche Auszeit bei ihren Vertrauten.

Die anderen Tage der Woche hatte Maria hart zu arbeiten. Sie musste wesentlich mehr tun, als sie bisher gewöhnt war. Morgens um sechs Uhr begann ihr Arbeitstag. Nach einem kurzen Frühstück hatte sie im Stall die Kühe zu melken, während Wilhelm das Fuhrwerk vorfuhr, das Pferd einspannte und die Waren für den Markt in Freiburg herrichtete. Auf dem Hof ging alles sehr genau und penibel zu, denn die Milch wurde in Freiburg an der Milchzentrale kontrolliert und musste einwandfrei sein. Melchior, ihr Schwiegervater, zeigte Maria seine Tricks, wie die Rinder möglichst einfach und ohne Probleme zu behandeln waren. Sie brachte zwar ihre Melkerfahrungen von zu Hause mit, hier lief alles ein wenig anders ab. „Du wischst zuerst mit einem weichen Tuch das Euter ab und massierst auf sanfte Weise das Gewebe. Dann machst du mit Zeigefinger und Daumen einen Ringschluss, dass sich die Zitzen füllen können. Mit den andern Fingern und dem Handballen drückst du die Milch heraus."

Beim Melken im Jägerhäusle hatte sie sich bei den wenigen Kühen Zeit lassen können. Meist hatte ohnehin der Knecht gemolken. Die Milch deckte vor allem den Eigenbedarf und den einiger Nachbarn. Hier ging es darum, in möglichst kurzer Zeit viel Milch hervorzubringen. Daheim hatten sie vor allem von den Einnahmen der Schreinerei gelebt. Auf dem Melcherhof war die Milch eine wichtige Geldquelle. Sie brachte es in einer Stunde inzwischen ungefähr auf sechs Kühe, deren Euter sie leer melken konnte. Auf der einen Seite des Stalls saß sie auf ihrem Melkschemel. Ihr gegenüber war Melchior am Melken der anderen Reihe von Kühen. Sie schienen es beide richtig zu machen, denn die Kühe gaben durch ihr gelegentliches lautes Schnaufen ihr Wohlgefühl kund.

Wilhelm lud die gefüllten Milcheimer auf seinen Wagen und fuhr los um die Kannen der anderen Bauernhöfe auf dem Weg nach Freiburg einzusammeln. Nichts war es mit einem etwaigen Ausflug in die Großstadt, wie Maria sich das vorgestellt hatte. Sie musste tagtäglich ihre Arbeit verrichten, denn die Tiere im Stall warteten auf ihre Fürsorge. Sie mussten gefüttert und der Stall ausgemistet werden. Nach der schweren und schmutzigen Stallarbeit traf sie sich mit Melchior und Eleonore in der Stube um z´ Nüne, d.h. um Neunuhr zu essen.

Es lebte auch noch ein behinderter Bruder von Eleonore, der Hannis, im Haus. Sie hatte ihn vom Gasthof „Zum Wilden Mann" in ihre Ehe mitgebracht. So wurden Verwandte, die der Hilfe bedurften, im sozialen Netz der Großfamilie aufgefangen. Der Hannis konnte einfache Arbeiten verrichten wie z.B. das Wellenmachen. Er band Reisigbündel zusammen, die zum Anheizen dienten. Daneben war noch seine Aufgabe, Kartoffeln zu dämpfen und damit die Schweine zu füttern. Hannis saß auch mit am Tisch und musste versorgt werden.

Eleonore kümmerte sich um die Wäsche und die Sauberkeit im Haus. Aber sie ließ schon erkennen, dass sie sich allmählich mehr aus dem Hauswesen zurückziehen und sich um ihren kleinen Bereich kümmern wollte. Sie zeigte Maria, wie man im Butterfass Butter rührt, sie in Modeln presst und kühl aufbewahrt. Beim Schweineschlachten war Maria oft dabei gewesen und hatte auch schon Blut gerührt. Aber das Zubereiten und Räuchern des Schwarzwälder Schinkens lernte sie jetzt erst richtig kennen. Maria erfuhr, wie der Sauerteig aufbewahrt wird, damit er gären konnte. Sie lernte, wie das Roggen- und Weizenbrot aus dem eigenen Backofen möglichst würzig schmeckt und lange frisch bleibt. Bei ihrer Mutter Theresia hatte sie diese Tätigkeiten auch oft gesehen, aber sich nicht so intensiv mit ihnen beschäftigt, weil sie nicht ihre Aufgabe waren. Jetzt war sie dafür verantwortlich und die Familie ihres Mannes erwartete eine möglichst arbeitsame und perfekte Bäuerin. Sie kam sich anfangs vor wie eine Dienstmagd, der von früh bis spät Arbeiten aufgetragen wurden.

Maria erlebte täglich Neues und freute sich, als sie den Melchior in Staunen versetzte, wie sie ohne große Probleme eine klemmende Schublade reparierte und ein Stuhlbein zurechthobelte und einsetzte. Beim Umgang mit dem Holz konnte ihr nicht so schnell jemand etwas vormachen. Das war ihr Element. „Du bist ein patentes Mädle und kannst vieles", bekam sie als Lob zu hören. Dabei dauerte es lange, bis ein Schwarzwälder sich zu anerkennenden Worten durchrang. Wenn sie sonntags bei ihren Eltern auf Besuch war, ließ sie sich von all dem nichts anmerken. Die Mutter meinte nur: „Etwas schmal bist du geworden. Geben sie dir nicht genug zu essen?" Dass es daran lag, dass sie zu wenig Zeit hatte, um sich ruhig zu den Mahlzeiten hinzusetzen, gab Maria nicht zu. Ihr wurde bewusst, wie frei und ungebunden ihre Kindheit und Jugend im Jägerhäusle gewesen war. Trotzdem sehnte sie sich nicht danach zurück. Für sie hatte ein neuer Lebensabschnitt angefangen, mit dem sie sich langsam zu identifizieren begann.

Stolz war sie z. B., wenn sie aus dem Garten von Eleonore knackigen Feldsalat mitbringen konnte. Den ganzen Sommer über holte sie schmackhafte Tomaten und frische Gurken aus ihrem Korb. Der Melcherhof lag so geschützt in einer Waldnische, die sich nach Südwesten hin öffnete, dass das Gemüse hier sehr gut gedieh. Die jüngere Schwester Theresia fragte immer nach der Begrüßung: "Hast du gelbe Rübchen dabei? Ich brauche sie für meine Hasen. Sie freuen sich schon darauf." Sie gab dabei nicht zu, dass sie den größten Teil der Karotten selbst knabberte. Vater sagte: "Deine Paradeiser und Kukummern nehme ich gerne mit zur Brotzeit in die Werkstatt." Stephanie meinte: „Bessere Sonnenwirbele als deine habe ich noch nirgends gegessen." Natürlich erzählte Maria auf dem Melcherhof, dass das Grünzeug im Jägerhäusle so gut ankam. Eleonore bekam dadurch wieder einen neuen Anstoß, sich noch mehr um ihren Hausgarten zu kümmern. Das kam wieder dem Verkauf ihres Gemüses auf dem Freiburger Markt zugute.

Die Person, die Maria auf dem Melcherhof am seltensten sah, war Wilhelm. Am Vormittag war er mit seinem Milchwagen unterwegs und am Nachmittag hatte er häufig bei seinem Freund, dem Stephan, auf dem Baldenweger Hof zu tun. Zeitweise war er beim Mähen oder Heuwenden unterwegs oder er erntete das Getreide, wobei ihm der Melchior und der Hannis halfen. Manchmal waren auch Eleonora und Maria als Arbeitskräfte auf dem Feld gefragt, aber da konnte sie sich nicht mit ihrem

Mann unterhalten. An den restlichen Tagen nahm Wilhelm seine Axt und die Säge mit in den Fohrenwald, der zum Melcherhof gehörte, um dort Waldarbeiten zu verrichten. Die Zeit war auch für ihn ausgefüllt mit Beschäftigungen aller Art. Wenn abends das Vieh von der Weide auf dem Bachmättle in den Stall getrieben und gemolken war und die Familie sich zur Milchsuppe oder zu Pellkartoffeln mit Bibiliskäse versammelte, fühlte sich Maria am Ende ihrer Kräfte.

Fast täglich saßen auch Hirtenbuben, Kinder vom naheliegenden Nitzhof oder vom Dreierhof mit am Abendbrottisch. Danach wurde aufgeräumt, die Milchgeschirre im Stall gespült und die Tiere und der Stall gereinigt. Schön langsam klang der Tag aus, indem vor allem die Alten noch vor dem Haus auf dem Bänkli saßen und vor sich hin sinnierten oder sich unterhielten. Manchmal kamen auch Nachbarn vorbei. Um zehn Uhr etwa fielen alle müde ins Bett, mussten sie ja um fünf Uhr schon wieder die Schlafstätte verlassen, wenn das Vieh frühmorgens muhte, der Hahn krähte und der Hund bellte.

Es war ein wunderschöner Tag Ende August. Die Getreideernte war eingeholt. Für die Kartoffel- und Obsternte war es noch zu früh. Es war eigentlich alle Arbeit verrichtet, die Maria ständig auf Trab gehalten hatte. Da beschloss sie, ihren Mann bei der Waldarbeit zu besuchen. Sie nahm ihren geflochtenen Weidekorb, stellte eine Kanne Most hinein, schnitt ein Stück Speck ab und einen Kanten des frisch gebackenen dunklen Brotes. Der Fohrenwald lag direkt hinter der Streuobstwiese, die sich an die Scheune anschloss. Maria ging den Waldweg entlang und atmete die warme Sommerluft tief ein, die nach den verschiedensten Kräutern duftete. Hier waren die Bienen unterwegs um Nektar zu sammeln. Sie flogen entweder zurück zur Immenbank am Melcherhof oder zum Bienenhäuschen am Waldrand, stellte sich Maria vor. In diesem grellen Sonnenlicht summte und brummte es auf der Wiese neben ihr. Grillen zirpten und kleine graue und große hellgrüne Heuschrecken hüpften überall herum. Pinkfarbene Lichtnelken, hellblaue Vergissmeinnicht und gelbe Hahnenfußblüten gaben ein Bild ab, wie sie die Maler des Impressionismus so liebten. Maria hatte bei Heinrich ein Buch gesehen, in dem Gemälde von französischen Pointilisten abgebildet waren. Diese Künstler versuchten, mit Pünktchen den Eindruck einer Blumenwiese zu erzeugen. Die Maler hießen Signac und Seurat, hatte sie noch in Erinnerung.

Als der Weg schließlich in den finsteren Hochwald einmündete, bog sie ab und kletterte einen Wiesenhang hinauf. Hier wandelte sich die Vegetation. Die Sonne stand hier an und es wuchs Trockenrasen. Das Vieh hatte hier entlang des Hanges Terrassen eingetreten. An den Stellen, wo die Erde nicht durch die Hufe zerstört war, bewunderte sie kleine rosa blühende Steinnelken und blaue Kugelblumen. Weiter oben am Berg kam sie zum Waldrand. Hier wuchsen Birken, Ebereschen und Erlen. Vor den ersten lichten Laubbäumen leuchteten Ginsterbüsche, die in voller Blüte standen. Melchior sagte immer: „Von den Ginsterblüten kommt der beste Blütenhonig in unserem Bienenhaus am Sonnenhang. Die Bienen von der Immenbank erzeugen lieber Waldhonig, weil sie vom Wald her fliegen.“ Maria kletterte weiter hinauf durch das Unterholz, bis sie schließlich auf der Anhöhe im Fohrenwald ankam. Sie hörte das Schlagen einer Axt und ging dem Geräusch nach, bis sie an eine kleine Lichtung kam. Hier waren schon einige Holzstöße aufgeschichtet, sortiert nach Birken-, Föhren- und Fichtenholz. Wilhelm stand mit dem Rücken zu ihr und hatte ihr Kommen nicht bemerkt. Er lehnte gerade seine Axt an einen Holzstamm und begann, Birkenäste auseinander zu sägen. Da sah er ihren Schatten und drehte sich um. Sein Gesicht heiterte sich auf und er kam auf sie zu. „Das ist noch einmal eine nette Überraschung, dass du mich hier oben besuchst. Ich bin gleich fertig, dann habe ich Zeit für dich.“ Er sägte einen langen, störrischen Ast in mehrere Teile, die er auf einen Haufen warf.

Inzwischen breitete Maria auf einem Holzstumpf ein Tuch aus und stellte die Vesper, die sie in ihrem Korb mitgebracht hatte, darauf. Als Wilhelm mit seinem Birkengestrüpp fertig war, setzte er sich neben sie auf einen Baumstamm. Der begann durch sein Gewicht auf der anderen Seite hochzuschnellen, so dass beide das Gleichgewicht verloren und im hohen Waldgras landeten. Wilhelm packte diese Gelegenheit gleich am Schopf und zog Maria eng zu sich heran. Beiden wurde heiß und kalt und sie spürten nur noch das Begehren. So schön hatten beide die Liebe noch nie erlebt, wie hier auf dieser lichtdurchfluteten Rodung mitten im Fohrenwald. Entspannt blinzelten sie in die Sonne und Wilhelm meinte: „Das sieht ja aus wie Tischleindeckdich.“ Er nahm einen tiefen Schluck aus dem Mostkrug und reichte ihn Maria. Mit seinem Taschenmesser schnitt er hauchdünne Scheiben vom Schwarzwälder Speck ab. Sie ließen ihn abwechselnd mit Holzofenbrotstücken auf der Zunge zergehen. „Ihr habt gutes Brot und leckeren Speck auf dem Hof. Aber so gut haben sie mir noch nie geschmeckt wie heute“, sagte Maria. Wilhelm nickte und auf seinem zufriedenen Gesicht war abzulesen, dass es ihm genauso erging.

Als sie fertig gegessen hatten, packte Maria die Reste in ihren Korb und sie stapften durch das hohe Waldgras bis zur Hangkante, wo die Ginsterbüsche wuchsen. Hier zog Wilhelm seine Frau nochmals zwischen die Sträucher und flüsterte ihr ins Ohr: „Du bist das allerliebste Mädel, das ich jemals gesehen habe.“ Maria wusste nicht mehr, ob es die Sonnenstrahlen oder die goldgelben Ginsterblüten waren, die vor ihren Augen flimmerten. Sie spürte, dass sie von nun an nicht mehr nur Mann und Frau waren, sondern sich bedingungslos liebten. Weder er noch sie hatten fortan eine Scheu ihre Bedürfnisse zu zeigen.

Sie setzten sich auf und genossen den herrlichen Rundblick. Wilhelm sagte: „Diese Stelle war als Kind schon immer meine liebste. Hier scheint am längsten die

Sonne ins Tal. Darum gedeiht hier auch der Ginster. Von hier hast du den besten Blick auf unser Anwesen. Auch kannst du den Feldberg und den Schauinsland sehen. Wenn es mir schlecht ging, kletterte ich herauf und besah mir die Probleme von oben. Dann erschienen sie mir immer kleiner.“

Als sie Hand in Hand den Trockenrasenhang hinunterkletterten, meinte Wilhelm noch: „Weißt du was? Morgen machen wir einen Ausflug zur Schlangenkapelle. Warst du schon mal dort?“ Maria war in den vier Monaten, die sie auf dem Melcherhof lebte, noch nirgends gewesen außer auf den Wiesen und Feldern ums Haus, auf denen sie zu arbeiten hatte. Als sie am nächsten Tag zu Mittag gegessen hatten, blinzelte Wilhelm seiner Frau zu, während er sagte: „Ich gehe heute Nachmittag noch mal in den Fohrenwald zur Arbeit. Vielleicht kannst du später nachkommen und mir beim Bündeln der Birkenreiser helfen, wenn du mir die Brotzeit bringst, Maria.“ „Ich komme sobald ich die Küche aufgeräumt habe“, erwiderte sie.

Die Pfludden hatten ihr heute ausnehmend gut geschmeckt. Das waren Nocken aus gestampften Kartoffeln mit Eiern und Mehl verrührt und in Butter herausgebacken, mit gerösteten Zwiebelringen serviert. Von nun an sollte es ihr auf dem Melcherhof ohnehin besser schmecken und ihre Mutter würde nicht mehr sagen können, dass sie abgemagert aussah. Obwohl sie das Mittagessen genossen hatte, war sie mit dem Aufräumen der Küche noch nie so schnell gewesen wie heute.

Sie wickelte wieder eine Kanne Most, Geräuchertes und Brot in ein Tuch und verstaute alles in ihrem Korb. Leichtfüßig kletterte sie den Hang hinauf und traf an derselben Stelle auf Wilhelm, der sie schon sehnsüchtig erwartete. Er umarmte sie und bevor sie sich umsah, wälzten sie sich schon begierig auf dem Boden. Nachdem sie sich geliebt hatten, streichelte er sie zärtlich. Sie schmusten noch lange miteinander, versteckt im hohen Waldgras. Es hätte sie ohnehin niemand gesehen, auch wenn sie nicht in der grünen üppigen Vegetation versunken wären. Nachdem sie sich noch einmal geliebt hatten, verfielen sie beide in einen entspannten Halbschlaf und merkten schließlich, dass die Sonne schon sehr tief stand. Sie hatten jedes Zeitgefühl verloren. „Heute wird es nichts mehr aus unserem Spaziergang zur Schlangenkapelle“, stellte Wilhelm fest. „Aber morgen ist auch noch ein Tag.“

11. Kapitel

Vom Schlangenkönig

Auch am nächsten Tag erklomm Maria den Hügel zum Fohrenwald und wurde von Wilhelm wieder freudig erwartet. Nachdem sie ihren Gefühlen freien Lauf gelassen hatten, bahnten sie sich auf der Anhöhe einen Weg durch den Wald. Wilhelm half seiner Frau über umgestürzte Baumstämme und Gestrüpp, denn sie wanderten weglos quer durch den Urwald. Marias langer Rock verfing sich an einem Ast und sie hielt inne. Diesen Umstand nahm Wilhelm zum Anlass, seine Frau zu verführen. Dann fasste er sie an der Hand und zog sie weiter durch das Dickicht. Schließlich erreichten sie mitten im Wald eine kleine Kapelle. „Warum heißt sie Schlangenkapelle?“ wollte Maria wissen. Wilhelm erinnerte sich, wie er ihr vom Adelhauser Geist erzählt und sie beeindruckt hatte. Vielleicht hatte er damals durch die Geschichte sogar ihre Zuneigung gewonnen.

Er beschloss, die Sage vom Schlangenkönig möglichst spannend wiederzugeben. „In Wittental glauben manche Leute, dass die Schlangen den Kühen die Milch aus dem Euter saugen. Der Schlangenkönig jedoch habe einen kostbaren Ring, den er vorher auf die Seite lege. Könne den Schmuck ein Mensch nehmen, ohne dass es die Schlange merke, so gehöre er ihm. Bemerke es aber die Schlange, so müsse der betreffende Mensch sterben. Gegen die Schlangenplage, die früher hier geherrscht haben soll, wurde diese Kapelle errichtet.“ Maria wollte wissen, welche Art von Schlangen gemeint sei. „Ich weiß noch als Kind, als ich in der Wittentäler Schule war, erzählte uns der Lehrer Metzger, dass er ins Attental gerufen wurde, als ein Bauer im Frühjahr mehr als 30 Stück Kreuzottern aus seinem Misthaufen gezogen hat. Die Kreuzottern sind sehr giftig. Der Lehrer befasste sich mit dem Studium der Kriechtiere und Lurche. Deshalb brachten die Bauern ihm die schönsten Exemplare für sein Terrarium. Es gab aber auch viele Ringelnattern. Die Leute sagen, seit die Schlangenkapelle gebaut wurde, ließ die Schlangenplage nach. Ein tieferer Grund für das Verschwinden der Schlangenplage ist jedoch folgender: "Im Misthaufen entwickelt sich Wärme. Deshalb diente der Kuhdung als Brutstätte für das Schlangengezücht. Heute wird mindestens zweimal im Jahr gedüngt. Der Misthaufen wird also öfter gewendet und damit das Nest der Reptilien zerstört“, erklärte ihr Wilhelm.

Maria trat näher an die Kapelle heran und betrachtete den kleinen Altar. Eine ungefähr 50 cm hohe Madonna mit Kind stand darauf. Ihr Gewand leuchtete rot unter einem blauen Überwurf hervor. Sie war reichlich mit Gold verziert. „Schau an, da ist ja meine Schutzpatronin dargestellt.“ Maria kniete sich auf die kleine Bank und betete leise ein kleines Stoßgebet. Wilhelm machte sie auf die Votivtafel an der Westwand aufmerksam. „Hier ist der Heilige Wendelin, mit Pferden, Kühen und Hühnern gemalt. Den können wir auf unserem Hof als Schutzpatron gebrauchen.“ Nachdem sie sich eine Weile bei der Kapelle aufgehalten hatten, schlug Wilhelm vor: „Wir kehren jetzt nicht um. Wir gehen weiter und kommen über das Attental zurück nach Hause.“ Sie gingen ein paar hundert Meter durch den Wald bergab bis sie am Ende des Attentals auf eine Lichtung und zu einem Hof gelangten. „Das ist der Henselehof“, sagte Wilhelm. „Zu dem weiß ich auch eine Geschichte.“ Er konnte jedoch nicht zu erzählen beginnen, weil der Henselebauer gerade Mist auf einem Schubkarren zum Misthaufen transportierte. Der Landwirt hielt inne und scherzte: „Wo kommst denn du her, Wilhelm? Holst du die Milchkannen zu Fuß und schon am Vorabend ab? Meine Frau ist noch nicht fertig mit Melken.“ Wilhelm stellte ihm seine frisch angetraute Frau Maria vor. „Da hast aber eine niedliche Maid aufgegabelt. Alles Gute für eure Zukunft.“

Maria fiel ein, dass sie eigentlich schon auf dem Melkschemel zu sitzen habe wie die Frau des Henselebauern. Wilhelm fragte: „Sind in deinem Mist Schlangen versteckt? Meine Frau glaubt mir die Schlangengeschichte nicht.“ Der Henselebauer meinte, das hätten ihn schon viele gefragt, die zur Schlangenkapelle unterwegs waren. Er zog etwas Langgestrecktes aus seiner Tasche und fuchtelte mit der Schlangenattrappe vor ihren Augen herum. „Dann bekommen sie immer meinen Schludriwudri zu sehen.“ Er ließ das Geschlängle wieder in seiner Tasche verschwinden. Mit diesen Worten schob er lachend seinen Schubkarren weiter in Richtung Misthaufen. Vom Henselehof aus erreichten sie einen Fahrweg, der durch das ganze Attental führte. Wilhelm meinte, der Weg sei zwar weiter, aber nicht so beschwerlich, als wenn sie wieder durch das unwegsame Gestrüpp steigen und über umgestürzte Baumstämme klettern müssten.

Während sie im Attental Hand in Hand den Weg bergab wanderten, sagte Maria: „Du hast vorher erwähnt, dass es zum Henselehof auch eine Historie zu berichten gibt.“ Wilhelm begann: „Zu Maria Lichtmess, am 2. Februar, betet der Bauer vom Henselehof mit seinem ganzen Hausgesinde oben in der Schlangenkapelle nach dem Mittagessen drei Rosenkränze. Kommt die Familie nach Hause, muss ein Kind oder ein anderer Bewohner des Hofs dreimal eine Kette um das Haus ziehen, um die Schlangen fern zu halten.“ Maria verglich die Gebräuche von Stegen mit denen von Wittental und fand, dass hier der Aberglaube aus vorchristlicher, allemannischer Zeit noch sehr verbreitet war. Das Gebet in Form von Rosenkränzen wurde zwar hier schon praktiziert, aber der Schlangenzauber war nicht zu übersehen. Wittental war halt doch weiter vom kirchlichen Einfluss entfernt als ihr Heimatdorf. In Stegen spürte man den klösterlichen Hintergrund in Schloss Weiler, dessen Herz Jesu Kapelle und die Anlagen des ehemaligen Schlosses mit Brüdern aus den Klöstern Sankt Peter und Sankt Märgen besetzt waren. Sie hatten als Kinder katholischen Religionsunterricht bei einem Pater aus dem Kloster genossen und die Bibel genau kennen gelernt. Deshalb erfuhren sie weniger Sagen und Gespenstergeschichten. Das Handarbeiten und ein wenig Kochen hatte ihnen eine Nonne beigebracht.

Maria fragte Wilhelm nach seiner religiösen Erziehung. Darauf gab er ihr folgenden Einblick: „In unserer Wittentäler Dorfschule gab es nur drei Klassen. Die Erst- und Zweitklässler waren zusammengefasst, dann die Dritt- und Viertklässler. Schließlich gab es noch die Großen, die manchmal auch die Kleinen zu beaufsichtigen hatten, wenn der Lehrer gerade in seine Wohnung hinauf musste, um sich kurz zu entspannen oder seiner Frau bei der Hausarbeit oder der Kleintierzucht zu helfen. Bekam der Lehrer von den umliegenden Bauern Holz geliefert für den Winter, dann mussten wir es in seine Wohnung oder in den Holzschuppen tragen. Wir hatten auch das Klassenzimmer unter seiner Aufsicht zu reinigen. Bei solchen familiären Verhältnissen im Schulhaus hatte kein Religionslehrer etwas zu suchen. Unterrichtet wurden wir einzig und allein von Lehrer Metzger. Manchmal erzählte er auch Geschichten aus der Bibel, aber eher selten. Wenn das Wetter schön war und der Lehrer keine Lust hatte zu unterrichten, durften wir in den Schulhof hinaus und spielen. Im Frühling und im Sommer kamen viele Kinder erst am Nachmittag in die Schule, weil sie am Vormittag die Kühe austreiben und hüten mussten. Also lernten wir eigentlich nur im Herbst und im Winter etwas." Beide empfanden ihr heutiges Gespräch als sehr aufschlussreich. Sie waren sich wesentlich näher gekommen und hatten darüber die Zeit und all ihre Verpflichtungen vergessen.

Die Eltern saßen schon beim Abendbrot, als sie schließlich den Melcherhof erreichten. Melchior sah Wilhelm fragend an. Er merkte, dass beide gutgelaunt ankamen. Deshalb wollte er kein Donnerwetter vom Zaun brechen. „Mutter und ich haben heute die Kühe eingetrieben und gemolken.“ Wilhelm bedankte sich und sagte die Wahrheit über ihren Verbleib. „Ich habe Maria heute die Schlangenkapelle gezeigt. Wir haben uns mit der Zeit verkalkuliert. Es tut uns leid.“ Wilhelm wurde plötzlich klar, wer hier auf dem Hof das Sagen hatte. Seit seiner Heirat war er der Besitzer und Herr in diesem Hause. Er konnte sich seine Vorhaben einteilen wie er es für richtig hielt und brauchte nicht wie ein Dienstbote um Erlaubnis fragen. Wilhelm musste nur die Aufgaben richtig verteilen, dass die Arbeit nicht unter den Vergnügungen litt. Vielleicht konnte er Maria bald einmal auf seinem Fuhrwerk mit nach Freiburg nehmen.

In der nächsten Zeit war jedoch wieder viel Arbeit bei der Herbsternte angesagt und die beiden verständigten sich tagsüber oft nur mit Blicken, die ihre Vertrautheit ausdrücken sollte. In der Nacht kuschelten sie sich jedoch stets eng aneinander und schliefen wie Löffelchen an Löffelchen geschmiegt ein. Morgens und abends beim Melken des Viehs dachte Maria öfter an den Schlangenkönig, der seinen Ring auf die Seite legte. Die Tiere gaben aber täglich nach Kräften ihre Milch ab. Es kam kein Verdacht auf, dass Schlangen ihnen die Milch aus dem Euter gesaugt hätten. Vor dem Kirchweihwochenende, als die Äpfel und Birnen geerntet und gemostet war und die Kartoffeln trocken im Keller lagen, fragte Wilhelm schließlich seine Frau: „Willst du am Sonntag mit mir nach Freiburg fahren? Bald lassen die Temperaturen nach und es wird zu kalt, wenn wir die Fahrt nicht in Angriff nehmen. Wir könnten mit dem Zug weiter nach Buggingen fahren und meinen Bruder und die Schwägerin besuchen.“ Der Ort lag im Unterland. Heinrich, sein Bruder, arbeitete dort bei der Bahn. Maria hatte die beiden bei ihrer Hochzeitsfeier schon kennen gelernt.

„Ich habe früher auch einen Heinrich gekannt. Das ist ein schöner Name. Der Heinrich von Kageneck lebt jetzt im Kloster und niemand darf ihn besuchen, nicht einmal seine Mutter.“ Sie waren sich einig, dass sie zu den Verwandten fahren würden und richteten Obst und Gemüse, Most und Speck als Geschenke her. An diesem Abend versuchte Maria zu ihrem Nichtsstern hochzusehen. Leider war der Himmel bewölkt und kein Stern zu sehen. Als einige Zeit später die Nacht sternklar wurde, hatte sie ihr Vorhaben wieder vergessen. Seit den letzten Tagen im August hatte Maria nur noch Blicke für Wilhelm übrig. Der Empfang in Buggingen war sehr herzlich. Maria verstand sich gut mit Friedoline, die hochschwanger war und in den nächsten Wochen ihr viertes Kind erwartete. Deshalb drehte sich das Gespräch fast nur um die Wöchnerinnenzeit und das Kinderkriegen. Sie saßen beisammen bei Kaffee und Kuchen und verabredeten einen Gegenbesuch. Dieser fand dann in der Zeit nach Ostern statt. Heinrich erhielt von seiner

Dienststelle Freikarten und fuhr umsonst mit der Bahn. Es war inzwischen wärmer und sie wagten im Frühling wieder solche Unternehmungen. Der Säugling war fast ein halbes Jahr alt und konnte im Zug problemlos mitgenommen werden.

Am Vorabend zu ihrem ersten Hochzeitstag holte Wilhelm die Verwandten mit seinem Pferdefuhrwerk in Kirchzarten am Bahnhof ab. Verwandtenbesuche, die in die weitere Umgebung führten, wurden in der Zeit zwischen Ostern und Allerheiligen absolviert. Während der Wintermonate kam man nur mit den Angehörigen zusammen, die im Umkreis von einigen Kilometern zu erreichen waren. Sie saßen jedenfalls gemütlich in der Stube des Melcherhofs und dachten an Marias und Wilhelms Hochzeit, die fast auf den Tag genau vor einem Jahr stattgefunden hatte. Eleonore und Melchior freuten sich ebenfalls sehr über den Besuch ihres ältesten Sohnes und dessen Familie. Eleonore war besonders glücklich, ihre Kinder und Enkel zu sehen. Sie konnte in letzter Zeit ihre häuslichen Aufgaben kaum noch verrichten und zog sich immer länger in ihr Austragsstübchen zurück. Während des Besuchs jedoch gewann sie wieder ihre Energie und bildete den Mittelpunkt der Familie. Eduard, Frieda und Emil, die drei Enkelkinder hielten sich die meiste Zeit im Stall auf und genossen den Umgang mit den Tieren.

Maria und Friedoline hatten sich wieder viel zu erzählen. Der Säugling wurde in eine alte Wiege gebettet, in der Heinrich und Wilhelm schon als Neugeborene geschaukelt worden waren. Friedoline holte aus einem großen Klappkorb weiße Babywäsche und Windeln und reichte sie Maria. „Die wirst du bald brauchen können. Wir wünschen euch alles Gute zu eurem ersten Kind, dass alles gut abläuft." Marias Bäuchlein war unter der Schürze nicht mehr zu verbergen. Sie sah der Geburt mit gemischten Gefühlen entgegen. Friedoline vermied es, genauer auf die Geburtswehen und Geburtswidrigkeiten einzugehen. Einer Schwangeren sollte man keine Angst vor der Niederkunft machen. Über ihre vier Geburten hätte sie Schauergeschichten erzählen können, doch sie vermied es. Die beiden jungen Familien verabschiedeten sich als Freunde. „Versprich mir, dass du bei unserem ersten Kind den Getti machst", bat Wilhelm seinen Bruder. Heinrich wusste, dass er dieses Amt dann auch bei den nachfolgenden Kindern würde ausüben müssen. Getti zu sein galt jedoch als große Ehre und Auszeichnung. Er war natürlich beglückt über dieses Amt und versprach, das Kind aus der Taufe zu heben.

Wilhelm freute sich auf das Kind. Er nahm Maria nun schwere Arbeiten ab. Auch die Schwiegereltern behandelten sie den ganzen Winter über zuvorkommend. Sie durfte sich Freiheiten herausnehmen, die man ihr sonst verübelt hätte. Maria war froh über diese Rücksichtnahme im Haus, denn sie fühlte sich den unterschiedlichsten Stimmungen ausgesetzt. Die Verwandten hatten nicht damit gerechnet, dass sie zwei Wochen später schon wieder auf dem Melcherhof eintreffen würden. Eleonora hatte sich von einer schlimmen Erkältung nicht mehr erholt und starb ganz plötzlich am 15. April. Es war für alle ein schwerer Verlust. Denn Eleonora war der gute Geist des Hauses gewesen, der nun an allen Ecken und Enden vermisst wurde. Maria dachte an den Ring des Schlangenkönigs. War eine Schlange im Spiel? Hatte Eleonora beim Melken zu langsam reagiert und war ihr der König zuvorgekommen. Maria schalt sich selbst, dass sie auf so abergläubische Gedanken kam. Eleonoras Bruder Hannis hatte in der Nacht vor ihrem Tod das Käuzchen schreien gehört. Er behauptete: „Das Totenweckerle hat meiner Schwester gerufen." Maria überlegte, warum Eleonora sich im letzten Sommer so massiv dafür eingesetzt hatte, dass Maria alle Gepflogenheiten und Arbeiten des Hofes möglichst selbständig und schnell lernte. Ob die Schwiegermutter ihren nahen Tod gespürt hatte?

Inzwischen gingen Maria die täglichen Pflichten viel leichter von der Hand, obwohl sie schwanger war. Sie hatte sich daran gewöhnt und sie waren Routine geworden. Der Leichnam Eleonores wurde in der guten Stube des Hauses aufgebahrt. So war es Brauch. Die Nachbarn kamen und beteten Rosenkränze für die arme Seele. Am dritten Tage fuhr ein schwarzer offener Leichenwagen vor. Er hatte vier gedrechselte Pfosten, an welchen schwarze Vorhänge angebracht waren. Auf die Tragfläche hoben der Leichenbestatter, Melchior und Wilhelm den Sarg. Dahinter formierte sich der Leichenzug. Der Leichenbestatter stieg auf den Kutschbock und der Rappen, der vorgespannt war, setzte sich in Bewegung. Schleichend und stumm schlängelte sich der Leichenzug am Dreierhof und am Baldenweger Hof vorbei. Er überquerte den Eschbach, zog sich durch Zarten. Hier hielt er einmal kurz vor einem Hauskreuz an, wo ein Vaterunser und ein Avemaria gebetet wurden. Auch an einer kleinen Kapelle wurde Halt gemacht und gebetet. Dann ging es durch die Kirschbaumallee bis zum Kirchzartner Friedhof, der sich neben der Kirche ausbreitete. Der Pfarrer erwartete sie mit zwei Ministranten. Einer schwenkte unentwegt das Rauchfass. Die Trauergemeinde verteilte sich um das geöffnete Grab und die Beerdigung wurde vollzogen. Danach versammelten sich die Angehörigen und Nachbarn in der Kirche. Das Gotteshaus füllte sich mit vielen Bewohnern aus Kirchzarten. Denn Eleonore war in Burg im Gasthof „Zum Wilden Mann" aufgewachsen, der zu Kirchzarten gehörte. Die Familie Hummel war bekannt im Dreisamtal und deshalb gaben Eleonore viele Bekannte und Freunde das letzte Geleit. Nach dem Requiem stellten sich Wilhelm und Melchior an die Kirchenpforten und luden zum Leichenschmaus in den Gasthof seines Schwagers ein, aus dem Eleonora stammte.

Als sich abends alle Verwandten und Bekannten verlaufen hatten, fuhr der Schwager vom „Wilden Mann" mit seinem Pferdefuhrwerk zum Melcherhof und brachte Maria, Wilhelm, Melchior und Hannis müde nach Hause. In den ersten Wochen nach Eleonoras Tod ging es sehr leise zu auf dem Hof. Alle verrichteten ihre Arbeiten stumm und traurig. Sogar der Hund Luchs ließ seine Ohren hängen und fraß nicht mehr richtig. Eleonora hatte ihn immer gefüttert. Marias Umfang wuchs und die Arbeiten wurden immer beschwerlicher. Eines Tages brachte Wilhelm einen Knecht vom Baldenweger Hof mit, den er bei Stephan für den Rest des Jahres ausgeliehen hatte. Es war eine immense Erleichterung für Maria, in nächster Zeit nicht mehr melken zu müssen. Sie hatte mit den anderen Arbeiten im Haus genug zu tun.

In nächster Zeit saß sie bei den Mahlzeiten nun mit vier Männern am Tisch, die alle einen ausgiebigen Hunger mitbrachten. Brotbacken, Butter rühren, Blut- und Leberwürste herstellen, Speck räuchern, Gemüse und Obst pflanzen, verarbeiten und konservieren. Sie hatte bei Eleonora vor einem Jahr mitgeholfen und sich alles zeigen lassen. Anfang Juli stellten sich Senkwehen ein. Auf dem Baldenweger Hof wohnte eine alte Magd, die sich auch als Hebamme betätigte. Wilhelm ließ sie holen und fuhr auch zum Jägerhäusle um seine Schwiegermutter mitzunehmen. Am Morgen des 2. Juli hielt Maria schließlich ein kleines Mädchen in den Händen. Maria war so glücklich, dass ihre Mutter das Kind versorgte und die ersten acht Tage bei ihr blieb. Deshalb tauften sie das Kind auch Theresia. Die Taufe fand in der Kirchzartner Kirche statt. Im Wilden Mann nahmen die Verwandten das Taufessen ein. Maria sollte nicht dabei sein. Eine Wöchnerin durfte erst nach vierzig Tagen aus dem Haus, nachdem sie ausgesegnet ist. Heinrich kam zur Taufe mit dem Zug von Buggingen angereist und war Getti. Das

Mädchen war gesund, hatte dunkle Haare und Augen wie seine Mutter. Von nun an besserte sich die Stimmung im Melcherhof. Wilhelm war stolz auf seine Tochter. Maria sah manchmal wie Melchior sinnierend an der Wiege stand und den Säugling betrachtete. Er dachte wohl, welche Freude Eleonore mit der Kleinen gehabt hätte. Hannis konnte seinen Gefühlen besser Ausdruck verleihen. Er nahm die kleine Theresia auf den Schoß und ließ sie hopsen. Beide krähten vor Vergnügen um die Wette. Sogar der Hund Luchs erholte sich wieder und passte an der Wiege auf, wenn Maria zu arbeiten hatte.

Im September, als Theresia ein Vierteljahr alt war, nahm Maria ihre Tochter im Kinderwagen das erste Mal mit nach Stegen. Marias Schwester Theresia war aus dem Häuschen und schob den Wagen durch Stegen. Sie zeigte allen Freundinnen die Neugeborene. „Sie heißt Theresia und ist nach mir getauft. Schaut sie nicht genauso hübsch aus wie ich? Sie ist das schönste Baby der Welt.“ Stephanie hatte inzwischen auch einen Freier. Er hieß Josef Zähringer und wurde Sepple genannt. Sein Elternhaus lag an der Sonnenleite am Waldrand auf dem Weg nach Wittental. Maria kam am Waldweberhaus vorbei, wenn sie nach Stegen ging. Die Eltern Sepples übten den Handwerksberuf des Webers aus, deswegen hatten sie den Hausnamen. Sepple arbeitete jedoch wie so viele Bauernsöhne als Bahnarbeiter. Der Bau der Höllentalbahn hatte viele in Arbeit gebracht. Es sollte jedoch noch einige Jahre dauern, bis die beiden sich zur Heirat entschlossen. Sepple war ein anständiger und braver Mann.

Der kommende Winter war sehr streng. Wilhelm und Maria klammerten sich aneinander, bissen die Zähne zusammen und standen ihn durch. Es war für Wilhelm oft nicht einfach mit seinem Pferdefuhrwerk auf dem ungeräumten Weg bei Minusgraden die Milch nach Freiburg zu fahren. Manchmal blieb er stecken und musste anschieben. Einmal spannte der Andresenbauer sein Pferd mit ein, um ihn aus dem Graben zu ziehen. Maria und Wilhelm freuten sich als es Frühling wurde. Theresia krabbelte in der Stube herum und hangelte sich an den Möbeln hoch. Bald würde sie zu laufen beginnen.

Maria würgte es wieder wie vor einem Jahr und ihr Busen spannte. Sie kannte inzwischen diese Anzeichen. „Ich glaube wir bekommen wieder ein Kind", sagte sie zu Wilhelm. Auch Melchior freute sich und ihre Familie in Stegen ebenso. Sie waren alle dem Kindersegen gegenüber positiv eingestellt. Es gab nichts Schlimmeres als eine Bäuerin, die kinderlos blieb.

Das Kind kam Ende August und war ein Sohn. Das Glück war vollendet. Der Name Albert war zu dieser Zeit verbreitet. Ein Theologe aus dem Elsaß, von dem überall in den Zeitungen stand, hieß Albert Schweitzer. Ein Physiker, der 1905 die Relativitätstheorie aufgestellt hatte und in Württemberg geboren war, trug den Namen Albert Einstein. Warum sollten die unbekannten, einfachen Leute ihre Kinder nicht auch so taufen? Der Junge wurde also Albert genannt, wie es gerade Mode war. Er war nur vierzehn Monate jünger als seine Schwester.

Albert sah seinem Vater ähnlich und war ein großer, kräftiger Säugling. Mit seinen hellblonden Haaren und den hellblauen Augen unterschied er sich deutlich von seiner Schwester. Theresia, Marias Mutter, war zum Wochenbett wieder auf dem Melcherhof. Sie meinte: „Ein Pärchen, was Besseres kann dir gar nicht passieren. Gott hat es gut mit dir gemeint. Da kannst du oft nach Stegen kommen und in der Herz Jesu Kapelle beten." Das tat sie dann auch ausgiebig, als sie dort ausgesegnet wurde. Getti war wieder der Schwager Heinrich.

Im nächsten Sommer beschloss sie, als Dank eine Wallfahrt zum Lindenberg zu unternehmen. An einem Sonntag wanderte sie mit ihrer Freundin Klärle, die auch wieder Nachwuchs bekommen hatte, vom Mooshof aus auf den Klosterberg bei Sankt Peter. Als sie auf dem Höhenrücken standen und einen wunderschönen Panoramablick über den Hochschwarzwald genossen, sagte Klärle: „Ich sehe bis zum Rhein und die Berge dahinter sind die Vogesen." „Nach Frankreich zu kommen, wäre bestimmt sehr interessant. Auf dem Baldenweger Hof war schon öfters ein Fabrikant aus dem Elsaß, Monsieur Dupont, mit seiner Frau zur Sommerfrische. Der war sehr freundlich und wir haben uns gut unterhalten. Die Leute aus Straßburg sprechen einen merkwürdigen Elsässer Dialekt." Sie ließen sich auf einer Bank nieder und genossen den herrlichen Rundblick.

Nach der langen Wanderung hatten sie Hunger bekommen. Klärle holte Most und einen leckeren Zopf aus ihrem Rucksack und Maria steuerte Roggenbrot und Speck bei. An der frischen Luft und nach dem anstrengenden Aufstieg schmeckte die Brotzeit hervorragend. Gestärkt packten sie ihre Reste zusammen und machten sich auf den Weg zur Wallfahrtskapelle Maria Lindenberg. In der Kirche befand sich gerade eine Gruppe Pilger, die den freudenreichen Rosenkranz beteten und die beiden schlossen sich an.

Am späten Nachmittag machten sie sich auf den Heimweg über Sankt Peter. Die zwei Frauen waren glücklich und mit sich im Reinen, hatten sie doch gerade der heiligen Maria für ihre gesunden Familienmitglieder gedankt. Als sie sich vor dem Mooshof verabschiedeten, verabredeten sie sich für einen gegenseitigen Besuch um ihre Kinder herzuzeigen. Maria kehrte abends noch bei der Familie Schlegel im Jägerhäusle ein. Ihr Vater fuhr sie dann in der Dunkelheit heim auf den Melcherhof ins Wittental. Obwohl Sankt Peter eigentlich nicht weit entfernt lag, war so eine Wallfahrt eine Tagesunternehmung, die oft bis spät in die Nacht reichte und gewallfahrtet wurde im Schwarzwald gerne und oft.

Teil 2 Falkenflug

12. Kapitel

Der rote Hahn

Ignaz stand auf der Anhöhe und schaute ins Wittental. Er hatte es satt, im Nitzhof den Winter über Besen zu binden. Entfernte Verwandte nahmen ihn auf, damit er in der kalten Jahreszeit eine Unterkunft und einen Broterwerb hatte. Im Sommer arbeitete er auf dem Flaunser bei einem Köhler. Diese Arbeit gefiel ihm, denn er ging gerne mit Feuer um. Er brachte die Geduld auf, viele Stunden vor einem schwarzen Haufen glühenden Holzes zu sitzen und zu beobachten, wie daraus Holzkohle wird. Zeitweise hatte er sogar mehrere Meiler zu betreuen.

Dem Nitzbauern erzählte er genau, wie so ein Meiler zu handhaben war, als dieser es wissen wollte: „Du stellst in der Mitte drei Baumstämme auf. Um die schichtest du große Scheite zu einem kegelförmigen Haufen. Nun bedeckst du den Meiler mit Tannenzweigen und Erde. Jetzt wird angezündet. Der Köhler muss ohne Pause auf der Lauer liegen und darauf achten, dass das Holz zwar glüht, aber nicht verbrennt. Tag und Nacht muss er das brennende Holz überwachen. Deshalb ist es gut, wenn du bei dieser Arbeit zu zweit bist, sonst könntest du kein Auge zumachen. Nach ungefähr drei Wochen ist der Verkohlungsvorgang beendet. Dann schaffen wir die Holzkohle ins Tal. Hier holen die Bauern sie mit ihren Fuhrwerken ab. Im nächsten Sommer werde ich mich wieder als Köhlergehilfe verdingen." Ignaz war die Kohlenarbeit anzusehen. Die Köhler wurden auch „Schwarze Männer" genannt. Es war, als hätte sich der Kohlestaub durch die Hitze in ihre Haut eingebrannt. Die Nitzkinder hatten Angst vor Ignaz und machten einen Bogen um ihn. Durch seine einsame Arbeit im Wald war er eigenbrödlerisch und sah oft finster drein, was die dunkle Farbe im Gesicht noch verstärkte. Die Kinder spielten manchmal das Spiel: „Wer fürchtet sich vorm schwarzen Mann?" und riefen: „Wenn er aber kommt, dann laufen wir davon!" Es kam vor, dass Ignaz ihnen mit einem Scheit nachlief oder es nach ihnen warf. Dieser Umstand ließ Ignaz in ihren Augen noch unheimlicher erscheinen.

Der Nitzhof gehörte früher ebenso wie der Melcherhof zum Bankenhof im Wittental. Beide Anwesen lagen sich gegenüber rechts und links vom Bachwaldweg. Melchior hatte das Gütchen von seinem Vater übernommen, der eine Theresia Bank vom Bankenhof geehelicht hatte, die diesen Hof mit in die Ehe brachte. Der Melcherhof war also das Nachbaranwesen vom Nitzbauern. Zweihundert Meter weiter an der Einmündung vom Bachwaldweg in die Wittentalstraße stand der Dreierhof. Alle drei Höfe waren sogenannte Tagelöhnerhöfe, weil die Besitzer neben der Landwirtschaft noch einem zweiten Erwerb nachgingen. Die Familie Nitz lebte vom Besenbinden und Körbeflechten, die Familie auf dem Dreierhof vom Handwerksberuf des Drechslers und Wilhelm Willmann ernährte seine Familie als Milchfuhrmann. Sie waren alle nicht mit Reichtümern gesegnet und mussten sich abmühen, um ihren Lebensunterhalt zu sichern. Solch heimatlosen Knechten wie Ignaz ging es jedoch noch viel schlechter. Sie mussten sich immer wieder eine neue Bleibe suchen und hatten keine Familie. Es schien jedoch, als wäre für Ignaz diesen Winter über gesorgt. Er half beim Besenbinden, bekam dafür eine Schlafstätte im Schuppen und täglich eine warme Mahlzeit.

Der Nitzbauer fuhr ab und zu mit Wilhelm in die Stadt auf den Markt, um seine Besen zu verkaufen. Jedes Mal, wenn es um wirtschaftliche Dinge ging, bekam Ignaz jedoch mit dem Nitzbauern Streit. Der Grund für Ignaz Unmut lag darin, dass der Nitzbauer mit seiner Arbeit nicht zufrieden war. Seine klobigen schwarzen Hände eigneten sich nicht so gut für handwerkliche Arbeiten. Wilhelm hatte vor Weihnachten im Auftrag des Nitzbauern Ware in die Stadt mitgenommen und an einen Händler weitergereicht. Ausgerechnet die Besen, welche Ignaz gebunden hatte, wurden nicht verkauft. Wilhelm brachte sie zurück und bedauerte: „Leider muss ich euch ein paar Besen zurückbringen, bei denen die Qualität nicht entsprochen hat.“ Ignaz Wut richtete sich nun auch gegen Wilhelm, der seine Ware nicht losgebracht hatte. Anfang des neuen Jahres 1911 war Ignaz wegen seiner Trägheit und Unzuverlässigkeit mit dem Nitzbauern wieder einmal in heftigen Streit geraten. Ignaz beschloss, sich noch vor dem Ende des Winters zu verändern. In der Nacht zum 12. Januar war Ignaz spurlos verschwunden.

Keiner hatte ihn jemals wieder gesehen. Es war, als sei er vom Erdboden verschluckt. Auch im nächsten Jahr tauchte er nicht mehr beim Köhler auf dem Flaunser auf. Am Abend des 11. Januar war der Nitzbauer zufällig in seinen Schuppen gekommen, als es nach Rauch roch. Mit einer Pferdedecke konnte er die kleinen, züngelnden Flammen und den Qualm, der sich auf dem Boden ausbreitete, gerade noch ersticken und Schlimmeres vermeiden.

Als der Nitzbauer gerade wieder ins Haus gehen wollte, sah er ein Flackern am Fenster der Scheune des Nachbarhofes. Sein Verdacht wurde zur Gewissheit, als er den Bachwaldweg überquert hatte. Er rannte zur Eingangstür des Wohntrakts, öffnete die unverschlossene Tür und stand plötzlich mitten in der Stube der Familie Willmann. „Schnell, eure Scheune brennt. Ich reite zum Baldenweger Hof und lasse die Feuerglocke läuten.“ Die Familie samt der beiden Kleinkinder war gerade vollzählig in der Stube versammelt. Sie saßen alle um den Tisch und waren beim Abendessen. Das stellte sich trotz des Unglücks als Vorteil heraus. Maria packte den Säugling und legte ihn in seinen Wagen. Sie warf ein paar Decken darauf, nahm die kleine Theresia an der Hand, die zu heulen begann und verließ das Haus. Wilhelm, Hannis und der Knecht waren inzwischen in den Stall gerannt und brachten alle Tiere ins Freie. Das Pferd wieherte und schlug aus. Die Kühe muhten aufgeregt, die Schweine quiekten nervös und die Hühner gackerten und stoben ins Freie, dass die Federn flogen. Mit Stöcken trieben Hannis und der Knecht die Tiere über die Streuobstwiese zur unbewaldeten Hangseite. Denn es war zu befürchten, dass auch der Wald Feuer fangen konnte. Da hörten sie schon das Läuten der Feuerglocke durch die kalte Winterluft schallen. Wilhelm raste um das Haus und versuchte zu retten, was zu retten war. Melchior hatte währenddessen alles Schriftwesen, das in einer Metallschatulle im Eckschrank versteckt war, an sich gerissen und ins Freie gebracht. Dann gelang es ihm noch, seinen Bienenstock auf der Immenbank zu retten.

Maria war mit ihren Kindern zum Dreierhof gerannt. Dieser stand in solcher Entfernung, dass keine Gefahr bestand. Die Dreierbäuerin nahm die Kleinen in Empfang und holte sie in die warme Stube. Maria sauste wieder zum Hof zurück. Neben ihr bog die Zartener Feuerwehr mit Getöse in den Bachwaldweg ein. Sie schlossen den Schlauch an der Brunnenstube an und begannen zu spritzen. Die Scheune brannte lichterloh. Nacheinander zerbarsten die Scheiben mit einem lauten Knall. Nun qualmte es in dicken Rauchschwaden aus den schwarzen Fensterhöhlen. Das Feuer hatte sich nun bis zum Dachstuhl durchgefressen. Zwischen den Sparren schlugen schon die Flammen heraus. Die Feuerwehrmänner zielten mit dem Wasserstrahl direkt auf das Scheunendach. Mit lautem Geheule war die Kirchzartner Feuerwehr eingetroffen und spritzte von der anderen Seite auf das Dach. Maria stand an der Hangkante beim Vieh und hoffte, dass das Feuer nicht auf den Wohnbereich übergreifen würde. Da flackerte es aber auch schon hinter den Fenstern der Stube. Maria erstarrte. Sie dachte an die schönen neuen Schlafzimmermöbel, die ihr Vater ihnen zur Hochzeit gezimmert hatte. Die Wiege und ein paar Möbelstücke aus der Stube hatte Wilhelm noch vor das Haus stellen können. Sie dachte an die schöne Bettwäsche, die sie als Aussteuer mitgebracht hatte, die sich in der Schlafzimmerkommode befand. Auch ihr Brautkleid und andere Kleidungsstücke im oberen Stockwerk musste sie verschmerzen.

„Gott sei Dank ist euch nichts passiert“, sagte der Dreierbauer, der sich neben sie gestellt hatte, nachdem er nicht mehr helfen konnte. Er hatte noch den Milchwagen, der nahe an der Scheune stand, in Sicherheit bringen können. Jetzt klirrten auch die Scheiben des Wohngebäudes und zersprangen mit lautem Krachen. Maria sah alle Hoffnung schwinden. Es knisterte und es loderte. Der Qualm drang beizend in die Nase und es stank erbärmlich. Eine wabernde Hitze ging vom Feuerherd aus. Sie stand in starkem Gegensatz zur kalten Januarnacht.

Inzwischen waren fast alle Bewohner Wittentals aus ihren verstreuten Höfen eingetroffen und beobachteten aus Neugierde die Zerstörung ihres Hab und Guts durch die Flammen oder mit der Absicht zu helfen. Die Andresenbäuerin umarmte und stützte Maria und versuchte sie zu trösten: „Ihr habt noch eure beiden lieben

Kinder und das ganze Vieh ist gerettet. Einen Hof kann man wieder aufbauen. Ich weiß, das ist ein schwacher Trost. Aber meine Schwester im Dietenbach hat dasselbe Unglück mitgemacht. Ihre Familie bewirtschaftet jetzt einen neuen Hof.“ Der Dachstuhl des Wohntraktes brannte nun auch lichterloh. Immer wieder krachte verkohltes Gebälk herunter. Gespenstisch sah das ganze Schauspiel in der Dunkelheit aus. Die weiße Schneedecke vor dem brennenden Haus leuchtete bläulich. Im Hintergrund ragte der dunkle Hochwald bedrohlich auf. Vor dem Anwesen der Familie Nitz hatte sich inzwischen die Feuerwehr von Stegen postiert. Es wurde befürchtet, dass die Flammen auf dieses Gebäude übergreifen könnten. Der Nitzhof und der Wald blieben jedoch von den Flammen verschont. Weil die Nacht klirrend kalt und windstill war, gab es keinen Funkenflug. Es war Mitternacht, als sich Wilhelm endlich um Maria kümmern konnte. Sie klammerten sich aneinander und Wilhelm fragte: „Wo sind die Kinder?“ Maria kam zu sich und sagte: „Ich werde zu Dreiers gehen und nach ihnen sehen.“

Der Knecht, Hannis und hilfsbereite Nachbarn hatten die Tiere noch in der Nacht zum Andresenhof und zum Hannesenhof getrieben. Beide Hofbesitzer waren bereit, das Vieh vorübergehend aufzunehmen und zu füttern. Diese Januarkälte hätten sie im Freien nicht überlebt. Wilhelm blieb die ganze Nacht mit Melchior und zwei Feuerwehrmännern zur Beobachtung am Brandherd. Ein kleiner strohgedeckter Futterschopf, der etwas abseits auf dem Gelände lag, blieb unbeschädigt. Die Männer flüchteten sich vor der beißenden Januarkälte in den Verschlag. Durch das Fenster beobachteten sie die rauchenden Reste des Anwesens. Abwechselnd ging immer einer Patrouille und sah nach, ob kein neuer Feuerherd entstanden war. Der Nitzbauer gesellte sich zu ihnen. Seine Familie war auch evakuiert und wohnte wie Maria und die Kinder im nahe liegenden Dreierhof. Sie hatten ihr Bettzeug und Kleidungsstücke mitnehmen können, bevor die Stegener Feuerwehr zu spritzen begann. Die Familie des Nitzbauern würde in den nächsten Tagen wieder in ihr Haus zurückkehren können, wenn vom abgebrannten Melcherhof keine Gefahr mehr ausging und alle glimmenden Herde erkaltet waren.

Wilhelm und Melchior sahen sich in der Morgendämmerung an. Keiner sprach ein Wort. Ihre Verzweiflung stand ihnen ins Gesicht geschrieben. „Ich fahre heute nach Freiburg. Das Pferd und der Wagen sind ja gerettet. Die Versicherung zahlt hoffentlich den Schaden.“ Melchior suchte aus seiner Metallschatulle die entsprechenden Unterlagen heraus. Wilhelm steckte die Policen unter seinen Mantel. „Ich bedanke mich vorerst für eure Hilfe“, sagte er zu den Feuerwehrmännern und machte sich bei anbrechendem Tageslicht auf den Weg. Am Dreierhof begrüßte er Maria und die Kinder und holte dann die Milch an den einzelnen Höfen wie jeden Tag ab und fuhr Richtung Freiburg. Auch seine eigene Milch konnte er mitnehmen. Der Knecht und Hannis hatten die Melcherkühe gemolken. Traurig und sinnierend gab Wilhelm dem Pferd die Peitsche. Als Wilhelm die Milchkannen an der Milchzentrale geleert hatte, meldete er den Brand bei der Versicherung. Herr Blattmann, der für den Fall zuständig war, wusste schon Bescheid und sprach Wilhelm sein Bedauern aus. „Ich schicke einen Gutachter zu euch hinaus ins Wittental. Er wird den Fall untersuchen und den Brandschaden feststellen. Aber wie wir gehört haben, ist das Haus vollständig zerstört worden. Das tut uns sehr leid. Die Brandursache ist wohl auch noch nicht geklärt."

Auf dem Heimweg holte Wilhelm seine Frau und die Kinder beim Dreierhof ab. Die Familie Nitz war inzwischen auch wieder in ihrem Anwesen eingezogen, das unbeschädigt geblieben war. So kehrte auf dem Dreierhof die Normalität ein. Wilhelm fuhr Maria zu ihren Eltern nach Stegen. Ihr Vater war als Stegener Feuerwehrmann in der Nacht zuvor im Einsatz gewesen. Marias Familie war deshalb über das Unglück informiert. Theresia richtete ihrer Tochter eine Kammer im Obergeschoss ein. Sie vermutete, dass der Aufenthalt länger währen würde. Stephanie und ihre Schwester Theresia bedauerten die Familie Willmann sehr. Doch empfanden sie es als angenehme Unterbrechung des Alltags, dass die beiden niedlichen Kinder Einzug in ihr Haus gehalten hatten. Nachbarn, die von dem Unglück gehört hatten, brachten Kleidung, vor allem für die Kinder. Die Spendenbereitschaft und das Mitleid waren überall zu spüren. Als die Postkutsche am nächsten Tag die Zeitung vom

12.01.1911 aus Freiburg mitbrachte, lasen sie folgende Meldung:

> × Aus dem Dreisamtal, 12. Januar. Im Anwesen Melcherhof Wittental des Herrn Willmann, der täglich Milch nach Freiburg führt, brach gestern abend zwischen 7 und 8 Uhr in der Scheune Feuer aus. Die Familie war in der Stube. Mit Hilfe der Nachbarsleute und der Löschmannschaft von Zarten, als erste Hilfe, wurden die Lebewesen im Haus und die Bienen gerettet. Die Feuerwehr Kirchzarten und andere Löschmannschaften aus der Nähe waren auch bald auf dem Brandplatz tätig. Ein kleiner Futterschopf (mit Stroh gedeckt) und das Nachbarhaus konnten gerettet werden. Wenn die bemitleidenswerten geschädigten Leute auch versichert sind, bleibt doch immer noch ein großer Schaden an nicht versicherten und besonders neugekauften Fahrnisgegenständen.

Am nächsten Tag kam ein Gutachter aus der Stadt und besah sich die Brandstelle. Er hatte auch einen Polizisten mitgebracht, der nach der Brandursache forschen sollte. Der Gendarm nahm Wilhelm und den Nitzbauern voneinander getrennt ins Verhör. Beide erzählten von Ignaz und seinem Zorn auf die beiden Landwirte. Der Nitzbauer berichtete, dass er in seinem Schuppen einen Schwelbrand gelöscht und danach das Feuer in der Scheune des Melcherhofs entdeckt hatte. Er bestätigte außerdem, dass sein Knecht Ignaz seit dem Brandabend verschwunden war. „Das klingt plausibel“, stellte der Polizist fest. “Der Brandstifter hat sich demnach auf Nimmerwiedersehen aus dem Staub gemacht. Wir werden nach ihm fahnden.“ Nun mussten sie unabhängig voneinander eine Beschreibung des Knechts liefern. Nachdem die beiden Beamten sich verabschiedet hatten, musste sich Wilhelm um den

Verbleib seines Viehs kümmern, das immer noch auf die zwei Ställe des Andresen- und Hannesenhofs verteilt war. Die Bienenstöcke und die Hühner hatte Melchior zu seinen Verwandten auf den Bankenhof gebracht.

Gegen Abend kam Wilhelm am Baldenweger Hof bei seinem Freund Stephan vorbei. Wilhelm bedankte sich, dass dieser mit seiner Alarmglocke so schnell die Feuerwehren herbeigerufen und auch beim Löschen mitgeholfen hatte. Stephan bot ihm an: „Wenn du einverstanden bist, kannst du mit deiner Familie vorübergehend bei mir wohnen. Ich bin alleinstehend und habe genügend Platz. Unsere Stallungen sind riesengroß. Du kennst sie ja. Dort könnten wir dein ganzes Vieh unterbringen. Ihr wärt an Ort und Stelle und könntet es versorgen." Wilhelm überdachte den Vorschlag.

Wenn er sich die Situation recht besah, konnte ihnen nichts Besseres passieren. Wilhelm meinte: „Das ist ein Angebot unter Freunden. Wenn ich mein Hausgesinde mitbringen darf, werden wir uns alle auf dem Hof nützlich machen und bei der Frühjahrsarbeit mithelfen." Stephan zeigte Wilhelm zwei kleine Nebenzimmer in seinem Verwaltungsgebäude. „Hier könntet ihr wohnen. Die Küche benutzen wir gemeinsam." „Ich denke, Maria wird damit einverstanden sein. Ab wann können wir bei dir einziehen?" „Ab sofort. Für eure Tiere reservieren wir in den Ställen verschiedene Ecken." Wilhelm sah nun einen Lichtstreifen am Horizont und er war nicht mehr ganz so niedergeschlagen. Er fuhr vom Baldenweger Hof auf kürzestem Wege zum Jägerhäusle nach Stegen und brachte seiner Frau die Botschaft.

13. Kapitel

Zuflucht auf dem Baldenweger Hof

Am nächsten Tag trieben Wilhelm, Hannis und der Knecht das Vieh vom Andresenhof und vom Hannesenhof ins vordere Wittental und verteilten es auf die Ställe, die ihnen Stephan zugewiesen hatte. Melchior verbrachte die Nächte auf dem Bankenhof. Seine Verwandten hatten ihm eine Kammer bereitgestellt und für seine Bienen und das Geflügel Raum geschaffen. Er konnte vorerst hier wohnen und bei der Arbeit mithelfen, bis für die Familie Willmann neuer Wohnraum geschaffen war.

Wilhelm holte die geretteten Möbel und Gegenstände mit seinem Fuhrwerk aus dem unbeschädigten Schopf ab und stellte sie auf dem Baldenweger Hof unter. Es kostete ihn eine Überwindung, das Bachmättle zu betreten und am ausgebrannten Gemäuer vorbeizugehen. Die dunklen Fensterhöhlen starrten ihn an und statt des Daches ragten nur noch einige verkohlte Balken in den grauen Winterhimmel. Es waren nur drei Fuhren von unbeschädigtem Mobiliar, das Wilhelm transportierte.

Dann holte er Maria und die Kinder in Stegen ab und sie bezogen die kleine Stube und eine Schlafkammer neben den Räumen Stephans. Das Gebäude enthielt die geräumige Wohnung des Verwalters. Da dieser noch unverheiratet war, konnte er der Familie Willmann zwei seiner Zimmer abtreten. Der Knecht und Hannis kamen bei den Dienstboten unter.

In Freiburg sprach Wilhelm wieder bei Herrn Blattmann im Versicherungsamt vor. „Im Schwarzwald schlägt manchmal der Hotzenblitz ein, wie so schön gesagt wird. Die Bauern wollen den heruntergewirtschafteten Hof erneuern und zünden ihn selber an. Das Anwesen war jedoch noch gut in Schuss und ihr wart neu eingerichtet. Eure Darstellung ist glaubwürdig. Die Polizei hat mehrere Zeugen vernommen und ist zur Erkenntnis gekommen, dass der Hof durch Brandstiftung einer fremden Person niederbrannte. Meine Kollegen und ich bedauern euer Unglück sehr. In den nächsten Tagen kommt ein Schätzer auf euren Grund und Boden, um die Versicherungssumme festzulegen."

Wilhelm fiel ein Stein vom Herzen. Er bedankte sich und besprach abends mit Maria und seinem Freund Stephan, wie sie das versprochene Geld verwenden sollten. Stephan meinte: „Ich würde den Platz vom Melcherhof möglichst bald abräumen lassen, damit ihr nicht mehr so oft an euer Schicksal erinnert werdet.

Danach würde ich an einer anderen Stelle weiter vorne im Wittental neu bauen." Maria gefiel der Vorschlag. „Wenn wir unser Haus an der zentralen Kreuzung am Eingang des Tales errichten würden, könnten die Bauern ihre Milchkannen aus allen Richtungen dort sammeln. Außerdem wäre für den Milchfahrer der Weg nach Freiburg kürzer als vom ehemaligen Melcherhof." „Wir haben aber keinen Grund an der Kreuzung. Wie sollen wir da bauen?" fragte Wilhelm. „ Die Wiese am Falkenbühl gehört zum Dreierhof." Stephan erinnerte sich, was in den Chroniken des Baldenweger Hofes stand: „Südlich des Dreierhofs befindet sich eine Anhöhe. Wir nennen sie den Falkenbühl. In früherer Zeit stand auf ihm eine uralte Burg, die den Rittern von Falkenstein gehörte. Die Falkensteiner waren Lehensmänner des Adelsgeschlechts der Zähringer, welche die Stadt Freiburg gründeten. Sie verteidigten die Stadt zum Höllental und zum Wagensteig hin. Der nicht weit von der Falkenburg entfernte Baldenweger Hof war das dazugehörige landwirtschaftliche Gebäude für ihre Pferde und Dienstboten. Die letzten Ruinen der Falkenburg sollen im vergangenen Jahrhundert abgerissen worden sein.

Jetzt ragt nur noch ein Hügel aus der Ebene, der seinen Namen von dieser Geschichte ableitet. Auf ihm wurde danach wegen seiner sonnigen Lage Wein angebaut. Es wäre ein geschichtsträchtiger und zugleich fruchtbarer Platz. Ritter und Mönche haben sich schon immer die besten Bauplätze ausgesucht“, war Stephans Meinung. „Ich werde morgen mit dem Fehr vom Dreierhof reden. Aber ich kann mir nicht vorstellen, dass er einen Grund verkaufen wird.“

Maximilian Fehr kam gerade aus dem Schweinestall und zog seine schmutzigen Arbeitsstiefel aus, als Wilhelm auf den Dreierhof zuging. „Wie geht's euch denn? Ich habe gehört, ihr wohnt jetzt auf dem Baldenweger. Das ist freundlich von Stephan, dass er euch Unterschlupf gewährt hat. Komm herein, dann trinken wir einen Hefeschnaps miteinander und meine Rosina soll uns eine Vesper richten.“ Wilhelm kam in die Stube mit niedriger Holzdecke und vielen kleinen Fenstern rings herum, vor denen weiße, gehäkelte Gardinen hingen. Die beiden Männer setzten sich an den quadratischen Tisch vor einer Eckbank im Herrgottswinkel. Die Atmosphäre in den Schwarzwaldhäusern war gemütlich und heimelig. So kannte es Wilhelm vom Melcherhof. Auf den Dielen des Bodens saßen ein paar Kinder und bauten aus Holzklötzen Häuser. Dann spielten sie Feuerwehr. Hatten sie diese Einrichtung doch erst vor ein paar Tagen vor ihrer Haustüre erlebt.

In einer Ecke der Stube war ein Holzverschlag ohne Fenster abgetrennt. Die Tür stand offen und man konnte darin nur ein Bett sehen, mehr Möbel hatten nicht Platz. Wilhelm wusste, dass es der Schlafraum des Großvaters war. Sie stießen mit dem Schnaps an und beklagten das Unglück, bis Wilhelm schließlich auf das Thema kam, das ihm unter den Nägeln brannte. „Wir bekommen Geld von der Versicherung und wollen unseren Hof wieder aufbauen. Ich habe mit meiner Familie gesprochen und wir sind zu dem Schluss gekommen, dass wir weiter vorne im Wittental bessere Chancen für unseren Milchhandel hätten. Auf der Südseite des Falkenbühls wäre für uns ein idealer Ort zum Bauen. An der Stelle, wo früher die Ruinen der Falkenburg standen, ist ohnehin uraltes Siedlungsgebiet.“ „Die Flur des Falkenbühls gehört zum Dreierhof. Auf dem Südhang hat mein Großvater noch Reben gepflanzt. Ich verkaufe nicht, wenn du das meinst. Meine Grundstücke sind gerade so groß, dass ich schlecht und recht meine Familie ernähren kann. Ich werde mich nicht verkleinern." Da kam Wilhelm eine Idee. „Wir hatten vor, die Überreste unseres abgebrannten Hofes zu entfernen und das Grundstück zu Feldern einzuebnen. Sie liegen direkt vor deiner Haustüre. Wie wäre es, wenn wir einfach tauschen würden? Du erhältst von uns ein Stück Land von der Weihermatte in derselben Größe wie wir von dir den südlichen Teil vom Falkenbühl." Maximilian Fehr wog den Kopf hin und her, steckte seine Pfeife an und nahm einen tiefen Zug. „Den Vorschlag muss ich überdenken und mit meiner Frau und meinem Vater besprechen."

Als Wilhelm gegangen war, saß der Bauer des Dreierhofs noch lange auf seiner Eckbank in der Stube und sah durchs Fenster auf den Vorplatz, auf dem ein schneebedeckter Birnbaum stand. Sein Blick fiel auf den Bachwaldweg, hinter dem sich die Weihermatte ausbreitete, die erst am Waldrand ein Ende fand. Recht hatte Wilhelm schon, wenn er das so bedachte, dass dieses Grundstück näher am Dreierhof lag, als seine Wiesen am Wittentäler Weg beim Falkenbühl. Zwei Wochen später fuhren Maximilian Fehr und Wilhelm Willmann mit dem Milchwagen nach Freiburg zum Notar, um den Tausch der Grundstücke schriftlich festzuhalten.

Maria half inzwischen auf dem Baldenweger Hof mit. Sie hatte die Küche übernommen und kochte für das gesamte Hofgesinde von etwa zwanzig Personen. Daheim in Stegen hatte sie von ihrer Mutter, die bei Frau von

Kageneck jahrelang im Haushalt aushalf, einige Rezepte abgeschaut. Jetzt dachte sie aber häufig, dass sie hätte noch besser aufpassen und sich mehr merken oder aufschreiben sollen.

Wilhelm machte sich, wenn er mit seinem Milchfuhrwerk aus Freiburg zurückkehrte, auf den Feldern oder im Stall nützlich. Der Knecht und Hannis versorgten ihr eigenes Vieh. Auf Trab waren sie alle von morgens sechs Uhr bis zur Abenddämmerung. Sie fielen ins Bett und schliefen durch bis der Hahn krähte. Nur die Alten, Siechen und Kranken hatten Schlafstörungen. Das Alter begann in jener Zeit oft schon mit 40 oder 50 Jahren, weil die Menschen schlecht ernährt und körperlich abgearbeitet waren.

Bei seiner nächsten Milchfuhre nach Freiburg sprach Wilhelm in einem Baugeschäft vor. Er ließ sich verschiedene Baupläne zur Ansicht mitgeben. Am Abend lud er Stephan ein und sie diskutierten mit Maria die Notwendigkeiten für den Neubau. Die Pläne ähnelten sich alle. Zu dieser Zeit glichen sich die neugebauten Steinhäuser im Dreisamtal wie ein Ei dem anderen. In einem Bauernhaus waren auf jeden Fall zwei Wohnungen erforderlich, denn es wurde immer auch für den Austrag der vorhergehenden Generation geplant. Außerdem brauchte man Räumlichkeiten für die Dienstboten. Sie zogen einen Bauplan mit zwei gleichgearteten Wohnungen übereinander und dem ausgebauten Dachgeschoss in die engere Wahl. Stall und Scheune lagen hintereinander unter einem Dach. Dieses hatte die Form eines Walmdachs, wie es im Schwarzwald üblich war. Neben der Scheune war noch ein Zimmer für den Knecht untergebracht.

Maria gefiel der Plan: „Jede der beiden Wohnungen hat eine Küche und eine gute Stube mit großen Fenstern. Dann gibt es noch in jedem Stockwerk ein Schlafzimmer und ein Kinderzimmer. Das dürfte uns reichen.“ Der Abtritt war als Plumpsklo in einem über zwei Stockwerke gehenden Holzverschlag geplant, wie es damals üblich war. In der Mitte der Giebelseite führte rechts und links eine Steintreppe zur Eingangstüre. Das Treppenhaus verlief zentral und führte vom Keller über zwei Stockwerke bis ins Dachgeschoss, wo eine Räucherkammer für den Speck eingeplant war. In den Stuben sah der Plan jeweils einen Kachelofen vor, dessen Rückseite in der Küche als Backofen für das Brot diente.

Sie entschieden sich schließlich für diesen Plan. Stephan meinte: „Ihr müsst darauf achten, dass der Wohntrakt nach Süden schaut.“ Wilhelm sah das Gebäude schon plastisch vor seinen Augen stehen: „Das ist bei dieser Lage ganz einfach. Wir stellen das Haus entlang dem Wittentäler Weg. Dann schaut die Eingangstüre genau nach Süden und die Wohnstubenfenster liegen nach Süden und nach Westen, wo sich das Tal öffnet und am meisten Licht ins Haus kommt.“ Wilhelm drängte mit dem Neubau, denn er wollte seine Familie möglichst bald wieder in seinem eigenen Haus unterbringen.

Zur Wintersonnenwende, in der Zeit wo die Funkenfeuer entzündet wurden, versammelte sich die Familie zum ersten Spatenstich. Maria meinte: „Unser altes Haus ist durch Feuer zerstört worden. Jetzt beginnen wir ausgerechnet dann mit dem Neubau, wenn die Scheiterhaufen auf den Hügeln brennen. Die Erinnerung an das schlechte, zerstörerische Feuer wird hoffentlich durch die Freude am Funkenfeuer getilgt."

Die Fuhrwerke mit dem Baumaterial rückten aus Freiburg an. Während am Fuße des Falkenbühls die Baugrube ausgehoben wurde, brachen einige Taglöhner und Maurer am Bachmättle die angesengten Mauerreste ab. Gute Bausteine wurden aufgehoben und für den Neubau gestapelt. Dann legten die Handwerker von der Brunnenstube des ehemaligen Melcherhofs eine Wasserleitung an den Falkenbühl. Sie wählten dafür den kürzesten Weg an der Ostseite des Burghügels an einem Graben entlang, der mit Kopfweiden gesäumt war. Nun begannen sie, die Mauern hochzuziehen. Der Stall und die Scheune wurden nicht unterkellert. Die Maurer stellten sie auf das Felsgestein des Burghügels, der einen festen Untergrund bildete.

Bald darauf wurden am Rande des gestampften Kellerbodens die Mauern des Fundaments für das Wohnhaus hochgezogen. Innerhalb weniger Monate erbauten sie den Wohntrakt und den Stall aus Ziegelsteinen. Im Monat Mai saß der Dachstuhl auf dem Haus und das Richtfest konnte gefeiert werden. Die Zimmerleute mit ihren großen schwarzen Hüten steckten ein mit bunten Tüchern geschmücktes Birkenbäumchen auf den Giebel. Die Familie Willmann stellte einfache Tische und Bänke auf und das Gesinde des Baldenweger Hofs freute sich über die warmen Würstchen und das Freibier. Es war ein lustiges, in die Zukunft weisendes Fest.

Zu dieser Jahreszeit trugen die Mädchen schon kurze Ärmel an ihren Trachtenkleidern und die Grillen zirpten abends auf den Wiesen. Alle freuten sich auf einen Neuanfang und es wurden alte Geschichten erzählt und Späße gemacht. Zu fortgeschrittener Stunde standen Emil und sein Bruder auf den Bänken und übertrafen sich im Witzigsein, indem sie wie Kühe die Blumensträuße von den Tischen aßen. Maria hatte ihre Freundin Klärle mit deren Familie eingeladen. Ihre ledige Schwester Johanna begleitete sie. Maria beobachtete, wie Stephan anscheinend Gefallen an ihr fand. Die beiden tauschten erst Blicke aus, bis Stephan sich neben sie setzte und sich lange mit ihr unterhielt. Maria flüsterte Wilhelm zu: „Ich glaube dein bester Freund findet heute Abend sein Glück. Schau doch die beiden an, wie sie turteln.“ „Es wird Zeit, dass Stephan eine Familie gründet. Ein Gutsverwalter ohne Anhang ist wie ein Pferd ohne Zaumzeug.“ Klärle bemerkte die Zuneigung ihrer Schwester auch und freute sich für die beiden.

In den nächsten Wochen vermissten die Dienstboten Stephan öfters auf dem Baldenweger Hof. „Er ist wieder auf dem Mooshof bei seiner Johanna“, vermuteten die

Mägde, die sich teils für ihn freuten, teils eifersüchtig waren. An einem Sonntag im August fuhr Stephan in die Stegener Herz Jesu Kirche zum Gottesdienst, was für ihn sehr ungewöhnlich war und fragte Maria, ob sie ihn begleiten wollte. Johanna kniete sich auf der Frauenseite neben Maria in die Kirchenbank.

Nach dem Gottesdienst wollte Maria ihre Eltern besuchen. Doch Johanna nahm sie auf die Seite und bat sie, gleich mit ihnen zu fahren. Maria begriff, dass diese Begegnung eine ausgemachte Sache war. „Das ist eine Überraschung. Wir verloben uns heute auf dem Baldenweger Hof." Stephan kam dazu und ergänzte: „Die Magd Rosa ist eingeweiht und kocht heute für uns alle. Wir würden uns freuen, wenn ihr mit uns speist." Maria sah gerade ihre Schwester Theresia vorbeieilen und packte sie an der Schulter. „Sag den Eltern viele Grüße. Ich komme am nächsten Sonntag vorbei. Heute geht es leider nicht. Wir sind mittags zum Essen eingeladen." Sie setzte sich mit Johanna neben Stephan auf den Kutschbock und kehrte, ohne im Jägerhäusle abzusteigen, zum Baldenweger Hof zurück.

14. Kapitel

Neubau auf dem Falkenbühl 1911

Das Kartoffelfeuer knisterte. Wilhelm und Stephan hielten Äste mit aufgespießten Kartoffeln in die Flammen. „In diesem Jahr war die Kartoffelerntezeit kurz. Der Kartoffelkäfer nahm uns viel Arbeit ab. Er fraß sich rund und dick und unsere Keller sind leer." „Der Lehrer Metzger kam mit seinen Schulkindern mehrere Tage um sie einzusammeln. Trotzdem konnte das Ungeziefer großen Schaden anrichten. Hoffentlich wird der Winter streng, dass die Schädlinge und ihre Brut erfrieren."

Wilhelm nahm die heiße Kartoffel vom Spieß und verbrannte sich die Finger. Während er immer wieder blies, meinte er: „Mir ist es lieber, der Winter kommt nicht so bald. Wir werden noch vor Weihnachten umziehen. Da brauchen wir keinen Frost." „Meinst du, euer Neubau wird schon bis dahin fertig?" „Die Handwerker haben es uns versprochen. Wir wollen möglichst schnell in den eigenen vier Wänden wohnen und euch nicht mehr zur Last fallen." „Es war eine angenehme Zeit mit euch. Wir verbrachten schöne Stunden miteinander. Ich sah an eurem Beispiel, wie hilfreich und unterhaltsam eine Familie sein kann. So eng es hier in der Wohnung ist, ich bedauere es fast, wenn ihr auszieht. Aber im nächsten Jahr werde ich Johanna heiraten. Dann kommt wieder Leben in die Bude. Durch euch lernte ich meine Johanna beim Richtfest kennen. Ich verdanke euch viel. Wenn du einverstanden bist, wirst du unser Trauzeuge."

Johanna setzte sich über den Brauch hinweg, sich als Verlobte von ihrem Zukünftigen bis zur Hochzeit fernzuhalten. Sie war ein paar Mal auf den Baldenweger Hof gekommen, unter dem Vorwand, Maria und die Kinder zu besuchen. Die vier jungen Leute hatten sich dann zusammengesetzt und sich gut unterhalten. Wilhelm fiel ein, wie hervorragend sich Stephan auch mit ihren beiden Kindern Theresia und Albert verstand. Er hatte immer ein kleines Späßchen auf Lager oder achtete darauf, dass den Kindern auf dem Hof nichts passierte. Stephan würde bestimmt ein treusorgender Familienvater werden. Wilhelm und Stephan starrten stumm in die Glut, während sie ihre mehligen heißen Kartoffeln aßen. Jeder stellte sich in schönen Farben die Zukunft seiner Familie vor.

Maria war wieder schwanger. Das war ein Zeichen, dass sie den Verlust des Melcherhofs einigermaßen verwunden hatten und der Aufenthalt auf dem Baldenweger harmonisch ablief. Sie würde beim Umzug nicht voll einsetzbar sein. Maria half zwar noch täglich beim Kühe melken und kochte für die ganze Mannschaft, aber schwere Arbeiten konnte sie nicht mehr verrichten. Wilhelm würde sich mehr auf seine Männer verlassen müssen. Er hielt sich in den Herbstwochen öfter im Neubau auf. Mit seinem Vater zusammen kalkten sie in den Wohnungen und im Stall die Wände, während das Haus außen verputzt wurde. Sie brachen mit Pickeln Steinbrocken aus dem Felsenhügel, aus welchem der Falkenbühl bestand. Der blanke Fels bildete schließlich die Rückwand für den Platz, den sie für den Misthaufen einplanten. Dann fassten sie die Stelle mit Steinbrocken ein.

Maria kam mit ihren Kindern zur Baustelle und brachte den Männern die Brotzeit. Sie freute sich über den Anblick der Fassade, die sich immer einladender gestaltete. Das Walmdach und die mit Buntsandstein eingefassten Fenster erweckten einen freundlichen Eindruck. Ihr Vater hängte die Fensterläden ein, die er gezimmert und grün gestrichen hatte. Die mit Kassetten verzierte Eingangstüre gefiel ihr auch. Eine Steintreppe führte rechts und links zum Eingang hinauf. Bald wurde ein schmiedeeisernes Geländer vom Schmied aus Zarten geliefert und an der Treppe befestigt. In der guten Stube wurde ein Kachelofen mit grünen glänzenden Kacheln gesetzt, um den auf allen drei Seiten eine gemütlich anmutende Holzbank lief. Auch diese schreinerte Wilhelm Schlegel, der sich häufig auf der Baustelle aufhielt und viele Details ergänzte. Sehr gut gefiel Maria die Stube im ersten Stockwerk, weil sie sehr licht und hell wirkte und den Blick zum Feldberg, zum Schauinsland und bis nach Freiburg freigab. Der Küchenboden fiel durch seine bunten Fliesen ins Auge. Am 11. November, dem Tag des Heiligen Martin, fiel der erste Schnee. Ausgerechnet in dem Jahr, wo sie gezwungen waren, im Herbst umzuziehen, fand der Wintereinbruch so früh statt.

Als drei Wochen später die Temperatur wieder etwas milder wurde, begannen sie mit dem Einzug. Alle halfen zusammen. Die Kühe und die Schweine wurden in den neuen Stall getrieben. Melchior brachte das Geflügel mit dem Wagen vom Bankenhof. Die Bienen durfte er noch

Neubau des Melcherhofs 1911

dort lassen, bis im Frühling ein Bienenhaus gebaut sein würde. Die wenigen Möbel, die gerettet waren, wurden im Erdgeschoss verteilt.

Für Wilhelm Schlegel gab es nun viel zu tun, um die Räume nach den Bedürfnissen der Bewohner einzurichten. Vorerst bezogen sie nur das Erdgeschoss und drängten sich alle um den warmen Kachelofen, wenn sie im Haus waren. Als Maria zum ersten Mal Brot backte und von der Küche aus in das Ofenloch schob, standen die Familienmitglieder um sie herum und sahen erwartungsvoll zu. Als sie einen Keil abschnitten und ihn probierten, sagte Wilhelm: „So gut hat mir schon lange kein Brot mehr geschmeckt. Du bist eine ausgezeichnete Bäckerin, Maria. Aber auch der Ofen scheint der beste auf der ganzen Welt zu sein."

Das Vorratsbrot kam in den Keller, der durch seinen gestampften Naturboden ein kühles Klima mit hoher Luftfeuchtigkeit erzeugte. Sie benötigten täglich mindestens einen Laib für die vier Erwachsenen und die zwei Kinder. Der Keller wurde mit allen verfügbaren Lebens mitteln gefüllt. Die wenigen Kartoffeln, die sie in diesem Jahr wegen des Kartoffelkäfers hatten ernten können, ergänzte Wilhelm durch einen Ankauf auf dem Markt in Freiburg. Dieser wurde nicht nur vom Schwarzwald sondern auch vom Kaiserstuhl und dem Markgräfler Land beliefert. Im Unterland gab es keine Missernte.

Auf der Streuobstwiese am ehemaligen Melcherhof standen Apfelbäume der verschiedensten Sorten. Dieses Stück Grundfläche konnten sie beim Tausch behalten. Die geernteten Früh-, Mittel- und Spätäpfel sortierte Maria in Zeinen. Das waren geflochtene Körbe vom Nitzbauern. Die Äpfel galten als wichtiger Vitaminlieferant für den Winter. Zwiebeln, die Maria im Garten vom Baldenweger Hof angebaut hatte, flocht sie zu Zöpfen und hängte sie vor dem Kellerfenster auf. Maria legte Eier in irdene Gefäße mit Kalk ein. Daneben stellte sie Fässer mit Sauerkraut und Blaukraut, ebenfalls Erzeugnisse, die sie aus dem Gemüse des Baldenweger Gartens hergestellt hatte.

Esskastanien und Eicheln lieferte Wilhelm Schlegel als Schweinefutter. Er sammelte sie schon im September am Buchbühl. Die Schweine waren sehr gefräßig und vertilgten täglich riesige Mengen von gedämpften Kartoffeln, Äpfeln und Küchenabfällen. Wilhelm holte bei Stephan noch einige Speckseiten und eingemachte Blut- und Leberwürste ab, die sie gemeinsam beim Schweineschlachten verarbeitet hatten. Von jetzt ab würden sie das Fleisch wieder alleine konservieren müssen. Bestimmt luden sie sich gegenseitig zur Metzelsuppe ein, die es immer am Schlachttag zu essen gab.

Als Wilhelm auf dem Baldenweger Hof ankam, um die Wurstwaren abzuholen, stand Stephan mit dem Gewehr an der Stalltüre und fluchte. „Ihr könnt froh sein, dass ihr eure Schweine in Sicherheit habt. Seit es wieder geschneit hat, finden die Ratten draußen nichts mehr zu fressen. Sie flüchten sich in meinen Schweinestall und nagen die gemästeten Mutterschweine an. Da schau dir diese Sau an. Sie hat eine große Verletzung und geht mir wahrscheinlich ein.“ Stephan zeigte auf eine riesige Wunde an einem Schweineschlegel. „Diese Ratten sind eine richtige Plage! Ich weiß nicht, wie ich diesen Mistviechern Herr werden soll. Die Tiere sind unheimlich schlau. Wenn ich den Stall ohne Gewehr betrete, ignorieren sie mich und spazieren frech an mir vorbei. Sobald ich mit der Flinte erscheine, verkriechen sie sich in allen Ecken und Winkeln.“

Wilhelm versprach, am Abend zu kommen und Stephan beim Rattenfangen zu helfen. Denn bei Dunkelheit wagten sich die Biester in voller Zahl aus ihren Löchern. Stephan streute Getreidekörner auf den Stallboden, um die Tiere anzulocken und beide Männer lauerten hinter den hölzernen Schweinekoben, bis sich einige Nager an das Futter heranmachten. Als drei Exemplare ganz nahe an Wilhelms Versteck herankamen, stach er mit der Mistgabel zu und spießte eine Ratte auf.

Die Jagd war ein mühsames Geschäft, denn die Kameraden verschwanden in Windeseile in den Mauerritzen. Stephan gelang es, zwei Riesenratten mit dem Spaten zu erschlagen. Sie wiederholten ihre Rattenjagd mehrere Abende, bis der Stall des Baldenweger Hofs annähernd rattenfrei war. Wilhelm war froh, dass sich in ihrem Neubau keine ungebetenen Bewohner einnisteten. Es waren keine Ratten mit den Schweinen in den neuen Stall umgezogen.

Sie freuten sich alle, das Weihnachtsfest in dem neuen Haus feiern zu dürfen. Maria und Wilhelm besuchten um Mitternacht die Christmette in der Herz Jesu Kirche in Stegen. Beiden war bewusst, dass sie Gott zu danken hatten. Nach ihrem Brandunglück im Januar 1911 war es ihnen gelungen, innerhalb eines Jahres einen neuen Hof zu erstellen und am Jahresende einzuziehen. Maria betete auch dafür, dass die anstehende Geburt ihres dritten Kindes gut verlaufen würde. Ihre Freundin Klärle hatte erst vor einigen Wochen eine Fehlgeburt gehabt und wäre beinahe daran gestorben. Viele Frauen waren fruchtbar und bekamen fast jedes Jahr ein Kind. Häufig starben jedoch bei den Geburten entweder die Mutter oder das Neugeborene. Marias Schwangerschaften verliefen bisher ohne Probleme. Sie sah dem freudigen Ereignis deswegen mehr oder weniger gelassen entgegen. Trotzdem waren eine Schwangerschaft und eine Entbindung immer wieder ein Wagnis. Dessen waren sich alle bewusst.

Am 2. Februar kam mit Hilfe einer Hebamme ein strammer Junge zur Welt. Er wurde, wie es üblich war, schon am nächsten Tag ohne Beisein der Mutter getauft. Diese durfte einige Wochen nicht aus dem Haus, bis sie Mitte März in der Stegener Kapelle ausgesegnet wurde. Der Brauch hatte einen religiösen Hintergrund. Vielleicht lag ihm jedoch auch ein Erfahrungswert zugrunde, weil er die Mutter schonen und vor dem manchmal auftretenden Kindbettfieber schützen sollte. Der Junge wurde auf den Namen Franz getauft. Seine Schwester Theresia war inzwischen zweieinhalb Jahre alt und sein Bruder Albert eineinhalb. Da sie vom Alter her sehr eng beieinander lagen, brauchten alle drei Kinder noch viel Zuwendung. Marias Mutter stand während der Kindbettzeit wieder zur Verfügung. Anfangs übernachtete Theresia im Neubau, in dem sie genug Platz hatten. Später brachte Wilhelm Schlegel seine Frau mit dem Fuhrwerk und fuhr sie abends wieder nach Hause.

Maria erholte sich schnell. Am Nachmittag des Ostersonntags bettete sie ihren Säugling in eine Schese, so nannten sie den Kinderwagen und deckte ihn mit einem weißen Spitzendeckchen zu. Den andern beiden Kindern zog sie saubere Kleider an. Maria und Wilhelm prangten in ihrer neuen Sonntagstracht, die sie sich nach dem Brand, dem fast alle Kleidungsstücke zum Opfer gefallen waren, zugelegt hatten. So spazierten sie mit ihrer kleinen Familie die 200 Meter bis zum Baldenweger Hof, um Stephan zu besuchen. Johanna und Maria hatten das Treffen miteinander verabredet. Maria brachte gekochte Eier und einen im neuen Ofen gebackenen Zopf mit und sie setzten sich gemütlich zum Kaffeetrinken zusammen. Sie besprachen zuerst die Hochzeitsfeier, die im Mai stattfinden sollte.

Die beiden Frauen setzten sich mit den Kindern in eine Ecke und spielten mit ihnen. Nebenbei tauschten sie den neuesten Dorfklatsch aus. „Hast du gehört, dass die Magd auf dem Andresenhof ein Techtelmächtel mit dem Bauern begonnen hat. Die Bäuerin hat ihre Sachen gepackt und ist Hals über Kopf in ihr Elternhaus nach Ebnet zurückgekehrt." „Der alte Bauer hat die Magd inzwischen weggejagt. Jetzt kann der junge schauen, ob er sich wieder mit seiner Agnes versöhnen kann. Ich weiß nicht, ob ich da zurückkäme auf den Hof, wenn das mir passiert wäre", meinte Maria.

Die Männer saßen in einer anderen Ecke und führten ernsthafte Gespräche. Der Frieden in Europa war seit der Marokkokrise im letzten Jahr gefährdet und der deutsche Kaiser kein besonders guter Diplomat. Frankreich schritt zur Befriedung innerer Unruhen in Marokko militärisch ein. Deutschland interpretierte dies als Verletzung des

Algeciras-Abkommens und entsandte das Kanonenboot Panther. England und Russland trafen verschreckt Kriegsvorbereitungen. Der Konflikt konnte auf dem Verhandlungsweg beigelegt werden. Frankreich behielt das Protektorat in Marokko, musste aber Gebiete in Französisch-Kongo an Deutschland abtreten. Italien begann einen Krieg gegen die Türkei und annektierte Tripolis. Stephan sagte: „Ich traue unserem Wilhelm II. nicht über den Weg. Bei der nächsten brenzligen Situation wird er seine Kriegsschiffe flott machen. In der Freiburger Zeitung stand ein Artikel über ihn, wie stolz er auf seine U-Boote ist. Ein Foto zeigte ihn bei einer Schiffstaufe. Schneidig schaute er aus mit seiner Pickelhaube, der Uniform und den vielen Orden auf seiner Brust. Aber wenn es zu kriegerischen Auseinandersetzungen kommt, hält er seinen Kopf nicht hin. Dann werden wir eingezogen und dürfen für ihn kämpfen."

Wilhelm brachte täglich die Zeitung aus Freiburg mit und war ebenso auf dem Laufenden: „Die Sozialisten rufen auf zur Mäßigung. Sie setzen sich ein für den einfachen Mann. Aber die lässt der Kaiser nicht hochkommen, weil er befürchtet, dass sie die Monarchie bedrohen. Hoffen wir, dass er sich nicht dazu hinreißen lässt, einen Krieg anzuzetteln." Die Frauen gesellten sich nun auch zu den Männern und lenkten ihre Aufmerksamkeit weg vom politischen Gespräch. Maria erzählte: „Weißt du, was ich in Freiburg gesehen habe, als ich vor kurzem mit dem Milchwagen mitfuhr. In einem Geschäft wurde eine elektrische Waschmaschine vorgeführt. Da brauchst du nicht mehr schrubben und bürsten. Der Strom lässt die Maschine ganz automatisch laufen und sie reinigt die Wäsche von alleine." „Das dauert noch lange, bis diese Maschine in Serie geht. Aber elektrische Glühbirnen sieht man jetzt immer mehr in der Stadt. Im Winter ist das ein Segen, wenn es früh dunkel wird. Da können die Straßen beleuchtet werden", sagte Wilhelm. „Bis der Strom zu uns aufs Land kommt, werden wir alt und grau oder wir erleben es nie. Wir brauchen halt immer noch unsere Ölfunzeln oder Kerzen." Bevor es jedoch dunkel wurde und sie Kerzen entzünden mussten, machte sich die Familie Willmann auf den Heimweg.

Nach Ostern brachte Wilhelm aus der Stadt Bäumchen mit. Sie pflanzten auf der Westseite an die Hausmauer Spalierbirnen und legten davor ein kleines Vorgärtchen an. Im Eingangsbereich nach Süden grub Melchior nahe der Grundstücksgrenze, die mit einem Mäuerchen abgegrenzt wurde, drei Löcher in gleichem Abstand und steckte Kastanienbäumchen. Sie waren einige Meter entfernt vom Haus, sollten Schatten spenden und den Wind abhalten. Daneben, wo der Hügel anstieg, wünschte Maria einen Walnussbaum. Den Gemüsegarten plante sie auf der Anhöhe. Der Südhang des Falkenbühls gehörte zu ihrem Grundstück und bot eine vorteilhafte Lage für den Anbau. „Es wird erzählt, dass hier im letzten Jahrhundert Wein angebaut wurde. Das ist doch der Beweis, wie sonnenverwöhnt dieser Hügel ist. Ich will hier meine Küchenkräuter, Zwiebeln, Paradiesäpfel,

Kukumern und Kartoffeln anbauen. Blumensamen und Blumenpflanzen bräuchte ich auch noch aus der Stadt.“

Wilhelm besorgte alles in Freiburg. Den Humus, der beim Hausbau weggeräumt worden war, verteilten sie auf dem Hang. Marias Vater zimmerte einen Zaun um den Nutzgarten, während Maria empfindliche Gemüsesorten als Pflänzchen im Haus vorzog. Nach den Eisheiligen, Anfang Mai, verteilte sie die Gemüsepflanzen und säte Schmuckkörbchen, Kapuzinerkresse und Wicken. Für den Bibilikäse konnte sie schon bald Petersilie ernten und klein hacken. Ihr Vater baute ein Bienenhaus ganz oben über dem Misthaufen, wo ein Weg zur Tenne hinaufführte. Er strich es bunt an und es leuchtete oberhalb des Gartens über die ganze Anlage hinweg und war von weitem zu sehen. Es dürfte von der exponierten Lage her zu schließen ungefähr die Stelle gewesen sein, an der früher der Bergfried der Falkenburg gestanden hatte.

Melchior konnte nun auch seine Bienenstöcke vom Bankenhof umsiedeln. Der Neubau und die Außenanlage waren so ziemlich fertig, als Ende Mai auf dem Baldenweger Hof eine große Hochzeit stattfand. Nach dem Gottesdienst in der Kirchzartner Kirche spielte die Musikkapelle zum Tanz auf. Der Tanzboden befand sich auf dem Platz in der Mitte des Dreikanthofs. Sie vergnügten sich und tanzten bis spät in die Nacht. Maria und Wilhelm feierten mit ihren Freunden und waren glücklich, dass sie nun auch noch so liebe Nachbarn bekommen hatten. Wenn es die Zeit erlaubte, besuchten sie sich gegenseitig.

15. Kapitel

Kriegsausbruch

In den Jahren 1912 und 1913 kam es zu zwei kurzen Balkankriegen. Die slawischen Völker im österreichisch-ungarischen Riesenreich drängten zur Selbständigkeit. Die Stimmung in Europa war von der Rivalität und dem Rüstungswettlauf unter den damaligen Großmächten Großbritannien, Frankreich und Deutschland geprägt. In Russland hoffte der Zar, durch Krieg mit dem Ausland von den längst fälligen Reformen im Innern des Landes ablenken zu können. Die Bevölkerung verfolgte die Auswirkungen der wachsenden Instabilität in den Zeitungen. Unsicherheit und Ängste verbreiteten sich auch bei den Menschen im Dreisamtal.

Die anfängliche Euphorie der Familie Willmann in ihrem neuen Heim verwandelte sich nicht nur durch die allgemeine unsichere politische Lage langsam in Depression. Marias Mutter erkrankte schwer und starb kurz bevor ihre Tochter ihr viertes Kind zur Welt brachte. Diesmal stand Maria alleine die Wochenbettzeit durch und musste nebenher ihre anderen drei kleinen Kinder versorgen. Sonst lebten ja nur Männer im Haus, die ihrer schweren landwirtschaftlichen Arbeit nachgingen. Der Junge wurde auf den Namen Emil getauft. Er war klein und schwach. Maria bekam eine Brustentzündung und konnte ihn nicht richtig stillen. Sie versuchten, ihn an ein Fläschchen mit Kuhmilch zu gewöhnen. Er wollte jedoch nicht gedeihen. Sein geschwächter Körper konnte einer Infektion, die ihn im Alter von einem Vierteljahr ereilte, nicht widerstehen. Emil wurde ins Grab zu seiner vor kurzem verstorbenen Großmutter gelegt.

Wilhelm Schlegel kam jetzt häufiger zu Besuch und fand Trost bei seiner ältesten Tochter und Ablenkung durch die Mithilfe bei den täglichen Verpflichtungen. Er konnte Zäune aufstellen, Schweine schlachten, Kartoffeln stecken und Mist ausbreiten. Als schließlich ihre Schwester Stefanie nach langer Verlobungszeit mit Sepple Zähringer vom Waldweberhof diesen heiratete und nach Kirchzarten zog, wo ihr Mann wie so viele Bauernsöhne bei der Bahn arbeitete, bot ihm Maria an: „Vater, ich habe mit meinem Mann gesprochen. Er ist einverstanden, wenn du ganz zu uns ziehen möchtest. Wir haben in der oberen Wohnung Platz für dich und meine jüngste Schwester Theresia." „Was wird dann aus dem Jägerhäusle?" fragte er.

Seit Maria aus dem Haus war, wurde in der Schreinerei nicht mehr so viel gearbeitet. Auch die Landwirtschaft hatte sich verkleinert. „Du hast doch nur noch ein paar Kühe und Schweine. Die stellst du in unseren Stall. Vielleicht kannst du das Jägerhäusle verkaufen. In unserem Schuppen bringst du deine Schreinerwerkzeuge unter und wenn es nötig ist, zimmerst du dort."

So geschah es, dass Wilhelm Schlegel mit seiner jüngsten Tochter Theresia in den Neubau zog. Die

Familie Willmann wohnte im Erdgeschoss. Theresia wurde in dem kleinen Kämmerchen über dem Kinderzimmer untergebracht. Melchior, der Großvater väterlicherseits bewohnte die schöne Stube mit dem Kachelofen und dem herrlichen Blick auf Schauinsland und Feldberg. Für Wilhelm Schlegel, den Großvater mütterlicherseits blieb das Zimmer über Willmanns Schlafstube. Die dazwischen liegende obere Küche wurde als Badezimmer benutzt. In dem darüber liegenden Stockwerk befand sich die Räucherkammer für den Schwarzwälder Speck.

Daneben gab es noch zwei ausgebaute Räume. Einen bewohnte der behinderte Hannis, der inzwischen so alt und gebrechlich war, dass er nicht mehr arbeiten konnte und sein Gnadenbrot erhielt. Die zweite Kammer diente vorerst als Abstellraum für die Möbel und Erinnerungsstücke, die Wilhelm Schlegel beim Umzug mitgebracht hatte. Das Jägerhäusle stand nun leer. Später wurde es abgerissen und die drei Töchter erbten das Grundstück. Sie nannten es „das Mättle". Für den Knecht war oben auf der Tenne ein eigenes unbeheiztes Zimmer vorhanden. Maria kochte nun täglich für zehn Personen, die sich in ihrem Hause befanden.

Ihre Schwester Theresia hatte inzwischen das Alter von zwanzig Jahren erreicht. Maria überlegte, dass die jüngste Schlegeltochter nur ein Jahr jünger war als sie selbst bei ihrer Hochzeit. Dabei erschien ihr die kleine Schwester immer noch unreif und verhätschelt. Sie hatten anfangs oft Meinungsverschiedenheiten, weil Theresia als Nesthäkchen gern von Arbeiten verschont und verwöhnt war und glaubte, ihr Prinzessinnendasein weiter führen zu können. Schließlich musste sie aber einsehen, dass sie hier auf dem Hof geduldet und eigentlich wie eine Magd angestellt war. Maria gab ihr Anweisungen und sie hatte sie zu befolgen. So entwickelte sich Theresia mit der Zeit zu einer richtigen Stütze, vor allem als Kindermädchen. Mit der kleinen Nichte, die ihren Namen trug, verstand sie sich schon immer gut. Nun freundete sie sich mit ihren Neffen Albert und Franz an.

Der Familiensegen war wieder einigermaßen im Lot und Maria sammelte Kraft. Sie war zufrieden, dass in Haus und Hof alles seinen geregelten Gang lief und die Arbeiten verteilt waren. Im Frühling 1914 verbrachten Wilhelm und Maria trotz der drohenden Kriegsgefahr noch einige angenehme Monate miteinander. Ein paar Mal fuhren sie gemeinsam mit dem Milchwagen nach Freiburg, wo Maria auf dem Markt ihre Eier verkaufte und die Bibili, so nannten sie die Küken. Auf dem Heimweg kehrten sie meist im Hirschen in Ebnet ein. An einem besonders schönen Sonnentag saßen sie in der Gartenwirtschaft und unterhielten sich, ohne von Verwandten und Dienstboten gestört zu werden. Sie schoben alle Sorgen um die politische Lage zur Seite und alberten herum. Maria sagte: „Ich habe mir heute Seidenstrümpfe gekauft. In einem Geschäft am Münsterplatz preisen sie diese neue Errungenschaft an. Die Frauen neben meinem Stand haben schon Erfahrung damit und sind ganz begeistert. Da sehen die Beine aus, als hätte man keine Strümpfe an." Maria zog die hauchdünnen Nylons aus ihrer Rocktasche und zeigte sie ihm. Als er rasch nach ihnen greifen wollte, rief sie: „Pass auf, die gehen leicht kaputt!" Wilhelm nahm sie in die Hand und ließ seine Finger vorsichtig darüber gleiten. Er meinte: „Die werden wir nachher gleich anprobieren, wenn wir auf dem Heimweg sind." Maria protestierte nicht. Als sie später bei herrlichem Sonnenschein am Waldrand entlang fuhren, hielt Wilhelm an, holte eine Decke aus der Kiste unter dem Kutschbock und befestigte die Zügel an einem Baum. Er strich dem Pferd über die Mähne, um es zu beruhigen und ihm anzuzeigen, dass es etwas Geduld haben musste. Pferd und Kutscher verstanden sich mit Hilfe von Gesten durch ihre täglichen Fahrten nach Freiburg. Maria und Wilhelm liefen ein Stück in den lichten Mischwald hinein und breiteten den Teppich auf dem weichen Moosboden aus. Wilhelm setzte sich und zog Maria zu sich herunter. Zärtlich stülpte er ihr die Seidenstrümpfe über die Beine. Sie umarmten sich und Maria vergegenwärtigte sich später in traurigen Zeiten diesen Augenblick des Glücks.

Ende Juni 1914 kam Stephan aufgeregt vom Baldenweger zum Falkenbühl gelaufen, als Wilhelm noch nicht aus der Stadt zurück war. Er wedelte mit der Zeitung, die der Postillon morgens vorbeigebracht hatte und rief ganz außer sich: „Der österreichische Thronfolger Franz Ferdinand und seine Gemahlin wurden von einem slawischen Nationalisten in der bosnischen Stadt

Sarajewo erschossen. Ich befürchte, dass das den Funken am Pulverfass bedeutet. Da können wir uns auf den Beginn des Krieges gefasst machen." Als Wilhelm bald darauf nach Hause kam, bestätigte er die Mitteilung Stephans, der schon wieder verschwunden war. Er legte Maria die Zeitung vor und sie las die Schlagzeile: „Attentat in Sarajewo – Kriegsgefahr – Wir verlangen eine Bestrafung des Mörders!" Doch die Kontrolle der serbischen Regierung über die Extremisten fehlte. Der Attentäter wurde nicht verfolgt und zur Rechenschaft gezogen. Eine Woche später lasen sie in der Zeitung, dass Kaiser Wilhelm II. seine Zustimmung zu einer österreichischen Aktion gegen Serbien gab. Am 28.Juli 1914 erklärten Österreich und Deutschland Serbien den Krieg. Sie spekulierten, dass die Verbündeten Serbiens nicht kriegsbereit seien, täuschten sich aber. Russland und Frankreich stellten sich hinter Serbien.

Der Ratschreiber von Wittental kam zum Falkenbühl und brachte Wilhelm den Einzugsbefehl. Auch Stephan und noch einige junge Männer aus dem Wittental wurden eingezogen. Die beiden Brüder vom Bankenhof gehörten auch zu den Unglücklichen. Maria richtete in Windeseile einige Sachen her, die sie ihrem Mann mit auf den schlimmen Weg geben wollte und Wilhelm packte einen Tornister. Schweren Herzens verabschiedete er sich von seinen Kindern. Seine Frau brachte ihn am nächsten Tag mit dem Milchfuhrwerk nach Freiburg, wo er sich in einer Kaserne einzufinden hatte. Maria drückte ihm ein Medaillon von der Heiligen Maria vom Lindenberg in die Hand und flehte: „Bete zu ihr, dann wird alles gut." Er biss sie ins Ohr und flüsterte: „Ich liebe dich. In meinen Gedanken bist du bei mir.“ Am großen Eingangstor drehte er sich noch einmal um und winkte. Dann war er für das nächste halbe Jahr verschwunden.

Maria rückte nun noch näher an Johanna vom Baldenweger Hof heran. Sie lasen sich gegenseitig ihre Feldpost vor, die sie ungeduldig erwarteten und spendeten sich Trost. Manchmal kam auch Klärle dazu, die dasselbe Schicksal getroffen hatte. Auch ihr Jockel war im dienstpflichtigen Alter. Marias Knecht wurde vom Hof abgezogen und musste einrücken. Jetzt wurde die Arbeitskraft der beiden alternden Großväter überbeansprucht.

Als Maria an einem Sonntag in der Herz Jesu Kapelle in Stegen den Gottesdienst besuchte, hatte sie Gelegenheit mit Pater Remigius zu sprechen. Er kannte die Familie Schlegel noch aus früherer Zeit durch ihren Mesneronkel. Sie klagte ihm ihr Leid, dass sie ihren Hof ohne männlichen Beistand nicht mehr umtreiben könne. „Ich muss jetzt die Arbeit von Wilhelm übernehmen und täglich die Milch nach Freiburg fahren. Jetzt kocht meine Schwester und passt auf die Kinder auf. Die beiden alten Männer werden der Stall- und Feldarbeit nicht mehr Herr. Ich weiß nicht, was ich tun soll.“ Da wusste der Pater Rat: „Wir haben in Sankt Peter einige Brüder, die sich in der Stallarbeit gut auskennen. Sie wurden nicht eingezogen. Ich werde einen auswählen und euch vorübergehend schicken, bis der Krieg beendet ist.“

In den ersten Monaten klangen die Zeilen, die Wilhelm schrieb, sehr zuversichtlich. Er gehörte dem Infanterie-Regiment Nr. 114 an. Die deutsche Armee war auf dem Weg über Belgien in die Normandie und wies Anfangserfolge vor. Alle dachten, dass die militärischen Auseinandersetzungen von kurzer Dauer sein würden und Deutschland und Österreich als Sieger daraus hervorgingen. Sie hatten sich getäuscht, denn Großbritannien schaltete sich ein und unterstützte die Gegner. Maria wollte ihren Mann durch relativ gute Nachrichten aufheitern und schrieb an die Front: „Lieber Wilhelm, uns geht es den Verhältnissen entsprechend gut. Die Kinder wachsen und gedeihen. Theresia hilft mir schon ein bisschen und fährt manchmal mit mir auf dem Milchwagen in die Stadt. Albert fragt häufig nach seinem Papa. Franz kann immer mehr Wörter sprechen und sagt oft drollige Sätze, dass wir alle lachen müssen. Aber was dich bestimmt besonders freuen wird. Stell dir vor, wir bekommen wieder Nachwuchs. Doktor Gremmelsbacher meint, im Dezember wäre es soweit. Bis dahin ist dieser schreckliche Krieg hoffentlich zu Ende und wir sind wieder zusammen. Um den Hof brauchst du dir keine Sorgen zu machen. Pater Remigius hat mir von Sankt Peter einen guten Knecht besorgt, der sich bei der Arbeit geschickt anstellt. Mein Vater und Melchior unterstützen mich auch nach Kräften und meine Schwester kocht und kümmert sich um die Kinder. Mit Johanna treffe ich mich öfter und wir sprechen uns aus. Ich hoffe wir können uns bald in die Arme schließen. Du fehlst mir sehr, deine dich liebende Maria.“ Sie brachte regelmäßig den Freiburger

Boten mit nach Hause. Es kristallisierte sich heraus, dass die Franzosen heftigen Widerstand leisteten und die deutschen Truppen in Flandern stecken blieben. Kaiser Wilhelms U-Boote schienen nicht die gewünschten Erfolge vorzuweisen. Die Briten kämpften im Mittelmeer gegen die Türkei. Dutzende von Schlachten zwischen Italien und Österreich brachten keine Entscheidung. Beide Großväter lasen die Nachrichten gierig und politisierten miteinander. Maria fuhr hochschwanger noch täglich mit dem Milchwagen nach Freiburg. Melchior bot ihr an, wenn sie ins Kindbett käme, die Fahrten vorübergehend zu übernehmen. Er war diese Arbeit aus früherer Zeit gewöhnt und konnte sich vorstellen, für kurze Zeit wieder ins Fuhrgeschäft einzusteigen.

Am 19. Dezember lief Theresia zum Baldenweger Hof und holte Johannas Hebamme zu Hilfe, als Maria über Wehen klagte. Johanna war auch schwanger gewesen und hatte vor ein paar Wochen entbunden. Ihre Hebamme betreute sie noch im Wochenbett und half ihr im Haushalt. Maria und Johanna hatten verabredet, dass die Hebamme auch am Falkenbühl in Einsatz kommen sollte. Die Geburt verlief problemlos. Der kleine Junge mit dem dunklen Haarschopf sollte den Namen Maximilian tragen. Maria behandelte ihn fürsorglich, war er doch ein Produkt ihrer Liebe zu Wilhelm, den sie schon Monate nicht mehr gesehen hatte. Die Taufe setzten sie an den Weihnachtstagen an. Es war so Brauch, dass die Taufpaten bei allen Kindern dieselben waren. Zur Taufe reiste also in den nächsten Tagen der Getti mit der Eisenbahn aus Buggingen an. Bahnbedienstete waren noch nicht eingezogen worden. Taufpatin, das heißt Gotti, durfte Marias Schwester Stephanie aus Kirchzarten sein. Das Taufessen fand am Falkenbühl statt und bestand traditionell aus Ochsenfleisch, Suppennudeln und Meerrettich.

An Weihnachten durfte Wilhelm das erste Mal zum Heimaturlaub fahren. Er wollte seine Liebsten mit dem Besuch überraschen und war überglücklich, seine Familie und seinen neugeborenen Sohn zu sehen. Die geladenen Verwandten versammelten sich in der Stube und dieses Weihnachtsfest, bei dem es keine Geschenke, nur freudige Umarmungen gab, blieb allen in ewiger Erinnerung. Denn als sie an einer langen Tafel saßen und die Fleischsuppe mit der Nudeleinlage geschöpft hatten, öffnete sich die Eingangstüre und ein Soldat in Uniform stand auf der Türschwelle. Maria kam vor, als sei ihr Mann in der Fremde gewachsen. Er schien abgenommen zu haben und wirkte dadurch größer und hagerer. Sie wankte auf ihn zu und umarmte ihn sprachlos. Die versammelte Taufgesellschaft verstummte. Da begann der Täufling lauthals zu krähen. Das Säuglingsgeschrei schien als Kommando für die Anwesenden zu gelten, in Willkommensrufe auszubrechen. Maria drückte ihrem Mann den Neugeborenen in den Arm. Dieser wiegte ihn hin und her und tanzte mit ihm herum. Als er den Kleinen in seine Wiege gelegt hatte, bemerkte Wilhelm seine drei anderen Kinder. Albert sah seinen Vater bewundernd an und kam zutraulich auf ihn zu. Theresia stand schüchtern in einer Ecke und trat erst nach Aufforderung ihrer Mutter näher und begrüßte ihn. Franz zeigte sich immer öfter als kleiner

Schelm. Er verkroch sich unter dem Tisch und lugte mit fragendem Blick unter der weißen Tischdecke hervor. Maria drängte ihn: „Du kannst dich an deinen Vater kaum noch erinnern. So lange war er fort. Aber gib ihm trotzdem die Hand, Franz!“ Als ihn Maria hervorzog und auf seinen Vater zuschob, salutierte er vor ihm und lachte ihn verschmitzt an. Wilhelm bemühte sich, gelöst und fröhlich zu wirken. Maria aber spürte seine Anspannung und Entfremdung nicht nur ihr gegenüber, sondern seiner heimatlichen Umgebung. Er schien so viel Fremdes erfahren und gesehen zu haben, dass er sich nicht ohne weiteres in seine Rolle als Familienvater einfühlen konnte. Maria und Wilhelm waren nur wenige gemeinsame Tage über die Weihnachtsfeiertage beschieden. Kurz bevor Wilhelm im neuen Jahr 1915 wieder abreisen musste, waren Johanna und Stephan auf dem Falkenbühl eingeladen. Stephan verbrachte auch gerade seinen Heimaturlaub auf dem Baldenweger. Sie zeigten ihr kleines Mädchen her, das von allen Familienmitgliedern umringt und bewundert wurde. Danach präsentierte Maria ihren neugeborenen Max und zog sich dann wieder zum Stillen zurück.

Bald darauf rief Theresia die Familie zum Kaffeetrinken zusammen. Sie hatte aus den letzten Resten der Speisekammer einige Linzer Torten gebacken. Das Kuchenrezept stammte aus der Zeit, als der Breisgau zu Österreich gehörte. Es erwies sich als sehr praktikabel, weil auch in Kriegszeiten, in denen die Lebensmittel knapper wurden, die Zutaten aufzutreiben waren. Mehl wurde rationiert, aber es war zum Brotbacken immer noch in ausreichender Menge vorhanden. Eier legten die Hühner auf dem Hof, Milch lieferten die Kühe und Honig zum Süßen steuerten die Bienen bei. Haselnüsse hatten sie im Herbst am Waldrand auf dem Weg nach Stegen gesammelt und die notwendige Himbeermarmelade stammte von den Beeren aus dem Eichenbühl. In Kriegszeiten zeigte sich die Landwirtschaft als großer Vorteil. Auf den Anwesen waren die Bauern großenteils autark und konnten sich von den Erzeugnissen des Hofes und aus der Natur ernähren. Maria lobte ihre Schwester: „Deine Linzer Torte ist wieder ein Gedicht. Du hast uns allen eine große Freude bereitet." Wilhelm hob seine Schwägerin hoch und wirbelte sie herum: „So vorzüglich wie bei euch daheim habe ich schon lange nicht mehr gegessen. Danke, dass ihr mich so verwöhnt." Er holte mit dem Finger Marmelade vom Kuchen und leckte ihn schmatzend ab. Die Linzer Torte war von fester Konsistenz und sah durch ihr Teiggitter, das über die Marmeladenoberfläche gezogen war, appetitlich aus. Außerdem konnte sie längere Zeit frisch gehalten und aufgehoben werden.

Als sie in der Stube beisammensaßen, bemerkte Maria, wie Wilhelm mit Stephan ernsthaft sprach und vernahm einige Gesprächsfetzen: „Die Bevölkerung glaubt an die Militärmacht und erwartet von uns einen Sieg. Mein Bataillonsführer hämmert uns täglich ein, dass wir als Helden aus dem Krieg hervorgehen werden. Wenn du aber siehst, wie wir den Stellungskampf immer am gleichen Platz führen und nicht vorwärtskommen, fängst du zu zweifeln an", meinte Stephan. Wilhelm wiegte den Kopf und antwortete: „Das darfst du nicht laut sagen, aber du hast recht. Wir haben schon so viele Materialverluste. Von Gefallenen und Verletzten spricht auch kein Mensch, nur von den Kriegshelden. Die Stimmung im Regiment ist auf dem Tiefpunkt. Auch unsere Verpflegung wird karger und wir werden immer mehr vertröstet." Das Gespräch wurde vom Geschrei der Säuglinge unterbrochen und die jungen Paare mussten sich trennen. Die beiden Soldaten umarmten sich und alle im Raum spürten, dass zwischen ihnen ein Einvernehmen war, an dem die anderen nicht teilhaben konnten.

Ihre unaussprechlichen, schrecklichen Erlebnisse am Kriegsschauplatz vertieften ihre Freundschaft. Die Frauen blieben außen vor, denn ihre Männer wollten sie nicht mit Kriegsberichten, die der Wirklichkeit entsprachen, belasten. Was die Reporter in den Zeitungen schrieben, beschönigte und veränderte die Tatsachen. Sie verbreiteten Propaganda. Am nächsten Tag nahm Wilhelm seinen Tornister auf die Schulter, der mit Linzer Torte, Speck und frischem Brot vollgepackt war. Die Bewohner des Falkenbühls standen unter den Kastanienbäumen und winkten Wilhelm nach, den Melchior auf dem Milchwagen nach Freiburg fuhr. Maria, die wegen ihres Kindbetts noch nicht vor das Haus gehen durfte, stand am Stubenfenster und wartete, bis das Fuhrwerk den Waldrand erreichte und hinter den Bäumen verschwand. „Lieber Gott, mach, dass ich ihn wiedersehe!" richtete sie ein Stoßgebet gen Himmel.

16. Kapitel

Opfer des 1. Weltkriegs

Maria übernahm nach zwei Monaten Schonzeit die Milchfahrten nach Freiburg. Melchior war froh, dass er diese ihm lästige Arbeit weitergeben konnte. Als Maria die ersten Male wieder ihre Eier auf dem Münsterplatz verkaufte, bemerkte sie, wie ein Fotoladen eingerichtet wurde. Sich für ein Foto ablichten zu lassen, war seit der Weltausstellung in Paris um die Jahrhundertwende immer beliebter geworden. Es zeugte von Fortschrittlichkeit, wenn man sich fotografieren ließ. Sie bewahrte daheim ein paar Fotos in einer Schatulle auf, die Wilhelm Schlegel vom Jägerhäusle mitbrachte. Ihr Hochzeitsfoto befand sich in der Kassette, die Melchior vor dem Feuer gerettet hatte.

Maria besah sich das Schaufenster des neuen Ladens, in dem viele Soldatenbilder mit Stecknadeln auf einer Holzplatte befestigt waren. Durch den Krieg floriert das Geschäft der Fotografen, überlegte sie. Die Soldaten lassen ihr Foto zur Erinnerung zurück und die Frauen stecken ihre Porträts und Familienbilder in die Tornister, wenn die Männer in den Krieg ziehen. Maria hatte immer Augen und Ohren für neue Errungenschaften. Sie beschloss, ihrem Mann ein Foto von seiner kleinen Familie ins Feld zu schicken und sie vor der Aufnahme im Atelier neu einzukleiden. Nach dem Brand, der alle Kleider vernichtet hatte, war ohnehin Nachholbedarf in Marias Kleiderschrank eingekehrt. Sie fand, es war kein Luxus, wenn die Kinder nicht nur abgetragene Kleidungsstücke von Freunden und Verwandten, sondern auch mal neue Sachen anziehen durften. Nach Ostern sollte die kleine Theresia eingeschult werden. Ihre Tochter würde ein schönes, neues Schulkleid bekommen. Maria überlegte, ob sie sich das leisten konnte. Sie war nicht wohlhabend. Aber es ging ihr besser als so mancher Marktfrau, die neben ihr Waren verkaufte. Täglich bekam sie Geld für die Milch, die sie an die Zentrale lieferte. Milch brauchten die Menschen immer, auch in Kriegszeiten. Es war ein Grundnahrungsmittel, deshalb galt das Milchgeschäft als relativ krisensicher. In den nächsten Tagen entdeckte Maria einen Stoffladen in der Kartäuserstraße. Sie suchte für die Familie Stoffe aus, ließ sie vom Ballen schneiden und lud sie unter den Sitz des Kutschbocks.

Sowohl die Tante, als auch die kleine Theresia bewunderten die Farben der Stoffe und strichen mit den Fingern über den weichen Samt, das gestärkte weiße Leinen, die gehäkelte Spitze, den flauschigen Wollstoff und die glänzende, glatte Seide. Eine Störschneiderin kam aus Kirchzarten und hielt sich zwei Wochen auf dem Hof auf. Sie nähte der Kleinen ein dunkelrotes Wollkleid mit Samtbesatz. Am Hals verzierte sie es mit einem Spitzeneinsatz. Die langen Ärmel waren wie bei einer Tracht an der Schulter angereiht. Vom Ellbogen an abwärts liefen Biesen, die in einem Spitzenaufschlag am Handgelenk endeten.

Theresia war so stolz auf ihr neues Kleid, dass sie den ersten Schultag gar nicht mehr erwarten konnte, an dem sie es das erste Mal tragen sollte. „Als großes Schulmädchen kannst du an Ostern mit mir zur Auferstehungsfeier in die Stegener Herz Jesu Kapelle gehen. Da darfst du dein neues Kleid schon einmal ausprobieren“, sagte Maria. Sie fand, das bordeauxrote Kleid stand ihrer dunkelhaarigen Tochter wirklich gut. Das Mädchen hatte das herzförmige Gesicht ihrer Mutter und deren Haarfarbe geerbt. Ein Mittelscheitel teilte die glatten Haare, die in zwei geflochtene Zöpfe mit roten Zopfschleifen übergingen.

Den beiden Buben Albert und Franz verpasste die Störschneiderin Anzüge mit properen weißen Schleifenkragen. Maria ließ ihnen vom Friseur in Kirchzarten die blonden Haare schneiden. So sahen sie in ihrer neuen Montur ebenfalls gepflegt aus. Ihre Mutter selbst und deren Schwester erhielten neue Trachtenkleider.

Gleich nach dem Osterfest bereitete Maria ihre Kinder für den Gang zum Fotografen vor. Sie zog dem kleinen Max das Taufkleidchen an, das die Geschwister und viele andere Kinder auch schon zur Taufe getragen hatten und legte ihn in einen mit Kissen ausgepolsterten Korb. Den stellte sie zwischen die Kannen auf die Tragfläche des Milchwagens. Die drei größeren Kinder durften ihre neuen Kleider tragen und Maria zog auch ihren Sonntagsstaat an.

So setzten sie sich auf den Kutschbock. Die kleine Theresia nahm ihr neues Büchlein mit, das sie von der Gotti zum Schuleintritt bekommen hatte. Die Kinder sahen während des Fahrens das Bilderbuch an. Dann durften sie alle nacheinander die Peitsche schwingen. Das

Maria mit den Willmann-Kindern, 1915

Pferd reagierte nicht auf die Kinder. „Warum folgt mir der Hans nicht?“ wollte Albert wissen. „Der kennt den Weg auswendig und läuft immer im gleichen Trab.“ Nie mehr würde Theresia die hellen Sonnenflecken vergessen, die durch das Blätterdach auf dem Hexenwegle vor ihnen herumtanzten. Vor allem für die Buben war der Stadtbesuch das große Erlebnis. Sie hatten noch nie so viele Häuser auf einem Fleck gesehen und solch eine Menge von Fuhrwerken. Kirchzarten kannten sie von mehreren Besuchen. Aber Freiburg erlebten sie das erste Mal. Es war einfach grandios. Beim Fotografen Steinhauser wurden sie ins Atelier gebeten. Es war eine längere Prozedur, denn der Säugling auf Marias Schoß wollte nicht stillhalten. Der Fotograf schlüpfte einige Male unter sein schwarzes Tuch und tauchte wieder auf, um auf den passenden Moment zu warten. Schließlich steckte die Assistentin dem Kleinen ein Stück Zucker in den Mund und es gelang, ihn während der Belichtungszeit ruhig zu stellen. „Ihr drei bekommt auch ein Zuckerle, weil ihr so brav wart“, sagte der Fotograf nach der gelungenen Unternehmung und hielt ihnen eine Dose mit Süßem hin.

Eine Woche später konnte Maria ihre Fotos in Empfang nehmen. Sie schrieb Wilhelm einen langen Feldbrief und legte das Foto bei. Zwei Monate später erhielt sie einen Antwortbrief. Die Kinder umringten den Postillon, als er am Donnerstag bei ihnen vorbeifuhr und von seinem Kutschbock stieg. „Ein Brief von eurem Vater aus dem Krieg. Da wird sich eure Mutter freuen.“ Maria kam aus dem Haus und holte die Post ab. Die Kinder durften noch in das Posthorn blasen und das gelbe Fahrzeug entfernte sich in Richtung Stegen und weiter, Wagensteig hoch bis Sankt Peter.

Maria brachte den Brief in die Küche und öffnete ihn mit einem Messer. Sie überflog ihn und las ihn dann den Kindern vor:

„Ihr Lieben,

danke für Euren Brief. Ich freue mich sehr über das schöne Foto. Es steckt in meiner Brusttasche und soll mich beschützen. Vor dem Einschlafen sehe ich es immer an und denke an Euch. Das Leben hier ist anstrengend

und aufregend. Wir haben für unsere Kompanie nur einen einzigen holsteinischen Bauernwagen und kommen deshalb nur langsam vorwärts. Wir mussten eine Menge Patronen in einem Eisenbahnwaggon zurücklassen, weil wir zu wenig Platz auf dem Wagen hatten. Wenn wir nicht kämpfen, halten wir uns in den Zelten auf, denn in den letzten beiden Wochen regnete es ununterbrochen. Überall ist Schmutz und Morast. Wir hoffen, dass es bei Sommerbeginn wärmer und trockener wird. Die Versorgung mit Lebensmitteln ist schlecht. In eines der Zelte haben wir eine Feldküche aus Baumstämmen und einem Kanonenrohrofen gebaut. Ein Bäcker in der Kompanie kann jetzt wenigstens Brot für uns backen. Manchmal erlegen wir Wildenten oder Fasane. Das Wildschwein, das wir gestern jagten, verarbeitet ein Soldat, der von Beruf Metzger ist, zu Würsten. Wenn wir uns nicht selbst um das Essen kümmerten, würden wir verhungern. Das Regiment besteht aus vielen Männern, die alle satt werden wollen. Wenigstens verstehen wir uns gut. Ich habe einige nette Kameraden gefunden. Sonst wäre es hier nicht auszuhalten. Ich lege Euch ein Foto von mir bei, das mich in einer Galauniform zeigt und nach meinem Weihnachtsurlaub in der Kaserne aufgenommen wurde. Schaut es an, damit Ihr nicht vergesst wie ich aussehe. Denn in nächster Zeit werde ich keinen Heimaturlaub mehr bekommen. Hier an der Front ist das Ziel unserer Kommandanten, endlich Gelände zu gewinnen. Da brauchen sie jeden Soldaten.
Ich liebe Euch und denke immer an Euch.

Euer Wilhelm

Dieser Brief sollte für mehrere Monate die letzte Nachricht von Wilhelm Willmann sein. In den Zeitungsberichten, die sowohl Maria wie die beiden Großväter mit großem Interesse verfolgten, war von Giftgaseinsatz die Rede, dann von der Herbstschlacht in der Champagne, die keine Entscheidung brachte. Weihnachten 1915 musste die Familie ohne ihren Vater verbringen. Kurz nach Ostern erhielten sie eine Feldpost, die Wilhelms Heimaturlaub ankündigte. Er schrieb, dass die deutsche Armee in der Schlacht um Verdun im Vormarsch sei und das Fort Vaux eingenommen hätte. Deshalb dürften die Soldaten in der Heimat Kraft tanken, um weiterhin den Durchbruch anzustreben. Der Brief klang optimistisch und alle freuten sich auf den Besuch.

Die Kinder verhielten sich trotz der langen Trennungszeit ihrem Vater gegenüber diesmal zutraulich, weil Maria sie eingehend vorbereitet hatte. Nur der kleine Max, der gerade seine ersten selbständigen Schritte laufen konnte, versteckte sich hinter dem Rock seiner Mutter. Während der ganzen Besuchszeit von zwei Wochen wurde er nicht warm mit seinem Vater. Er hatte sich schon eine eigene Vaterfigur ausgesucht. Der Knecht war kinderfreundlich und verstand es sehr gut mit dem Einjährigen. Er trug ihn auf der Schulter herum und nahm ihn mit in den Stall. Da konnte sich Wilhelm noch so bemühen, so schnell gewann er nicht das Herz des Kleinen.

Für Maria waren die Tage teils erfreulich, teils ernüchternd. Sie kam wieder nicht so richtig an ihren Mann heran und war ihm nicht so vertraut wie früher. Als sie wieder einmal um 5 Uhr vor dem Melken miteinander in der Stube vesperten, lauschte Maria einem Gespräch, das Melchior mit seinem Sohn führte. „Wie schaut es aus an der Front? Werden die Deutschen und die Österreicher bald triumphieren und den Sieg davontragen?“ wollte Melchior wissen. „Ein Bataillon hat im Frühling in Verdun einen Teilerfolg errungen. Mein Regiment jedoch befindet sich nach wie vor im Stellungskampf. Wir stehen immer noch in Flandern und versuchen, die Kanalküste Frankreichs zu erreichen. Es ist schlimm, täglich die verletzten Kameraden neben sich liegen zu sehen und die Toten beerdigen zu müssen. Der Kampf ist grausam. Wir bewegen uns fast immer an derselben Stelle im gleichen Schützengraben und kommen nicht weiter. Du brauchst starke Nerven um durchzuhalten und an einen guten Ausgang zu glauben.“

„Halte dich zurück, mein Sohn, dränge dich nicht in den Vordergrund. Du hast Frau und vier Kinder zuhause, die auf dich warten. Schau, dass du heil aus diesem Krieg zurückkehrst!“ „Vater, ich glaube du kannst dir nicht vorstellen, wie es an der Front zugeht. Du musst dich an zerfetzte Leiber gewöhnen. Wenn du nicht als erster schießt, wirst du erschossen. So brutal geht es da zu. Jeder Soldat muss sich wehren, ob er will oder nicht. Sonst ist er von vornherein dem Tod geweiht. Außerdem steckt das Gemetzel an und senkt die Hemmschwelle. Wenn dein Freund neben dir fällt, bekommst du eine Wut im Bauch und willst ihn rächen.“ „Die Darstellung in den Zeitungen sieht ganz anders aus. Ihr kämpft für Gott, den

Kaiser und das Vaterland und werdet bald siegen." „Das ist Propaganda, damit wir Soldaten nicht aufgeben. Im Heer ist die Stimmung miserabel." Als sie am Abend alleine mit Wilhelm in der Schlafkammer war, trat ihm Maria mit einer gewissen Scheu gegenüber. Er kam ihr schuldig vor und doch hatte sie Mitleid, weil er ja nichts dafürkonnte, dass er im Krieg kämpfen musste. Wenn ein Soldat desertierte, kam er vor das Kriegsgericht und wurde hingerichtet. Er hatte keine andere Wahl, als zu töten. Aber die Vorstellung, dass Wilhelm Menschenleben auf dem Gewissen hatte, entfremdete ihn. Umgekehrt begegnete Wilhelm seiner Maria auch nicht mehr unbelastet. Er war traumatisiert von seinen Erlebnissen und konnte sich in den wenigen Tagen des Heimaturlaubs nicht richtig entspannen.

Maria packte ihm seinen Tornister wieder mit Lebensmitteln voll. Sie hatte Tränen in den Augen als sie sich verabschiedeten und wollte Wilhelm nicht loslassen. Im Herbst kam die Meldung, dass die Franzosen das Fort bei Verdun zurückerobern konnten. Trotz der Durchhalteparolen wurde die Stimmung in der Bevölkerung immer pessimistischer. Millionen Soldaten waren inzwischen in den kriegsbeteiligten Staaten mobilisiert. Die Zeitungen füllten sich seitenweise mit Todesanzeigen gefallener Soldaten. Es waren immer öfter bekannte Namen darunter.

Der Winter 1916/1917 wurde wegen der Entbehrungen und der Hungersnot Steckrübenwinter genannt. Mit der

Zeit machte sich bemerkbar, dass sich über die Hälfte der Erwerbstätigen im Krieg befand und fehlte, um die notwendigen Nahrungsmittel zu erwirtschaften. Viele Soldaten ließen Frau und Kinder in der Heimat zurück. Die Frauen nahmen die Geschäfte der Männer auf und bewährten sich an ihrem Arbeitsplatz. Jedoch zeigte sich, dass die Menge der Arbeitskräfte zu gering war. Es waren halt nur mehr halb so viele Erwachsene im Einsatz, während die Anzahl der hungrigen Kinder gleichblieb.

Die Leute wurden erfinderisch darin, was alles essbar war. In der Stadt nisteten sich in Hinterhöfen Kleintiere ein, wie Hasen, Tauben und Hühner. Jedes Fleckchen Erde wurde mit Kartoffeln, Kohlköpfen und Rüben bepflanzt. An den Wochenenden kamen immer öfter Städter auf die umliegenden Höfe, um sich gegen Bezahlung oder durch Betteln, Lebensmittel zu besorgen. Die Städter gingen zum „Hamstern" auf das Land.

Maria musste sich abschinden wie viele Bäuerinnen, die nun für die Landwirtschaft verantwortlich waren. Sie sah abgemagert und mitgenommen aus. Am Morgen um 6 Uhr molk sie die Kühe, sammelte die Milch ein und fuhr nach Freiburg. Am Nachmittag waren Feld- und Gartenarbeit angesagt und abends wurden die Kühe eingetrieben und gemolken. In der Nacht saß sie oft über der Abrechnung für die einzelnen Bauern, deren Milch sie in die Stadt lieferte. Ihre Schwester Theresia kümmerte sich um die Küche und die Kinder. Der Knecht mistete den Stall aus, fütterte das Vieh und war für die Wald- und Feldarbeit zuständig. Die beiden Großväter halfen überall, wo Not am Mann war, das heißt, sie arbeiteten von früh bis spät. Maria merkte aber immer deutlicher, dass ihnen die Arbeit nicht mehr so leicht von der Hand ging, auch wenn sie sich sehr anstrengten. Wilhelm Schlegel hatte das Alter von 71 Jahren erreicht und Melchior Willmann war inzwischen 76 Jahre alt. Der Ältere von beiden wirkte immer gebrechlicher und war nicht mehr überall einsetzbar.

Im Frühling des Jahres 1917 kehrte Stephan aus dem Krieg zurück. Er war schwer am Bein verletzt. Nachdem er wochenlang im Feldlazarett gelegen hatte, wurde er mit Krücken nach Hause geschickt. Maria überlegte, dass sie sich glücklich preisen würde, wenn ihrem Mann dieses Schicksal auch beschieden wäre. Er konnte Johanna auf dem Baldenweger Hof bei der Arbeit nicht helfen. Aber er war wenigstens anwesend und unterstützte sie moralisch.

Das stellte sich jedoch bald als Fehleinschätzung heraus, als Maria ein Gespräch der beiden mitbekam. Stephan hatte sich sehr verwandelt. Er wirkte unausgeglichen und ungeduldig, weil er behindert war und sich in der Arbeit nicht einbringen konnte. Johanna war unglücklich in ihrer Ehe und schüttete bei Maria ihr Herz aus: „Wir streiten die ganze Zeit. Manchmal wäre ich froh, Stephan kehrte wieder zum Heer zurück. Er ist so unzufrieden, weil er nicht arbeiten kann.“

Als Wilhelm an Ostern zum Kurzurlaub nach Hause kam, hatten sich die beiden Männer viel zu erzählen. Johanna meinte: „Wenn sich Stephan mit Wilhelm unterhält, ist er auf einmal ganz normal. Redet er über seine Kriegserlebnisse, wird er gesprächig und aufgeschlossen. Mir gegenüber benimmt er sich als wäre eine Mauer zwischen uns.“ Maria konnte ihren Eindruck bestätigen: „Die Männer haben im Krieg Erfahrungen gemacht, die sie nicht mit uns teilen können, weil wir nicht dabei waren. Ich glaube aber, sie brauchen diesen Austausch mit Leidensgenossen und Kriegskameraden, um die Bilder aus ihrem Kopf loszuwerden.“

Als Wilhelm abreiste, zeichnete Maria ein Kreuzzeichen auf seine Stirn, um ihn zu beschützen. Sie betete von nun an jeden Abend nach dem Essen in der Stube den Rosenkranz. Die beiden Großväter sorgten sich ebenso sehr um Wilhelm und schlossen sich meist ihrem Gebet an. Die Rosenkranzzusammenkunft wurde am Falkenbühl so zur Gewohnheit, dass sich ab und zu auch Johanna und Stephan dazu einfanden. Im Mai pilgerte Maria mit den beiden Kindern Theresia und Albert auf den Lindenberg, um die Heilige Maria um den Schutz ihres Mannes im Krieg anzuflehen. Anfang August kam der Ratschreiber und brachte ein Formular, auf dem stand, dass Wilhelm am 29.7.1917 in Lambartzyde in Flandern gefallen war.

17. Kapitel

Kindersegen

In den nächsten Monaten verfolgte Maria den Kriegsverlauf kaum noch. Wenn sie am Baldenweger Hof eine Zeitung liegen sah, waren seitenweise Gefallenenmeldungen aufgereiht. Sie wollte sie nicht sehen. Maria fühlte sich erstarrt und funktionierte, nahm aber keinen Anteil mehr an den Kriegsereignissen. Stephan war nach seiner Verwundung, die einigermaßen ausgeheilt war, wieder an die Front zurückgekehrt. Johanna verrichtete ihre Arbeit auf dem Hof wie Maria auf dem ihren. Die Frauen schufteten in der Landwirtschaft und hatten immense körperliche Arbeit zu leisten. Sie waren täglich vor die Aufgabe gestellt, ihre Familien durchzubringen und kamen kaum zur Besinnung, über ihr Schicksal nachzudenken. Die wenigen ruhigen Minuten nützten sie zur Meditation und beteten Rosenkranz, wobei sie sich mit dem Abfädeln der Perlen und dem eintönigen Gemurmle der Gebetsformeln einlullten und beruhigten, sodass sie danach müde in die Kissen sanken, entspannen und schlafen konnten. Beim Erwachen stand die Tragik aller Probleme wieder vor ihnen und der nächste Tag musste bewältigt werden.

Für Maria bedeuteten die Kinder Trost und Zukunft. Für sie lohnte es sich, zu leben und zu arbeiten. Der Vater half ihr, wo es ging, bei der Arbeit auf dem Hof. Doch allein schon seine Anwesenheit hätte für sie Unterstützung bedeutet. Die Aufgabe, ihre Großfamilie versorgen zu müssen, verlieh ihr Kraft. Maria führte ihre Milchfahrten fort, kaufte aber keine Waren ein, weil es in der Stadt nichts mehr zu holen gab.

Seit Wilhelm vor vier Jahren in den Krieg gezogen war, konnte sie auch immer weniger Erzeugnisse zum Verkauf in die Stadt mitnehmen. Das Brot und die Butter, die sie auf dem Hof herstellten, deckten gerade einmal ihren Eigenbedarf. Die Kartoffeln benötigten sie als Schweinefutter. Wurde alle heilige Zeiten ein Schwein geschlachtet, diente es der eigenen Versorgung.

Immer mehr Städter kamen vorbei und bettelten um Essbares. Sie brachten Wertgegenstände mit, die sie als Gegenleistung anboten. Maria gab ihnen häufig etwas mit, obwohl sie selbst kaum mit dem Essen um die Runden kamen. Dies war gelebte Nächstenliebe, dachte sie.

Einige Monate, nachdem Wilhelm gefallen war, trat eine elegant gekleidete Dame in die Küche zu Maria, die gerade Kartoffeln gemischt mit Esskastanien für die zwei Schweine dämpfte, die sich noch im Stall befanden. Die Besucherin stellte sich als Frau Henninger vor. Maria hatte sie schon flüchtig bei Johanna kennen gelernt. Sie wohnte vorübergehend auf dem Baldenweger Hof, wie so manche reichen Leute, die sich auf das Land zurückgezogen hatten, um etwas zu knacken und zu beißen zwischen die Zähne zu bekommen. Sie suchte mit ihrem Mann Unterschlupf, um den Kriegswirren aus dem Wege zu gehen und beschönigte diesen Umstand, indem sie ihn Sommerfrische auf dem Lande nannte. In den Städten darbte derweilen die Bevölkerung. Die Kinder Theresia und Albert saßen am geschrubbten Küchentisch und übten mit dem Griffel auf ihrer Schiefertafel die spitzen Buchstaben der deutschen Schrift. Maria legte großen Wert darauf, dass ihre Kinder die Aufgaben ordentlich durchführten. Für sie waren die Ausbildung und die Erziehung der Kinder fortan oberstes Gebot und Lebensinhalt. Sie sah es als Sinn ihres Lebens an, aus ihnen anständige und lebenstüchtige Menschen zu machen.

Frau Henninger nahm diese Lebenseinstellung wahr. Sie fragte, ob sie sich setzen dürfe und unterhielt sich mit den Kindern. „Was lernt ihr gerade in der Schule? Schreiben könnt ihr ja schon sehr schön. Das sehe ich auf eurer Schiefertafel. Habt ihr auch schon rechnen gelernt?“ Theresia stellte Albert Plus und Minusaufgaben und er löste sie. Dann leierte sie das Einmaleins herunter, das sie bei Lehrer Metzger auswendig gelernt hatten. Stolz über das Lob sagten die Kinder miteinander einen Spruch auf: *„Eins zwei drei, bicke backe Ei, bicke backe Pfannenstiel, sitzt a Männli in der Mühl, het e staubig Hütli uf, s lit a neue Pfennig druf.“*

Da sprangen Franz und Max barfüßig in die Küche und zum Ausgang wieder hinaus. Sie trugen weißblau gestreifte Spielhosen, die vorne bis zum Hals zugeknöpft waren. Beide Buben hatten kurzgeschorene braune Stoppelhaare und waren von der Sonne braungebrannt, hielten sie sich doch häufig im Freien auf. Als die beiden Buben sich ausgetobt hatten, setzten sie sich neben ihre Geschwister auf die Bank und sahen neugierig den

Besuch an. Frau Henninger fiel auf, dass die vier Kinder trotz ihrer einfachen Werktagskleidung gepflegt und sauber wirkten. Der Jüngste sah sie mit pfiffigen braunen Augen an und zupfte an ihrem schönen blauen Stadtkleid aus der Vorkriegsmode, das Frau Henninger trug. Er mochte so etwa drei Jahre alt sein und fragte: „Wer bist du?" „Ich bin Frau Henninger und komme aus der Stadt. Jetzt wohne ich mit meinem Mann auf dem Baldenweger Hof." „Hast du auch Kinder?" wollte Franz wissen. „Nein, wir haben leider keine Kinder. Das ist schade. Wir hätten gerne welche. Aber bis jetzt wurden uns keine Kinder beschieden."

Frau Henninger tat es leid, dass sie den Kindern keine Süßigkeiten schenken konnte. Denn solche Leckereien gab es seit Jahren nicht mehr zu kaufen. Sie erinnerte sich an einige Spielsachen aus ihrer Kinderzeit, die sie vor dem Krieg auf dem Speicher in ihrem Haus in Freiburg verstaut hatte und nahm sich vor, ihren Dachboden nach Brauchbarem abzusuchen. Sie fand eine Porzellanpuppe, die sie Theresia bringen wollte und ein paar Holzkreisel. Die Peitschen konnten die Buben ja aus Schnur und Stecken selbst basteln, dachte sie. Ein altes Steckenpferd mit einer Bürstenmähne kramte sie auch noch hervor. Die Farbe war schon ziemlich abgewetzt und auf einer Seite fehlte ein Glasauge. Aber sie war sich sicher, dass sie den Kindern auf dem Falkenbühl damit eine Freude bereiten konnte.

Frau Henninger sprach mit ihrem Mann über ihre Erlebnisse auf dem Falkenbühl und dass sie die netten Kinder in ihr Herz geschlossen hatte. Von Johanna wusste sie, dass Maria Kriegerwitwe war. Sie hatte beobachtet, wie abgezehrt und mitgenommen Maria wirkte. Neben ihren vier Kindern hatte sie zwei Großväter und ihre Schwester Theresia durchzubringen. Der alte Hannis war inzwischen gestorben. „Diese zarte Frau ist Witwe und ernährt mit ihrem Milchhandel ihre Großfamilie. Sie fährt jeden Tag in die Stadt zur Milchzentrale“, erklärte sie ihrem Mann. „Wie wäre es, wenn ich ihr den Vorschlag machen würde, dass wir den Kleinsten adoptieren, da wir doch selbst keine Kinder bekommen werden, wie mir mein Arzt bestätigt hat. Dann hätte sie ein Kind weniger zu versorgen. Der kleine Max erscheint mir aufgeweckt. Außerdem ist er hübsch wie seine drei Geschwister. Er ist noch in einem Alter, in dem ein Kind sich schnell umgewöhnt und seine Heimat vergisst. Was meinst du?“ „Wir haben vor, nach Amerika auszuwandern. Da müssten wir ihn mitnehmen. Ich denke, das wäre eine starke Umstellung für das Kind.“ „Ich sehe die Auswanderung eher als Chance. Was hat er in diesem Einödhof mit dem Besuch einer einklassigen Schule für Zukunftsaussichten? Wir würden ihm die beste Erziehung und Ausbildung angedeihen lassen.“ „Wenn dir der Junge gefällt, dann bringe ihn mit, dass ich ihn mir auch mal anschauen kann. Über die Möglichkeit einer Adoption haben wir uns ja vor längerer Zeit schon geeinigt“, meinte Herr Henninger.

Einige Wochen später erschien seine Frau zur Mittagszeit auf dem Falkenbühl. Die ganze Familie saß auf einfachen Bänken um den langen Holztisch in der Küche, den Wilhelm Schlegel aus einem Holzbrett gezimmert hatte. Nur an Sonn- und Feiertagen wurde in der Stube gegessen. Jeder hatte einen Suppenteller vor sich stehen und alle brockten Brot in die warme Milchsuppe, die sie bedächtig auslöffelten. Maria bot Frau Henninger auch einen Teller an, den diese ablehnte. Sie wollte den armen Menschen nicht ihr karges Mittagsbrot schmälern, hatte sie doch bei Johanna schon Kaiserschmarrn zu Mittag gegessen. Mehl, Eier, Milch und Kartoffeln waren die Essensgrundlage auf dem Lande. Aus diesen Lebensmitteln hatten die Bäuerinnen ein Mahl zu zaubern. In der Stadt fehlten sogar diese Grundnahrungsmittel oder waren zumindest knapp. Maria war schon fertig mit Essen, erhob sich, führte Frau Henninger in die Stube, bot ihr einen Stuhl an und schloss die Türe. „Ich möchte gerne mit Ihnen sprechen, Frau Willmann“, begann diese. „Ich bin begeistert von ihren netten Kindern und habe meinem Mann von ihnen vorgeschwärmt. Leider sind wir kinderlos. Wir suchen schon lange nach einem Jungen, den wir adoptieren könnten. Mein Mann möchte gerne, dass sein Name weiterlebt, denn er hat keine Brüder. Nachdem ich gehört habe, dass Sie Kriegerwitwe sind und Ihren Hof alleine umtreiben und so viele Mäuler stopfen müssen, habe ich mir gedacht, dass Sie vielleicht gar nicht abgeneigt sind, ein Kind weniger großziehen zu müssen. Ich dachte an Ihren Jüngsten, den Max. Sie hätten ja dann immer noch drei Kinder. Der Junge hätte bei uns eine glänzende Zukunft zu erwarten. Wir haben vor, nach Amerika auszuwandern, weil uns dieses Kriegschaos in Deutschland deprimiert. Mein Mann hat dort Besitzungen geerbt und wir könnten dem kleinen Max eine ausgezeichnete Schulbildung angedeihen lassen. Er wäre später einmal ein wohlhabender Mann als Max Henninger. Geben Sie dem Buben diese Chance, er ist noch klein und wird sich schnell umgewöhnen.“

Maria fühlte sich vor den Kopf gestoßen. Ihren kleinen Max wollte ihr diese feine Dame wegnehmen. Was stellte die sich vor! Sie mochte schlechte Zeiten durchleben, aber deswegen ein Kind hergeben? Das käme Maria nicht in den Sinn. Ihre vier Kinder waren das Vermächtnis von Wilhelm Willmann. Sie würde ihre Kinder mit Klauen und Zähnen verteidigen. Nach diesem Gespräch würde sie sich noch mehr für sie einsetzen, damit etwas Gescheites aus ihnen würde. „Das ist eine ganz schöne Anmaßung, Frau Henninger. Warum glauben Sie, würde ich eins meiner Kinder hergeben? Ich bringe sie alle durch und wenn ich bei Tag und bei Nacht arbeiten muss. Das bin ich schon meinem im Krieg gefallenen Mann schuldig, dass ich seine vier Kinder zusammenhalte und für sie sorge. Außerdem liebe ich meine Kinder. Ich würde keines davon weggeben. Nein, Frau Henninger, da helfen ihre Überredungskünste nicht.“

Frau Henninger fuhr ein paar Tage später mit einem Leiterwägelchen vor und brachte die Spielsachen, die sie auf ihrem Speicher gefunden hatte. Theresia freute sich über die Puppe mit dem Porzellankopf und den echten Haaren. Diese trug ein zwar etwas vergilbtes weißes Spitzenkleid, doch das Mädchen besaß noch nie eine solche Kostbarkeit und bedankte sich überschwänglich. Albert und Franz erhielten jeweils einen Kreisel und gingen gleich ans Werk, um sich Schnur und Stecken zu besorgen. Der kleine Max, den Frau Henninger ins Herz geschlossen hatte, wusste nichts von seinem verhinderten Schicksal. Er hüpfte vor Freude mit dem etwas ramponierten Steckenpferd in den Stall hinaus und zeigte es dem Schimmel Hans. Großvater Wilhelm versprach, es zu reparieren. Bald darauf brachte der Postillon eine Einladung zum Notar nach Freiburg. Maria verband die Vorladung mit ihrer täglichen Stadtfahrt. Nach dem Tod ihres Mannes wurde ihr der Hof und alle Liegenschaften zur Hälfte überschrieben. Die andere Hälfte der Erbschaft gehörte fortan ihren vier Kindern. Die Erstkommunion am Weißen Sonntag im Jahr 1918 feierten Theresia und Albert gemeinsam. Zwei Jahrgangsstufen wurden immer zusammengefasst. Die Kinder empfingen in der St. Gallus Kirche in Kirchzarten zum ersten Mal den Leib des Herrn. Denn Wittental gehörte zu diesem Kirchspiel. Die Verwandten sowohl von Wilhelm Willmanns Seite, voran der Getti aus Buggingen als auch die Familie von Marias Schwester Stephanie Zähringer, die Gotti, waren eingeladen. Da bei Gefallenen keine Beerdigung stattfinden konnte, waren diese doch im Feindesland irgendwo verscharrt worden, glich dieses Familienfest eher einer Trauerfeier. Beim Tischgebet wurde dem Toten gedacht und gegen Abend, bevor die Verwandten aufbrachen, versammelten sich alle in der Stube zu einem Rosenkranz für Wilhelm Willmann. In der Woche nach der Feier nahm Maria die beiden Erstkommunikanten mit in die Stadt und ließ sie bei ihrem Fotografen Steinhauser ablichten.

Ab und zu hatte Maria nun wieder ein Ohr für den Kriegsverlauf. Es war eine allgemeine Kriegsmüdigkeit

Erstkommunionfoto von Theresia und Albert Willmann, 1918

zu spüren und alles sehnte sich nach Frieden und geordneten Verhältnissen. Sie las Schlagzeilen über den „Schwarzen Tag des deutschen Heeres" und den „Rückzug in die Siegfriedstellung". Im September des Jahres 1918 verlangten Hindenburg und Ludendorff einen Waffenstillstand von US-Präsident Wilson. Der deutsche Kaiser Wilhelm II., der durch seine Euphorie mit seiner U-Boot-Flottille im Endeffekt den Ersten Weltkrieg mit zu verantworten hatte, saß im Exil in Holland. Er kümmerte sich während des gesamten Kriegsverlaufs wenig um die Front. Das Entziffern der Hethiter-Sprache zum Beispiel solle ihm wichtiger gewesen sein als der ganze Krieg. Das Prunken in verschiedenen Uniformen mit Orden und Schulterklappen und ihr mehrmaliger Wechsel den Tag über bedeuteten ihm mehr als die Berichte über Grabenkämpfe. Dieses Verhalten brachte ihm den Spottnamen „Wilhelm der Letzte“ ein. Der Ex-Kaiser ließ 59 Eisenbahnwaggons von Berlin-Potsdam nach Holland verfrachten. Er nannte das deutsche Volk eine „Schweinebande“ und das neue politische, gesellschaftliche System eine „Sau-Republik“. Als solche Berichte über den ehemaligen Regenten und Kriegstreiber durchsickerten, konnte man sich vorstellen, dass dieser nie wieder deutschen Boden betreten würde.

Die Großväter auf dem Falkenbühl haderten mit dem Schicksal. Sie waren mit der Ehrfurcht vor dem Kaiserreich groß geworden und fühlten sich verraten. Melchior donnerte: „Mein Sohn hat für diesen elenden Blaublüter den Kopf hingehalten und ist im Krieg gegen Frankreich gefallen. Nachdem der Kaiser den Krieg verliert, was ihn wenig berührt, beschimpft er sein Volk und tritt es mit Füßen. So ein Verräter! Der gehörte standrechtlich erschossen, so wie er es mit fahnenflüchtigen Soldaten gemacht hat!“ Melchior litt sehr unter dem Verlust seines Sohnes. Er war inzwischen 77 Jahre alt und seine Kraft ließ zusehends nach. Er saß meist auf seinen Stock gestützt auf einem Stuhl unter dem Walnussbaum und ließ die Sonnenstrahlen seine durch den Rheumatismus gequälten Gliedmaßen streicheln. Als Arbeitskraft war Melchior vom Tag der Todesnachricht an nicht mehr einzusetzen. Wilhelm Schlegel dagegen erreichte gerade das Alter von 72 Jahren und unterstützte seine Tochter bei der Arbeit auf dem Hof noch mehr denn je. Er resignierte nicht wie Melchior, ihm gab die Misere einen Energieschub. Am 23. September 1918 starb Melchior Willmann, vierzehn Monate nachdem er seinen Sohn zu beklagen hatte. Er hätte nicht mehr lange aushalten müssen, um den Waffenstillstand zu feiern. Wilhelm Willmann wäre dadurch auch nicht mehr zum Leben erweckt worden. Diesmal konnte wenigstens vom Toten Abschied genommen werden. Alle Bewohner des Wittentals wechselten sich an den drei Tagen ab, an denen Melchior in der besten Stube aufgebahrt lag, um für ihn Rosenkränze zu beten. Die vier Kinder beteiligten sich auch daran. Sie liebten ihren Melcher-Opa, der ihnen Geistergeschichten erzählt und das Imkern gezeigt hatte. Der kleine Max ging unbedarft auf den Leichnam zu, streichelte seine Hand und legte ihm ein paar schöne Steine auf das weiße Laken, die er für ihn gesammelt hatte. Franz mit seinen sechs Jahren hatte auch noch keine Scheu vor dem Tod und sagte: „Lieber Opa, wenn du im Himmel bist, richte dem Papa viele Grüße von uns aus. Sag ihm, dass er auf uns aufpassen soll, wenn die Mama uns alleine lässt und in die Stadt fährt. Er soll dem lieben Gott sagen, dass der Krieg endlich aufhören soll. Lebe wohl, Opa."

Der schwarze offene Leichenwagen stand vor der Türe mit dem Leichenbestatter auf dem Kutschbock und dem vorgespannten Rappen. Als der Sarg aufgeladen war, folgte der Leichenzug pietätvoll und in geordneter Formation dem schwarzen Gespann von Wittental über

Zarten zum Kirchzartner Friedhof. Melchior wurde neben seine Frau Eleonora gebettet.

Die Meuterei der Kriegsflotte, die sich bald auf das ganze Land ausdehnte, verursachte das Kriegsende. Im Herbst 1918 dankte der Kaiser ab und über die Regentschaft des Hohenzollernhauses war nur noch in den Geschichtsbüchern nach zu lesen. Am 11. November, dem Martinstag, unterzeichneten die Deutschen den Vertrag zur Waffenruhe. Doch die Hungerblockade sollte weitergehen. Es waren sehr schlechte Zeiten. Immer mehr Stadtbürger pilgerten zum Baldenweger Hof und an den Falkenbühl, um zu hamstern und ein paar Lebensmittel zu ergattern. Im Januar 1919 fand die Wahl zur Verfassung gebenden Nationalversammlung statt. Theresia brachte von ihrem Lehrer Metzger die Mitteilung von der Schule heim: „Am 11. August tritt die Verfassung in Kraft. Wir leben jetzt in einer Republik."

Auf dem Lande spürte kaum jemand etwas von dieser Neuerung. Sie litten weiterhin unter starken Repressalien und in Freiburg gab es immer noch nichts zu kaufen. Auf dem Falkenbühl hielt sich in letzter Zeit öfters ein Rossknecht vom Baldenweger Hof auf. Stephan war noch immer nicht von der Gefangenschaft in Frankreich zurückgekehrt und Johanna stellte Knechte ein, um ihren großen Hof umzutreiben. Sie warnte Maria: „Der Andres hat ein Auge auf deine Schwester Theresia geworfen. Ich ertappte die beiden erst kürzlich in flagranti im Heu." Maria lernte den Andres näher kennen, als die zwei Frauen gemeinsam die Ernte der beiden Höfe einbrachten. Sie erlebte ihn als zuvorkommenden, freundlichen Mann, der sich als dritter Sohn von einem Schwarzwaldhof auf dem Baldenweger verdingt hatte. Er war groß gewachsen und breitschultrig, gerade so, wie die Frauen es sich in der männerlosen Zeit erträumten. Schließlich trat ein, was Johanna befürchtet und wovor sie Maria gewarnt hatte. Theresia wurde schwanger. Maria sprach mit Andres, da sie sich als Vormund ihrer Schwester fühlte, die ihr Leben noch nie selbständig in den Griff bekommen hatte. „Ich kann Theresia im Augenblick in diesen schlechten Zeiten nicht ernähren. Meine Herrin hat mir zwar angeboten, uns eine Unterkunft zur Verfügung zu stellen. Aber lassen wir erst mal das Kind kommen. Dann sehen wir weiter und können immer noch heiraten." Maria wollte Theresia eigentlich auch nicht hergeben. Sie gehörte zur Familie und versorgte ihre Kinder, während sie in Freiburg weilte. Sie wollte dem Glück ihrer Schwester aber nicht im Wege stehen. Theresia sollte selbst entscheiden.

Schließlich brachte die Schwester ein kleines Mädchen zur Welt. Alle bewunderten das hübsche blonde Kleinkind. Die drei Schlegelschwestern hatten dunkle Haare und die Kleine zeigte einen hellblonden Schopf wie sein Vater. Jetzt waren fünf Kinder auf dem Falkenbühl zu ernähren. Drei davon hatten im Neubau das Licht der Welt erblickt. Die ersten beiden wurden noch auf dem alten Melcherhof geboren, ein bis zwei Jahre bevor er abbrannte. „Wir werden das schon schaffen. Du hast ein niedliches Mädchen geboren. Das bringen wir auch noch groß", tröstete Maria ihre Schwester. „Wenn du einverstanden bist, hebe ich das Kind aus der Taufe und bin seine Gotti." Theresia nannte ihr Mädchen nach ihrer Schwester. Es wurde später zur Unterscheidung der Namen „Mariele" gerufen.

Der Schlegelopa und die vier Willmannkinder standen um den Korb mit der Neugeborenen herum und freuten sich über einen Lichtblick in diesen traurigen Zeiten. Es war, als gewährte ihnen das freudige Ereignis neue Zukunftsperspektiven. Für die strahlenden Kinderaugen lohnte es sich zu leben und all die Mühsal auf sich zu nehmen. Andres kam vorbei und Theresia legte ihm die Kleine auf den Arm. Er stand unbeholfen da in seinem dunkelblau gestreiften Kittel und gab ihr das Kind zurück. Ein Zucken um den Mund verriet, wie gerührt er war. „Wir werden bald heiraten. Dann hat das Kind einen Vater", versprach er Theresia. Andres gab in der Schreinerei Rombach in Kirchzarten Schlafzimmermöbel in Auftrag. Er beschloss, nach der Heirat mit Theresia eine kleine Wohnung auf dem Baldenweger Hof zu beziehen, die ihnen Johanna angeboten hatte. Das Schlafzimmer wurde aufgestellt und Andres zog ein, aber Theresia ließ sich nicht bewegen, vom Falkenbühl wegzuziehen. Im Alter von 26 Jahren war sie immer noch unselbständig und konnte sich nicht vorstellen, ihr Leben in die Hand zu nehmen. Auf dem Falkenbühl war sie in die Familie integriert. Wie sollte Maria ihre täglichen Milchfahrten in die Stadt bewerkstelligen, wenn Theresia nicht daheim für die Kinder den Haushalt führte? So kam es, dass Mariele bei ihrer Base und ihren Vettern auf dem Falkenbühl aufwuchs und Andres kam des Öfteren zu Besuch.

18. Kapitel

Das Schwäbische Meer

Nachdem Stephans Beinverletzung verheilt war, kämpfte er noch ein Jahr an der Front. Als Spätheimkehrer aus dem Frankreichfeldzug stand er an einem sonnigen Frühjahrstag im Jahre 1919 vor der Türe des Baldenweger Hofs. Johanna wartete bereits sehnsüchtig auf seine Rückkehr. Sie hatte mit der Tauffeier des kleinen Sohnes schon mehrere Monate auf ihn gewartet. „Die Weimarer Nationalversammlung stimmte unter dem Druck einer drohenden militärischen Besetzung der Unterzeichnung des Versailler Vertrages zu“, wetterte Stephan, als die Freunde zu einem Wildentenessen auf dem Baldenweger Hof zusammen kamen, um endlich dem Sohn einen Namen zu geben und ihn zu taufen. Der frisch gebackene Vater ging auf die Jagd und war ein guter Schütze. Er pirschte nicht alleine durch das Gehölz. Ganze Völkerscharen trieben sich in den Wäldern herum um Essbares in Form von Wild zu erhaschen. Noch mehr Menschen waren mit Leiterwägelchen unterwegs und sammelten Holz, um damit ihre Kanonenrohröfen und Herde zu füttern. Sie saßen an der improvisierten Festtafel mit dem Täufling und Stephan schimpfte weiter: „Deutschland wurde im Friedensvertrag die Alleinschuld am Ausbruch des Krieges zugesprochen. Deshalb müssen wir die aus dem Krieg resultierenden Verluste und Schulden alleine zahlen. Die Höhe der Reparationszahlungen übersteigt unser Vorstellungsvermögen. Deutschland ist ausgeblutet, was die männliche Bevölkerung betrifft. Wir müssen Gebietsabtrennungen verkraften und nun drosseln die Alliierten unsere Wirtschaft, indem wir alles Kapital abgeben müssen. Wir kommen in den nächsten Jahren nicht mehr auf die Beine!“ Die Zeitungen ließen sich über das Schanddiktat der Alliierten aus, aber den Politikern blieb keine andere Wahl als den Vertrag zu unterschreiben. Sie sprachen von der „Dolchstoßlegende“: Deutschland sei im Kriege unbesiegt geblieben, aber in der Heimat von seinen Politikern verraten worden.

Maria war inzwischen 33 Jahre alt. Sie fuhr täglich ihren Milchwagen nach Freiburg und zurück. Im Stall beschäftigte sie einen Knecht. Wilhelm Schlegel war nach Melchiors Tod sozusagen der Hausherr und Theresia führte während Marias Abwesenheit den Haushalt und versorgte die Kinder. „Ich habe dir ein Mittel gegen Rachitis mitgebracht. Das musst du deiner Kleinen in die Milch mischen. Meinen Kindern habe ich es auch verabreicht, damit sie gesund ernährt werden. Gerade in dieser entbehrungsreichen Zeit sind solche Zugaben notwendig, damit die Kleinkinder nicht unter Mangelerscheinungen leiden“, sagte Maria zu ihrer Schwester. Sie war immer aufmerksam und hellhörig, wenn es um das Wohlergehen des Nachwuchses ging. Trotz der nach dem Kriege immer noch mangelnden Handelsbeziehungen entdeckte sie nun manchmal Schnäppchen auf dem Markt. Die Kinder freuten sich, wenn die Mutter von ihrer Tour Malbücher mitbrachte. Manchmal gab es auch Verlockungen für den Gaumen, einmal ein paar Zuckerwecken, ein

Schulfoto Wittental, 1920, 1 Theresa, 2 Franz, 3 Max

anderes Mal holte sie ein Netz mit Orangen von ihrem Wagen. Diese exotischen Früchte hatte im Wittental bisher noch niemand gesehen, geschweige denn genossen. Allein die Farbe entzückte schon das Auge. Das saftige, säuerlich-süße Fruchtfleisch begeisterte die Kinder. Diese Einflüsse aus der Stadt bewirkten, dass sie wie ihre Mutter Neuem gegenüber aufgeschlossen und neugierig wurden. Das Sprichwort „Was der Bauer nicht kennt, das isst er nicht“ traf nicht auf sie zu. Maria war im besten Alter und im Vollbesitz ihrer Kräfte. Der tägliche Umgang mit fremden Menschen in der Stadt und die Verantwortung für die Familie gaben Maria immer mehr Selbstvertrauen. Von den Kriegswirren hatte sie sich einigermaßen erholt. Das Witwendasein jedoch bereitete ihr Probleme. So sehr sie versuchte, sich voll und ganz auf das Befinden ihrer Kinder zu konzentrieren, es gab Momente, in denen sie sich sehr einsam fühlte. Kinder waren nun mal kein Partnerersatz. Insgeheim beneidete sie ihre Schwester um ihre Liebesbeziehung zu Andres. Maria hätte an ihrer Stelle die Gelegenheit wahrgenommen und wäre mit ihrem Kind zu ihm auf den Baldenweger gezogen. Aber sie war von Kindesbeinen schon unternehmungslustiger und entscheidungsfreudiger als ihre Schwester. Theresia war immer das verwöhnte, unselbständige Nesthäkchen gewesen. Maria entdeckte ihre geheimen Wünsche und Sehnsüchte. Als sie im Winter 1921 mit ihrem Milchfuhrwerk noch bei Dunkelheit losfuhr, erinnerte sie sich an den Nichtsstern und suchte ihn am Himmel. Sie schickte Grüße zu ihm hinauf. „Entschuldige, Heinrich, dass ich jahrelang nicht an dich gedacht habe. Ich war gut verheiratet und sehr beschäftigt. Jetzt bin ich Kriegerwitwe und sehr einsam. Bist du immer noch hinter Klostermauern und schreibst Bücher über Immanuel Kant? Vielleicht musstest du auch einrücken und bist gefallen wie so viele meiner Alterskameraden. Dann triffst du meinen Wilhelm und ihr könnt mir von oben gute Ratschläge erteilen. Es gibt keine Männer mehr. Überall treiben Frauen die Geschäfte um. Niemand hat durch das unendliche Leid gewonnen, das über uns hereingebrochen ist. Wir Frauen, ob in Frankreich oder in Deutschland, müssen nun ohne gleichaltrige Männer leben, harte Arbeit leisten und unsere Kinder großziehen.“ Für Maria war es immer noch schlimm, dass sie keine Grabstätte hatte, wo sie ihren Mann besuchen konnte. Um etwas Trost zu finden, ließ sie auf dem Grabstein von Eleonora und Melchior eingravieren, dass Wilhelm in Lombartzyde gefallen war.

Den Nichtsstern vergaß sie wieder, als die Frühlingssonne sie bei ihrer Fahrt am Morgen begrüßte und die Sterne verblasst waren.

Als sich Maria allmählich mit ihrer Situation als alleinerziehende Mutter abgefunden und ihren Frieden gefunden hatte, geschah etwas Überraschendes. Sie kam täglich an der Bank am Eingang zum Attental vorbei und lud dort die vollen Milchkannen auf. Es war eine schwere Arbeit für eine zarte Frau. Sie fuhr mit dem Wagen jedes Mal ganz nahe an die Bank heran und zerrte die schweren Kannen herüber auf die Ladefläche. In letzter Zeit wartete Albert Sumser vom Hugenhof im Attental an der Bank und half Maria beim Aufladen der Kannen. Kurz vor Pfingsten fragte Albert, ob er sie nicht begleiten und ihr beim Abladen helfen dürfe. Maria wehrte ab und sagte: „An der Milchzentrale holen die Arbeiter die Kannen vom Wagen. Da habe ich keine Probleme und die leeren Milchkannen sind leicht." Maria nahm diesen Albert nicht ernst, war er doch zehn Jahre jünger als sie und knapp über zwanzig Jahre alt. Was wollte so ein junges Bürschchen mit einer vierfachen Mutter anfangen. Maria verwendete keinen Gedanken daran, dass dieser junge Bursch erotische Absichten haben könnte. Albert Sumser ließ jedoch nicht locker mit dem Werben. Ihm gefiel diese junge Frau, die ihren Alltag durchorganisiert und ihr Leben anscheinend gut im Griff hatte. Er selbst war noch zu jung für den Krieg gewesen und arbeitete auf dem Hof seines Vaters. Sein jüngerer Bruder würde einmal den Hof erben. Nach dem hiesigen Erbrecht erhielt im Allgemeinen der Jüngste die Heimat. Die Älteren mussten sich selbst um einen Broterwerb umsehen. War der jüngste Sohn herangewachsen, konnte dieser die Verantwortung für den Hof übernehmen, die Eltern gingen aufs Altenteil und halfen noch ein wenig bei der Arbeit mit. Albert musste sich also um eine Existenzgrundlage umsehen. Eine ansehnliche Witwe mit einem Hof, der männliche Unterstützung brauchen konnte, schien ihm die passende Versorgung. Außerdem hätte ihm Maria auch ohne diese positiven Attribute in ihrer Erscheinung als Frau gefallen. Sie war eine zierliche Person mit einem mädchenhaften Gesicht, die dunklen Haare wie damals für Landfrauen üblich, mit einem Mittelscheitel streng nach hinten zu einem Knoten gekämmt. Stets sauber und adrett gekleidet, saß sie aufrecht auf ihrem Kutschbock und schnalzte energisch mit der Peitsche. Wenn sie nach ihrem Treffen an der Milchbank losfuhr, drehte sie sich mit einer anmutigen Bewegung um und winkte, wobei ihre braunen Augen neckisch blitzten. Oft rief sie: „Danke für deine Hilfe! Vielleicht sehen wir uns morgen wieder?“ Albert überlegte sich, wie er näher an diese Frau herankommen und sie gewinnen könnte.

Am nächsten Tag stand er in seinem Sonntagsanzug mit dunkler Weste und goldener Uhrkette am Bänkchen. Flott sah er aus mit seinem Schnauzbärtchen und seinen sorgfältig zurückgekämmten hellbraunen Haaren. Albert Sumser war fast so groß gewachsen wie Wilhelm Willmann, aber seine Statur nicht so hager, sondern etwas stämmiger. Unter dem hellen Strohhut sah ein fleischiges, braungebranntes Gesicht hervor. „Nimmst du mich heute mit in die Stadt, Maria? Ich habe ein paar Besorgungen zu erledigen.“ So stieg Albert zu ihr auf den Kutschbock und sie fuhren unter den überhängenden Ästen der Laubbäume auf dem Hexenwegele nach Freiburg. „Sollen wir den Platz tauschen?“ fragte er. Maria gab die Zügel nicht aus der Hand: „Der Hans folgt mir aufs Wort. Ich weiß nicht wie er auf dich reagieren würde.“ Maria sah ihn von der Seite an und fand sein Profil ansprechend, aber trotz seiner körperlichen Vorzüge erschien er ihr einfach wie ein Jüngelchen. Sie bemerkte, dass er seine rechte Hand etwas verkrampft hielt, während er sich mit der linken aufstützte. „Hast du dich an der rechten Hand verletzt?“ fragte sie. „Nein, die ist leider von Geburt an etwas verkrüppelt. Aber sie behindert mich kaum.“ Das musste stimmen, denn sie hatte beim Laden der Milchkannen noch nie bemerkt, dass er unbeholfen wirkte. „Darum wurde ich im Krieg auch nicht eingezogen. Einen Vorteil muss es ja haben.“ „Ich dachte, du warst noch zu jung für den Feldzug.“ „Möglicherweise war das noch ein Grund. Ich war vom Alter her gerade an der Grenze.“

Sie überlegte und stellte fest, dass alle Männer, mit denen sie Kontakt hatte, so jung oder noch jünger als Albert waren. Fast alle ihrer männlichen Alterskameraden sind im Feld geblieben. Wenn du überhaupt noch einmal einen Mann haben würdest, musst du dich mit einem jüngeren abfinden, schoss es ihr durch den Kopf. Sie musste ihre Meinung also ändern, was das Alter eines möglichen Freiers betraf. Aber wer kam denn in Frage?

Einen Knecht wie ihre Schwester Theresia wollte sie nicht. Sie würde sich teurer verkaufen. Schließlich besaß sie einen Bauernhof, den sie mit ihren Kindern teilte, war gut versorgt und lebte vom Milchhandel. Der Albert hatte zwar keine Ausbildung wie sie es gerne gesehen hätte. Aber er stammte immerhin aus einem Gut im Attental. Maria beschloss, nicht allzu abweisend zu sein, sollte er ihr Avancen machen. Als sich Maria bei diesen Überlegungen ertappte, bekam sie ein schlechtes Gewissen. Ich werde nie wieder einen Mann haben und das ist gut so, dachte sie. Sie setzte Albert auf dem Münsterplatz ab, er erschien wieder zum vereinbarten Zeitpunkt und fuhr mit ihr zurück. Sie unterhielten sich über belanglose Dinge und es passierte erst einmal gar nichts. Maria vergaß ihre Gedanken über Albert, hatte sie doch wichtigere Dinge um die Ohren.

In nächster Zeit kam er auch nicht mehr an die Milchbank um ihr zu helfen. Vielleicht habe ich ihn beleidigt, weil ich so offen über seine verkrüppelte Hand gesprochen habe, dachte sie. Aber wenn er das nicht aushält, soll er es bleiben lassen. An einem goldenen Oktobertag hielt Maria eine Gartenschere in der Hand und schnitt Weintrauben von der Spalierrebe ab, die sie neben die Eingangstreppe gepflanzt hatte. Vorsichtig legte sie die Trauben in einen Korb, als eine Stimme sie aus ihren Gedanken riss: „Guten Tag Maria. Wir haben uns lange nicht gesehen. Hast du Lust am Samstagabend mit mir aufs Heubodenfest auf dem Bankenhof zu gehen? Ich lade dich dazu ein.“ Maria war überrascht und fühlte

sich vor den Kopf gestoßen. War es schicklich, wenn sie als Witwe mit einem ledigen jungen Mann auf einem Fest erschien? Sie überlegte: „Wenn ich noch ein paar Freunde mitnehmen kann, bin ich einverstanden." Er schien ihre Bedenken zu durchschauen und antwortete: „Wir gehen einfach als Gruppe zu dem Fest. Ich bringe noch meine Schwester und ihren Mann mit." Maria fragte ihre Freundin Johanna, ob sie sich ihnen anschließen dürfte, denn sie und Stephan waren ohnehin dort eingeladen. Also erschienen sie am Samstag als kleine Gesellschaft mit sechs Personen auf dem Bankenhof und Maria dachte, dass sie nun genügend Aufpasser mitgebracht hatten. Die Verteilung der Paare fiel auch gar nicht auf, denn Maria war mit ihren Freunden gekommen und Albert mit seinen Verwandten. Maria amüsierte sich gut, war es doch nach langer Zeit wieder einmal eine Vergnügung unter Menschen. Es wurden Kreistänze getanzt, sodass sie auch gar nicht in Verlegenheit kam, denn die Partner wurden durchgewechselt.
Als die Sumsers sie auf ihrem Wagen heimbrachten, hatte Albert keine Gelegenheit zur Annäherung. Maria spürte jedoch an seinen Blicken, dass Albert weiterhin Interesse an ihr hatte. Am Tag darauf, als sie das Fuhrwerk wieder ganz nahe an die Milchbank heran manövrierte, um die schweren Milcheimer auf die Tragefläche heben zu können, trat Albert hinter einem Baum hervor und lächelte sie an. „Lass dir helfen. Jetzt habe ich wieder Zeit und bringe dir täglich die Kübel, damit du nicht so schwer heben musst. Danke dafür, dass du mich gestern begleitet hast. Es war ein sehr netter Abend. Ich habe

mich schon lange nicht mehr so gut unterhalten. Du warst gestern für mich die Königin des Festes. Ich glaube ich habe mich in dich verliebt. Darf ich dir einen Schmatz geben?“ Und schon spürte sie seine Lippen auf ihrem Mund. Maria verging das Hören und das Sehen, so lange hatte sie diese Empfindung vermisst. Sie ließ es einfach mit sich geschehen und drückte sich ganz eng an ihn. Sie gingen in die Knie und wälzten sich im Gras. Erst als sie ein Fuhrwerk um die Ecke biegen hörten, kamen sie zu sich. Maria strich ihren Rock glatt und setzte sich schnell auf den Kutschbock.

In den nächsten Tagen dachten beide nur noch an ihre Begegnung an der Milchbank und hatten nichts anderes mehr im Kopf, bis Maria sagte: „So kann es nicht weitergehen. Ich bin eine Witwe und kann mir so eine Liebelei nicht leisten. Wir müssen aufhören oder sie legalisieren.“ Sie setzten den Hochzeitstermin auf den Frühling des Jahres 1922. Maria versuchte, sich in der Zeit bis dahin des Ungestüms zu erwehren, das Albert an den Tag legte.

Nun trug es sich zu, dass Johanna und Stephan zum Jahreswechsel eine neue Arbeitsstelle in Aussicht bekamen. Die Gutsverwalterstelle von Schloss Heiligenberg in der Nähe des Bodensees war vakant geworden, Stephan bewarb sich darum und erhielt die Zusage. Für Maria bedeutete das einen herben Verlust, denn ihre Freunde waren ihr ans Herz gewachsen. Die Entbehrungen und die gegenseitige Unterstützung während der Kriegszeit schmiedeten sie zusammen. Stephan war auch ein enger Freund von Wilhelm Willmann gewesen und dadurch mit Marias Familie eng verknüpft. Johanna versuchte Maria zu trösten: „Du wirst ja bald heiraten. Ein Ehemann steht dir noch näher als Freunde. Dann hast du wieder eine richtige Familie. Außerdem ist der Bodensee nicht aus der Welt. Du kannst mit der Höllentalbahn fahren und uns besuchen. Da habt ihr ein schönes Reiseziel." Sie feierten ein schönes Weihnachtsfest miteinander, einmal unter Marias Christbaum und das andere Mal unter dem Weihnachtsbaum auf dem Baldenweger. Maria half Johanna beim Packen und am Sylvestertag hieß es großes Abschiednehmen.

Maria erhielt bald darauf Post von ihrer Freundin. Diese schlug ihr vor, in einer schönen Barockkirche über dem Bodensee zu heiraten. Sie schrieb: „Die Wallfahrtskirche liegt mitten zwischen Obstplantagen und ist beliebt als Heiratskapelle. Der Ort heißt Birnau." Albert las den Brief und war einverstanden. Maria bat in ihrem Antwortbrief ihre beiden Freunde, die Trauzeugen zu machen. So kam es, dass die Witwe ohne großes Aufsehen, nur im Beisein der beiden Freunde, Albert Sumser ehelichte. Sie fuhren mit dem Zug an den Bodensee und wurden von einem Pater in der Wallfahrtskapelle zu Birnau getraut. Als sie aus der Kirche traten, hatte sich der morgendliche Nebel verzogen und ein blauer Himmel spannte sich über den Bodensee. Sie konnten bis ans andere Ufer sehen, die Wellen glitzerten in der Sonne und ein paar Fischerboote lagen still auf dem Wasser. Es war eine so ruhige Stimmung, dass Maria sich insgeheim wünschte, ihr weiteres Leben möge auch so friedlich verlaufen und sie schickte ein Stoßgebet zum Himmel.

Vor der Kapelle wartete eine Kutsche, welche die beiden Paare zum Schloss Heiligenberg brachte. Das Brautpaar traute seinen Augen nicht, als sie das mächtige Gebäude vor Augen hatten. Ein fünfstöckiges Haus mit Zinnen und Türmchen ragte vor ihnen auf. „Da habt ihr als Gutsverwalter eine ganz schöne Verantwortung zu tragen", meinte Maria zu ihren Freunden gewandt. „Wir haben auf Schloss Heiligerberg etwas mehr Personal, das uns bei der Arbeit hilft, als auf dem Baldenweger Hof. Hier müssen wir vor allem die Parkanlagen pflegen und in Stand halten."

Das Brautpaar durfte nun noch zwei Tage bei ihren Freunden verbringen, was sie sehr genossen. So weit von zu Hause waren weder Albert noch Maria je gekommen. Sie bestaunten den herrlichen Blick aus ihrem Fenster auf die wie mit dem Lineal gezogenen Blumenrabatten und Buchseinfassungen. Das Schloss lag auf einer Anhöhe und sie bewunderten die Aussicht. In der Ferne schmiegten sich Hügel im Dunst rings um das Gewässer. Nach dem wunderschönen Wochenende fielen die Freunde sich um den Hals und versprachen, sich so oft wie möglich gegenseitig zu besuchen. Und tatsächlich sahen sie sich in den kommenden Jahren entweder bei einem Ausflug im Wittental oder am Schwäbischen Meer wie die Freunde den Bodensee auch nannten. Der Kutscher brachte das Brautpaar zum Bahnhof. Mit der Höllentalbahn ging es heimwärts. „Nun heißt du Maria Sumser und wir gehören für immer zusammen", sagte Albert.

19. Kapitel

Gasthof zum Falken 1927

Es dauerte Monate, bis es sich herumgesprochen hatte, dass Maria wieder verheiratet war. Niemand getraute sich, sie direkt danach zu fragen. Ohne Hochzeitsfeier, an der jeder teilnehmen konnte, erschien diese Verbindung sehr mysteriös. Nach der Rückkehr von Birnau bat Maria Albert, sich mit dem Umzug noch ein paar Tage Zeit zu lassen. Ihre Familie hatte Maria vor ihrer Hochzeitsreise eingeweiht. Es war ihr wichtig, dass ihre Kinder genauestens Bescheid wussten und sich langsam an ihren Stiefvater gewöhnen konnten.

Am Tag nach ihrer Rückkunft lud sie die vier Kinder Theresia, Albert, Franz und Max auf ihr Fuhrwerk und besuchte die Familie Sumser auf dem Hugenhof im Attental. Alberts Eltern und seine Geschwister empfingen sie freundlich und gratulierten Maria zur Hochzeit. Albert Sumser versuchte, die Kinder vorsichtig und humorvoll für sich zu gewinnen. Maria fiel ein Stein vom Herzen, als sie merkte, dass Albert gut auf den Nachwuchs eingehen konnte. „Wollt ihr unseren Pferdestall sehen? Wir haben eine Füchsin mit einem neugeborenen Fohlen." Theresia konnte sich nicht mehr von dem Jungtier mit seinen staksigen Beinen trennen. „Was das Fohlen für treuherzige Augen mit ganz langen Wimpern hat." Zärtlich streichelte sie seine Mähne. „Wenn du willst, kannst du mir beim Füttern der Stute helfen", bot

Albert an. Er holte mit der Schubkarre Heu und Theresia warf das Futter in den Trog. „Wie heißt denn das junge Pferdchen?“ wollte Theresia wissen. „Es hat noch keinen Namen. Wenn du willst, darfst du es taufen.“ Das Mädchen war begeistert und überlegte sich verschiedene Pferdenamen. Die drei Buben nützten die Zeit zum Entwischen. Albert suchte sie und fand sie beim Hofhund Hasso, der an einer langen Kette hin und herlief und die Kinder anknurrte. „Geht nicht zu nah hin. Der Hund ist bissig, wenn er euch nicht kennt. Hasso lässt nur uns an sich heran. Er ist ein Wachhund.“ Für die Buben war diese Erfahrung neu. Ihr Mischling Luchs zu Hause war harmlos und tollte mit ihnen herum. Er passte auf die Kinder auf und er ließ sich vielerlei Späße von ihnen gefallen.

„Wollt ihr bei der Pferdetaufe dabei sein? Theresia gibt dem Fohlen einen Namen.“ Albert holte einen Eimer mit Wasser. „Den kannst du halten, Albert. Der ist schwer und du bist doch ein kräftiger Junge.“ Den beiden Jüngeren gab er jeweils ein Büschel Zweige in die Hand: „Ihr beide taucht ins Wasser ein und besprengt das Pferdchen, wenn Theresia ihm einen Namen gibt.“ Maria erschien an der Stalltür und Theresia schwärmte: „Mama, ich darf das Fohlen taufen. Ich weiß nur noch keinen passenden Namen. Ist es ein Mädchen oder ein Junge?“ fragte sie zu Albert gewandt. „Es ist ein Mädchen.“ „Dann soll sie Pucki heißen. Seid ihr alle einverstanden?“ Theresia las gerade eine Serie von Mädchenbüchern, die in ihrem Titel diesen Mädchennamen trugen. „Ich brauche noch zwei Würfelzucker“, sagte Theresia. Albert kam der Aufforderung nach und holte Zucker aus der Küche. Inzwischen hatte sich der größte Teil der Familie Sumser im Pferdestall versammelt. Sie verfolgten die Taufzeremonie und spornten die Kinder an. Maria sagte zu dem Fohlen gewandt: „Ich taufe dich auf den Namen Pucki. Werde einmal ein gesundes Pferd, auf dem man gut reiten kann.“ Franz und Max wedelten derweil mit ihren Blätterbüscheln herum, die sie in Alberts Eimer eintauchten. Das Fohlen schüttelte sich, weil es von dem Wasser etwas zu viel abbekommen hatte und seine Mutter wieherte laut. „Da habt ihr noch ein Zuckerchen.“ Theresia belohnte die Stute und das Fohlen mit einem Würfelzucker, den sie auf ihre flache Hand legte. „Das kitzelt vielleicht“, meinte sie, als sie die zarten Lippen der Pferde auf ihrer Handfläche spürte. Alle Umstehenden klatschten laut Beifall. Alberts Mutter, Frau Sumser, lud die Besucher zu einer Vesper in die Stube ein und meinte: „Ihr gehört jetzt zu unserer Familie.“

Ein paar Tage später holte Maria auf dem Rückweg von Freiburg ihren Ehemann mit dem Fuhrwerk vom Hugenhof ab. Seine Habseligkeiten waren in zwei Koffern verstaut und hatten auf ihrem Wagen Platz. Bevor sie abfuhren sagte Albert noch: „Warte, ich muss noch etwas holen, was mir meine Eltern als Hochzeitsgeschenk mitgeben.“ Er ging zum Pferdestall und führte die Stute und „Pucki“ heraus. Mit den Zügeln band er sie hinten am Wagen fest. Albert verabschiedete sich von seiner Familie und sie winkten, bis das Fuhrwerk um die Ecke bog. Noch lange hörten sie das Bellen des Wachhundes

Hasso im Hintergrund. „Er heult mir nach, weil er merkt, dass ich ausziehe. Er ist ein schlauer Hund.“ sagte Albert. „Was die Zügel betrifft, jetzt kannst du dich nicht mehr wehren, wenn ich das Kommando auf dem Kutschbock übernehme. Mein Pferd wird nun auch zum Einsatz kommen bei der Milchfahrt in die Stadt. Da werde ich die Zügel in die Hand nehmen, denn die Stute gehorcht nur mir.“ meinte er und küsste sie. Die Kinder eilten ihnen entgegen, als sie zum Falkenbühl abbogen und empfingen Albert mit Hallo. Als sie die beiden Pferde im Schlepptau sahen, waren sie vollauf begeistert. Wer anfangs Probleme mit dem neuen Bewohner am Falkenbühl hatte, war Wilhelm Schlegel. Nach dem Tod von Melchior Willmann fühlte er sich immer mehr als Hausherr und Beschützer der Frauen und Kinder auf dem Hof. Nun sollte da ein weiteres männliches Familienmitglied das Sagen haben. Daran musste er sich erst gewöhnen. Albert spürte die abweisende Haltung seines Schwiegervaters und ging ihm möglichst aus dem Weg. Wilhelm hatte Melchiors Bienenzucht übernommen und baute sie allmählich wieder weiter aus. Er sonderte sich ab, nahm seine Imkerpfeife und verschwand im Bienenhaus. So hatte er einen Bereich, bei dem ihn niemand störte. Franz, der inzwischen zehn Jahre alt war, begleitete ihn öfter. Er half ihm beim Schleudern der Bienenwaben und füllte den Honig in Gläser ab. Das übrig gebliebene Wachs aus den Waben war bei den Kindern sehr begehrt. Franz brachte einen Teil davon seinen Geschwistern. Sie steckten es in den Mund und kauten den restlichen Honig heraus. Wilhelm Schlegel zeigte seinem Enkel den Unterschied zwischen Waldhonig, den er vom Bienenstock am Bachmättle gewann und dem Blütenhonig vom Bienenhaus auf dem Schlossrain des Falkenbühl. Die beiden verstanden sich gut und Franz sagte manchmal: „Ich möchte einmal Imker werden."

Albert und Maria wechselten sich am Anfang ihrer Ehe bei den Milchfahrten nach Freiburg ab. Jeder spannte seinen eigenen Gaul vor den Wagen. Die Milchabrechnung blieb aber weiterhin an Maria hängen, weil sie schon von der Schreinerei ihres Vaters her an die Buchführung gewöhnt war. Bald merkte Maria, dass sie wieder ein Kind bekommen würde. Albert wirbelte sie herum und freute sich riesig: „Von jetzt an bleibst du zu Hause. Eine Schwangere gehört nicht auf den Kutschbock. Ich übernehme von nun an die Fahrten in die Stadt." Maria überlegte und kam zu dem Schluss, dass sie seit dem Beginn des ersten Weltkrieges über acht Jahre täglich mit dem Milchfuhrwerk unterwegs gewesen war. Anfangs, als Melchior noch fit war, wechselte er mit ihr ab. Das lag aber schon einige Jahre zurück. Sie betrachtete die mühevolle Arbeit mit Wohlwollen. Eigentlich gefiel ihr diese abwechslungsreiche Tätigkeit im Umgang mit fremden Menschen und der tägliche Ortswechsel vom Einödhof in die Stadt und zurück. Nun würde sie nur noch auf dem Falkenbühl Feld- und Gartenarbeiten verrichten, das Vieh versorgen und sich um die Kinder kümmern. Sie würde kaum noch unter andere Leute kommen, so wie ihre Schwester Theresia es noch nie anders erlebt hatte. Ihre Freunde Johanna und

Stephan konnte sie auch nicht mehr so oft besuchen und mit ihnen Gespräche führen, wie sie es sich angewöhnt hatte. Am Sonntag in der Herz-Jesu-Kapelle in Stegen betete sie zu Gott, dass er ihr für diesen neuen Lebensabschnitt Kraft schenken möge.

Anfang März 1923 brachte Maria einen gesunden Jungen zur Welt. Kaum war der neue Erdenbürger da, versöhnte sich Wilhelm Schlegel mit seinem Schwiegersohn. Ein Grund für den plötzlichen Stimmungswechsel war bestimmt, weil Albert zu ihm sagte: „Mein Sohn soll deinen Namen tragen. Wir nennen ihn Wilhelm." Es war fortan kaum auszumachen, wer das kleine Kerlchen mehr verwöhnte, der Vater oder der Großvater. Dafür war nun ein anderes Familienmitglied beleidigt. Der achtjährige Max schaute eifersüchtig in den Kinderwagen. Bis jetzt war er das Nesthäkchen gewesen und erhielt von der Schwester und der Mutter Streicheleinheiten. Er fühlte sich plötzlich aus dem Nest geworfen und musste auf diesen Neuankömmling aufpassen und ihn mit dem Kinderwagen herum schieben. Noch dazu entpuppte sich der Säugling als anstrengendes Kleinkind, das ständig durch lautes Geplärre auf sich aufmerksam machte. Möglicherweise legte er dieses Verhalten an den Tag, weil er merkte, dass gleich jemand gesprungen kam, das schreiende Kind aus dem Wagen hob und zu beruhigen versuchte. Maria erlebte ihren Albert als feurigen Liebhaber. Wenn er am frühen Nachmittag aus der Stadt nach Hause kam, zogen sie sich nach dem Essen zur Mittagsruhe ins Schlafzimmer zurück. Er konnte nicht genug bekommen von seiner Frau und sie liebten sich fast täglich. Maria kam in den Sinn, dass diese Heißblütigkeit bestimmt etwas mit seinem jugendlichen Alter zu tun hatte. Als 25-jähriger Mann strotzte er vor Manneskraft. Genauso alt war damals Wilhelm Willmann gewesen, als sie diesen geheiratet hatte. Er verhielt sich auch sehr stürmisch, erinnerte sie sich. Jedenfalls bekam Maria ein Jahr später im Mai wieder einen Sohn, den sie Fritz tauften und ein Jahr darauf, im Mai 1925 kam Josef zur Welt. Maria fühlte sich ausgelaugt und sprach mit einem Arzt. Sie litt unter einer akuten Venenentzündung. Der Doktor empfahl, dass sie ihre Beine täglich bandagieren sollte, um ihrer im Stehen ausgeübten Arbeit gewachsen zu sein. Der Mediziner meinte, sie solle etwas enthaltsamer sein, dann würde sie nicht jedes Jahr schwanger werden, was sie auch viel Kraft koste. „Bringen Sie das mal meinem Mann bei“, meinte sie. Maria redete mit Albert und sie versuchten ihr bestes.

Die drei kleinen Buben sprangen gesund und munter auf dem Hof herum und genossen viel Freiheit. Mariele, das Mädchen von Marias Schwester, wuchs heran und konnte allmählich als Kindermädchen eingesetzt werden. Max war froh, dass er entlastet wurde und widmete sein Augenmerk der Aufzucht eines Falken, den er mit verletztem Flügel auf dem Schlossrain fand. Theresia wurde aus der Schule entlassen und durfte für ein paar Tage mit Johanna, die auf Besuch kam, nach Schloss Heiligenberg fahren. Maria überlegte, wohin sie ihre Tochter schicken konnte, um ihr eine Ausbildung angedeihen zu lassen. Sie wollte nicht, dass das intelligente, hübsche Mädchen am Falkenbühl versauerte. Johanna wusste um die Zukunftssorgen ihrer Freundin und machte ihr einen Vorschlag. „Am Bodensee gibt es ein gutes Internat in Hegne. Da kannst du deine Tochter hinschicken und eine Haushaltungsschule besuchen lassen." So geschah es, dass Theresia ihre Koffer packte und nach Hegne auf die Schule kam. Ein Jahr später vollendete Albert seine Schulzeit. Maria fand in der Stadt eine Lehrstelle als Automechaniker für ihn. Seine Freizeit verbrachte Albert bei der Wittentäler Musikkapelle. Er zeigte große Zufriedenheit und Freude beim Spielen der Trompete. Als Franz die Schule in Wittental beendet hatte, kam er nach Freiburg auf die Wirtschaftsschule. Sie erfüllte damit ihren Vorsatz, den Kindern eine gute Ausbildung zukommen zu lassen. Die beiden Brüder fuhren anfangs mit dem Milchfuhrwerk in die Stadt und abends mussten sie immer schauen, mit wem sie nach Hause kommen konnten. Als Albert im dritten Lehrjahr war, kaufte er sich ein Fahrrad und fuhr fortan damit zu seiner Arbeitsstelle. Das Fahrrad erfreute sich immer größerer Beliebtheit. Maria schaffte sich auch ein Exemplar an, nachdem sie sah, wie beweglich ihre Söhne damit waren. Albert zeigte ihr, wie sie es handhaben musste. Anfangs stürzte sie noch links oder rechts vom Rad. Sie übte und überwand die Schwierigkeit, das Gleichgewicht zu halten. Nachdem sich ihr Trachtenrock zwischen den Speichen verfing, brachte ihr Albert ein Speichennetz aus der Stadt mit. So abgelegen wie sie am Falkenbühl wohnten, erwies sich so ein Drahtesel als sehr vernünftige Anschaffung. Maria fühlte sich nicht mehr so an den Hof gefesselt und ihr Horizont erweiterte sich wieder. Sie radelte die fünf Kilometer nach Kirchzarten um die Freundin Klärle oder die Familie ihrer Schwester Stephanie zu besuchen. Ihr Fahrrad benutzte sie auch um Einkäufe zu erledigen. Da konstruierte ihr Mechanikersohn Albert einen kleinen Fahrradanhänger, auf dem sie ihre Besorgungen unterbrachte. Am Sonntagmorgen fuhr sie nun regelmäßig mit ihrem Fahrrad nach Stegen zur Herz Jesu Kapelle in den Gottesdienst.

Das Fahrradfahren entwickelte sich bei den Städtern allmählich zu einem beliebten Sport. Das Dreisamtal diente den Freiburgern mehr und mehr als grüne Lunge und so radelten sie am Wochenende in Richtung Schwarzwald. Sie verbanden diese Ausflüge meist mit Nützlichem und suchten Blaubeeren oder sammelten Pfifferlinge oder Steinpilze, die es in den Wäldern zu Haufen gab. Selten, aber doch ab und zu verirrte sich sogar ein Automobil auf dem Hexenwegle entlang bis zur Sonnenleite nach Stegen. Die Kinder blieben dann immer am Straßenrand stehen und verfolgten das motorisierte Fahrzeug mit weit aufgerissenen Augen und offenem Mund. Besonders Albert, der ja in einer Autowerkstätte lernte, vernarrte sich immer mehr in diese neue Technologie. Er kannte alle Autotypen und Automarken von Mercedes Benz bis Hanomag. Durch seinen Beruf konnte er die Fahrzeuge auch chauffieren. Max bewunderte ihn deshalb sehr und sah zu seinem großen Bruder auf. Wenn Albert auf dem Hof ein Gerät zerlegte oder reparierte, stand Max stets an seiner Seite und spielte Handlanger.

Immer häufiger ereignete es sich, dass Wanderer aus der Stadt, entweder zu Fuß, mit dem Fahrrad oder dem Auto am Falkenbühl eintrafen. Das Haus lag sehr günstig an der Weggabelung zum Wittental und eignete sich als Ausgangspunkt für Spaziergänge. Da Wandern bekanntlich hungrig macht, fragten manche Städter nach, ob sie eine Vesper haben könnten. Deshalb produzierte Maria in den letzten Jahren immer mehr Speck und Schwarzbrot, um den Gästen eine Brettlebrotzeit servieren zu können. Maria saß an einem sonnigen Sommerabend mit ihrem Mann an einem Gartentisch, den sie für die Gäste unter den drei Kastanienbäumen vor dem Haus aufgestellt hatten. „Heute überfielen uns viele Besucher aus der Stadt. Meine Speckvorräte sind fast erschöpft. Wir müssen auf dem Baldenweger Hof dazukaufen, um dem Ansturm auf unsere Küche Herr zu werden. Bei uns geht es inzwischen zu wie in einer Wirtschaft“, meinte Maria. „Das ist gar kein so schlechter Einfall. Wir eröffnen ein Gasthaus. Dazu brauchen wir eine Konzession. Wir schließen mit einer Brauerei einen Vertrag ab, dass sie uns die Getränke liefert. Außerdem können wir mehr Schweine halten und unseren Speckbedarf selbst decken. Damit stellen wir unsere Gäste zufrieden“, schlug Albert vor.

Maria überdachte die Idee und war gar nicht so abgeneigt. „Im Grunde haben wir schon eine Gartenwirtschaft, so wie es bei uns am Wochenende und bei schönem Wetter zugeht. Für ein richtiges Gasthaus brauchen wir aber eine Gaststube. Wir müssten umbauen.“ „Wenn wir enger zusammenrücken, geht das schon. Unsere gute Stube und das Schlafzimmer im Erdgeschoss zusammen ergeben eine Gaststube. Wir brechen die Zwischenwand heraus und erhalten einen großen Raum. Daneben ist dann gleich die Wirtschaftsküche. Wohnen können wir im oberen Geschoss. In die Küche im ersten Stockwerk, die ohnehin unbenützt ist, verlegen wir das Schlafzimmer für die drei kleinen Buben." „Als private Stube richten wir uns Melchiors schönes Eckzimmer ein, in dem bisher die Kleinen geschlafen haben", meinte Maria. „Irgendwie müssen wir uns einschränken. Dafür eröffnet sich uns eine weitere Einnahmequelle", fand Albert. „Die Finanzen sehen ohnehin immer schlechter aus. Durch die Inflation ist unser Geld, das wir beim Milchhandel einnehmen, nichts mehr wert. Ein weiteres wirtschaftliches Standbein wäre von Vorteil. Wir haben inzwischen eine Stube voller Kinder und ich bin schon wieder schwanger. Es ist teuer, wenn wir allen eine gute Ausbildung finanzieren wollen," sagte Maria.

So kam es, dass sich Albert Sumser auf seinem Weg in die Stadt eine Konzession für ein Gasthaus besorgte und bei der Feierling Brauerei einen Vertrag abschloss. Im Sommer 1927 wurde die Zwischenmauer herausgerissen und es entstand eine freundliche helle Gaststube, deren Fenster nach Süden und Westen zeigten. Der Kachelofen mit den dunkelgrünen Fliesen beherrschte nun die Mitte des Zimmers und erzeugte mit seiner Ofenbank eine gemütliche Atmosphäre. Sie stellten einen langen ungehobelten Stammtisch für die Wittentäler und andere Besucher des Kirchsprengels davor. An den Außenseiten brachten sie fünf Tische an, so dass außer den Stammgästen nochmals etwa 25 Gäste Platz hatten. Diese Tische

Gasthof „Zum Falken“, 1950

verschönerte Maria mit karierten Tischdecken und sorgte dafür, dass immer frische Blumen in kleinen Glasväschen zum Verweilen einluden. Sie bevorzugte rosarot blühende Schmuckkörbchen, die in ihrem Garten am Hang zum Schlossrain prächtig gediehen.

Bei der Genehmigung des Umbaus hatten sie zur Auflage bekommen, eigene Gästetoiletten anzubieten. Für die Hausbewohner stand in jedem Stockwerk ein Plumpsklo zur Verfügung, wie es zur damaligen Zeit auf dem Lande üblich war. Nur in der Stadt gab es ab und an schon Spülklosetts. Ein Toilettenhäuschen für die Besucher wurde nun im Abstand von etwa zehn Metern vom Haus auf der südlichen Grundstücksgrenze erstellt. Auch dies waren Plumpsklos und kein Gast störte sich daran. Das gehörte zum ländlichen Flair einer Bauernwirtschaft. Auf den Klotüren prangte zur Unterscheidung ein Männchen und ein Weibchen. Daneben befand sich mit einem Holzdeckel verschlossen die Versitzgrube. Die Kinder ekelten sich, wenn sie hineinsehen durften. Die Oberfläche der Jauche war mit lauter weißen Würmern bedeckt. Die Gartenwirtschaft wurde durch die Brauerei mit fünf runden Gartentischchen ausgestattet, um die jeweils vier Klappstühle standen.

Diese Umbauten und Arbeiten betreute Maria. Nebenbei brachte sie nach zwei Jahren Kinderpause im Juli wieder einen Sohn zur Welt, der Heinrich genannt wurde. Im Sommer kamen viele Gäste aus Freiburg und das Geschäft florierte. Auch wenn die Bevölkerung immer ärmer wurde, zu essen brauchten sie nach wie vor. Es sprach sich auch herum, dass man auf dem Lande noch billig speisen konnte. Maria und Albert hatten diesen Schritt des Umbaus und der Geschäftseröffnung zum richtigen Zeitpunkt gewählt. Das Geld wurde immer weniger wert, deshalb konnten Immobilien gut finanziert werden. Die Schulden von gestern erschienen minimal im Vergleich zu den Preisen von morgen.

Am Ende des Jahres 1927 eröffneten sie das Gasthaus „Zum Falken“ offiziell. Albert setzte eine Annonce in die Freiburger Zeitung mit folgendem Wortlaut:

Unseren Freunden und Bekannten zur Mitteilung,
dass wir in Wittental das Gasthaus

„Zum Falken“ eröffnet haben.
Um geneigten Zuspruch bittet Albert Sumser und Frau
Wittental, den 13. Dezember 1927

Freiburger Zeitung vom 19.12.1927

Im Winter ließen sich vor allem die Einheimischen am Stammtisch der Gaststube nieder. Die Wirtsleute richteten auch Taufen und Hochzeiten, meist für Freunde und Nachbarn aus. Theresia war wieder aus ihrer Schule zurückgekehrt, nachdem sie eine Prüfung abgelegt hatte. Sie war in Tracht gekleidet und band sich eine adrette Schürze um. Die dunklen Augen leuchteten in einem ebenmäßigen Gesicht und sie steckte ihre langen braunen Haare zu einem Schopf zurück. Als freundliche Bedienung zog sie viele Kunden an. Sie war bei der Eröffnung 18 Jahre alt und nicht wenige junge Burschen tranken ihr Viertele Wein im „Falken“, wie das Gasthaus genannt wurde, um sich von ihr bedienen zu lassen.

20. Kapitel

Veränderungen

„Nichts bleibt so wie es ist“, sagte ein Pater von St. Märgen zu Maria im Beichtstuhl der Herz Jesu Kapelle im Schloss Weiler in Stegen, als sie sich über die raschen Veränderungen in der Gesellschaft beklagte. Eines Tages brachte Albert Willmann stolz sein Zeugnis von der Gesellenprüfung nach Hause. Es nützte ihm jedoch nicht viel, denn er bekam keine Anstellung, so sehr er sich auch bemühte. Die Massenarbeitslosigkeit nahm in den Dreißigerjahren immer mehr zu. Er setzte sich mit seinen Eltern zusammen um zu beratschlagen, was nun zu geschehen sei. Der frisch gebackene Automechaniker schlug vor: „Wir könnten uns doch einen Lastwagen zulegen. Ich kenne mich durch meine Lehre gut mit diesen Fahrzeugen aus und kann sie warten. Wenn wir so ein Vehikel besäßen, bräuchten wir uns nicht mehr mit dem Pferdefuhrwerk abmühen. Ich würde den Milchtransport mit dem Auto übernehmen. Nebenbei könnte ich Speditionsdienste ausführen und andere Waren mit meinem Fahrzeug liefern. Das Auto ist die Zukunft und wir wären gut im Geschäft, wo es doch heute noch wenige Exemplare davon gibt. Nur die Ärzte fahren mit Automobilen über Land zu ihren Patienten.“

Zu Albert Sumser gewandt sagte Maria: „Seit wir das Gasthaus eröffnet haben, ist die Arbeit angewachsen. Wenn du als Wirt zu Hause wärest, könntest du dich um die Gaststätte kümmern. Ich würde in der Küche die Speisen zubereiten. Wenn Albert den Milchtransport übernehmen könnte, wären wir entlastet." Maria besprach sich mit ihrem Mann. Die drei vereinbarten schließlich, dass die Eltern den Lastwagen vorfinanzieren würden und Albert ihnen, wenn er durch sein Speditionsgeschäft Geld eingenommen hätte, ihnen nach und nach den Preis abbezahlen würde.

Seit ihrer Eröffnung bedeutete die Gastwirtschaft für alle Familienmitglieder eine Abwechslung im Alltag. Zum Ausklang des Tages wurde in der Gaststube oft Mühle und Dame gespielt, Franz und Max eigneten sich Tricks an und wurden mit der Zeit zu unschlagbaren Gegnern. Im Kartenspiel Zego brachten sie es zur Perfektion, indem sie den spielenden Gästen über die Schulter sahen und Spielstrategien entwickelten. Theresia Willmann liebte dieses Spiel besonders und war sehr geschickt darin. Auch Großvater Wilhelm Schlegel unterhielt sich gut mit den Besuchern. Wenn er nicht gerade seine Bienenzucht betreute oder Spielzeug für die Kinder schnitzte, saß er am Stammtisch und sprach mit den Gästen aus der Umgebung. Leider waren ihm nicht mehr viele Monate beschieden. Er starb im Sommer 1928 im Alter von 82 Jahren. Seine drei Töchter ließen ihn auf dem Friedhof in Stegen im Grab ihrer Mutter Theresia Schlegel beerdigen. Das Trauermahl hielten sie im Gasthof „Zum Falken" ab. Stephanie Zähringer, Marias Schwester, nahm mit ihrer vierköpfigen Familie daran teil. Neben ihrem Ehemann Sepple brachte sie ihre beiden Kinder Wilhelm und Annele mit. Bei diesen vielen Nachkommen ging es rund auf dem Hof. Die Kinder vergaßen, dass sie eigentlich zu einer Trauerfeier geladen waren. Während die Erwachsenen sich über die Verteilung des vom Vater geerbten Feldes in Stegen unterhielten, merkten sie nicht, wie die Kinderschar dem Eschbach zusteuerte und dort eine Art von Floß baute. Die Kinder balancierten auf Brettern und Holzbalken hin und her. Da verlor der kleine Fritz plötzlich das Gleichgewicht und tauchte in einem Gumpen unter. Die anderen konnten ihn gerade noch herausziehen, bevor er ertrank. Er japste nach Luft und saß mit pitschnassen Kleidern am Ufer. Dieses Erlebnis schockierte die kleine Gesellschaft und sie zogen mit hängenden Köpfen und eingeschüchtert zum Hof zurück. Dort spielten sie auf der Tenne weiter. Die Erwachsenen bekamen das Geschehene gar nicht mit. Bei den warmen Temperaturen trockneten die Kleider des Kleinen rasch. Er erholte sich und bald hatten alle den Zwischenfall vergessen. Es war ja noch einmal gut abgelaufen.

Max beendete in diesem Jahr seine Schulzeit. Alle Verantwortlichen auf dem Hof kannten seine Interessen und es war ihnen klar, dass er einen technischen Beruf erlernen sollte. Allerdings fehlte ihm die große, kräftige Statur seines Bruders Albert, der aufgrund seines Körperbaus gut zum Automechaniker taugte. Max schlug seiner zierlichen Mutter nach und war zarter gebaut. Er stellte sich deshalb in einem physikalischen Betrieb in Freiburg vor und bewarb sich als Lehrling für Feinmechanik. Trotz immer schlechter werdender wirtschaftlicher Verhältnisse durfte Max die Lehrstelle antreten. An einem Septemberabend warfen die Kinder gerade mit Knüppeln auf die Kronen der drei Kastanienbäume vor dem Haus, um die braunen glänzenden Früchte zu erhaschen, als sie durch lautes Autohupen aufgeschreckt und zur Seite gesprengt wurden. Albert lenkte einen blauen Jeep mit einer ausgedehnten Ladefläche in den Hof und fuhr um die Ecke bis vor den Misthaufen. Maria und die anderen erwachsenen Hausbewohner stürmten aus der Küche und bewunderten das Fahrzeug. Alle umringten es und die Kleinen fragten: „Dürfen wir aufsteigen. Wir wollen mitfahren." Die Kindsmagd Mariele kletterte mit den Sumserbuben Wilhelm, Fritz und Josef auf die Plattform hinter dem Führerhaus. Die beiden Brüder Franz und Max forderte Albert auf: „Steigt zu mir ins Führerhaus, dann drehen wir eine Proberunde." Das war vielleicht ein Ereignis für die ganze Kinderschar. Sie jubelten und schrien durcheinander, als Albert den ansteigenden Weg ins hintere Wittental mühelos bewältigte. Die Pferde hätten auf diesem Weg gekeucht und wären mit dem Fuhrwerk nur langsam vorangekommen. „Wie schnell das geht", staunte Franz und Max fügte hinzu: „Die Landschaft fliegt an uns vorbei!" Als sie beim letzten Haus im Tal umkehrten und auf dem Rückweg wieder am Dreierhaus vorbeifuhren, standen die Bewohner am Straßenrand und sahen ihnen neugierig entgegen. Albert stoppte und rief ihnen zu: „Jetzt sind wir im Wittental motorisiert. Wenn ihr in der Stadt etwas zu erledigen habt, kann ich euch mitnehmen." Er hupte und die Kinder winkten von der Ladefläche herunter, als das Fahrzeug losfuhr. Es sprach sich in der Nachbarschaft schnell herum, dass nun in Wittental diese neuartige Möglichkeit des Transports bestand. Sie wurde auch immer häufiger in Anspruch genommen.

Außer der Motorisierung erfuhr das Gasthaus „Zum Falken“ noch weitere technische Neuerungen. Von Ebnet aus wurde über den Breitehof bis zum Baldenweger Hof eine Stromleitung gelegt. Da beschloss der Gastwirt Sumser sich an der Elektrifizierung zu beteiligen. Die Kinder standen monatelang dabei und beobachteten, wie die Ingenieure die Strommasten errichteten und die Kabel spannten. Als sie dann schließlich Glühbirnen im Haus installierten, die in die Gewinde von Lampenschirmen gedreht wurden, waren sie begeistert. „Das Licht ist viel heller, als die Ölfunzeln und Kerzen“, stellte Albert Sumser fest und Maria erkannte: „Das elektrische Licht ist nicht so gefährlich wie die offene Flamme. Wir brauchen keine Angst mehr vor einem Brand zu haben.“

Maria saß die Furcht vor einer Feuersbrunst immer noch in den Knochen. Wer einmal sein Hab und Gut durch eine Brandkatastrophe verloren hat, wird dieses Trauma sein Leben lang nicht los werden. Maria benutzte nun auch ab und zu die motorisierte Mitfahrmöglichkeit in die Stadt. Da sie die finanzielle Seite des Geschäftes zu klären hatte, verhandelte sie mit den Verantwortlichen von der Feierling Brauerei über den Bier- und den Limopreis und die Modalitäten des Transports. Zur Kühlung der Getränke wurden vor allem im Sommer regelmäßig Eisquader geliefert und auf dem gestampften Boden im

Keller gelagert. Mindestens einmal wöchentlich holte nun Albert mit seinem Lieferwagen bestellte Getränke in der Brauerei ab. Der Braumeister machte Maria folgenden Vorschlag: „Sie sind doch jetzt elektrifiziert in ihrem abgelegenen Gasthaus. Es gibt eine ganz patente Einrichtung, um Nachrichten schnell auszutauschen. Richten Sie ein Telefon ein und Sie können bei uns anrufen und sofort eine Nachlieferung bestellen.“ So ließen die Sumsers im oberen Stockwerk ein Telefon einbauen und waren damit erreichbar, obwohl sie so abgelegen wohnten.

Albert Sumser arbeitete im Stall und auf den Feldern. Von den Landwirten der Umgebung war Albert zum Obmann gewählt worden. Die Versammlungen der Bauernschaft und anderer Vereine wie der Feuerwehr und der Wittentäler Blasmusik fanden im Gasthaus „Zum Falken“ statt. Wenn er sich nicht als Landwirt beschäftigte, widmete sich Albert seinen Besuchern im Wirtshaus. Er zapfte das Bier an und unterhielt seine Gäste am Stammtisch, während Theresia Willmann die Kunden bediente. Obwohl in den Dreißigerjahren die Arbeitslosigkeit in der Stadt rapide zunahm, hatten die Falkenwirte mit ihrer Prognose recht: „Gegessen und getrunken wird immer, egal wie gut oder schlecht es den Menschen geht.“ Der Getränkekonsum steigerte sich und die Brettlesvespern erfreuten sich immer größerer Beliebtheit. Sie bestanden aus Schwarzwälder Speck, Blut- und Leberwurst oder weißem und schwarzem Pressack. Dazu reichten sie selbstgebackenes Bauernbrot. Theresia gestaltete eine Speisekarte, auf der auch warmes Essen angepriesen wurde. Ochsenfleisch mit Nudeln, Meerrettich und Preiselbeeren standen auf der Karte, saure Leber mit Bratkartoffeln, oder Rinderzunge in Kapernsoße mit Kartoffelbrei. Die Kartoffeln dafür wuchsen auf dem Acker. Nudeln stellte Maria selbst her. Den hauchdünn ausgewellten Teig drehte sie durch eine Nudelmaschine und erhielt lange Teigstreifen, die sie zum Trocknen aufhängte. Auch die Fleischwaren entstanden durch Eigenproduktion. Albert fuhr das Schlachtvieh mit seinem Lastwagenanhänger zum Metzger nach Kirchzarten. Das Fleisch wurde sofort haltbar gemacht. Maria räucherte oder pökelte es, doste es ein oder bewahrte es in Gläsern auf. Die Schwarzwälder Speckseiten hingen im Rauchfang unter dem Dach.

Maria war es nun schon gewöhnt, neben ihren Tätigkeiten her schwanger zu sein. Es behinderte sie kaum in ihrer Arbeit. Ein Jahr nach der Geburt Heinrichs, ein halbes Jahr nach der Eröffnung der Wirtschaft brachte sie wieder einen Sohn zur Welt, der Eugen getauft wurde. Es zeigte sich jedoch, dass sie mit den vielen neuen Aufgaben doch etwas überfordert war. Der Neugeborene kam zu früh zur Welt und hatte Untergewicht. Sie hielten extra eine Geiß für ihn und fütterten ihn mit der gehaltvollen Ziegenmilch. Der Säugling war jedoch zu schwach und starb zwei Monate nach seiner Geburt, kurz nach dem Tod Wilhelm Schlegels. So hatte Maria wieder einmal wie damals bei Eleonoras Tod innerhalb eines Jahres sowohl den Verlust eines Kindes als auch eines Großelternteils zu beklagen. Aber ein Jahr darauf kam schon wieder Nachwuchs. Sie wagte nicht mehr daran zu glauben, dass es einmal ein Mädchen sein könnte. Es war natürlich wieder ein Junge, dem sie den Papstnamen Pius gaben. Auch er zeigte sich schwächlich und wurde mit Ziegenmilch ernährt. Der Arzt meinte: „Frau Sumser, Sie sind jetzt schon über 40 Jahre alt. Da ist die Gefahr größer, dass die Kinder nicht gesund geboren werden. Sie haben als Mutter elf Geburten hinter sich und sind in Ihrem Alter nicht mehr so widerstandsfähig. Sie können trotzdem dankbar sein. Neun der Kinder leben und gedeihen prächtig. Ich bewundere Sie, was Sie alles geleistet haben."

Maria Sumser mit Wilhelm, Fritz und Josef, 1926

Sie überlegte und stellte fest, dass ihre Mutter auch schon das vierzigste Lebensjahr überschritten hatte, als ihre Schwester Theresia geboren wurde. Diese kränkelte als

Kleinkind und bedurfte stets einer Sonderbehandlung. Sie kannte noch einen Fall bei Bekannten, wo in hohem Alter der Mutter ein entwicklungsverzögertes Kind geboren wurde. Es schien etwas Wahres an der Behauptung des Arztes zu sein. Maria betete mehrere Rosenkränze und bat, dass Pius sich erholen möge. Außerdem flehte sie zu Gott, bitte nie wieder schwanger zu werden.

Der Junge überlebte, aber er blieb ein Problemkind, war ständig krank und wurde deshalb verwöhnt und verzärtelt. Maria erntete im Herbst vom Holunderstrauch, der von alleine an der Scheune gewachsen war, die Dolden mit den schwarzen Beeren. Daraus presste sie den vitaminreichen Saft und verabreichte ihn ihrem Sorgenkind Pius. Der Saft schmeckte auch den anderen Familienmitgliedern so gut, dass Maria sich mit dem Fahrrad auf die Suche nach weiteren Holundersträuchern machte. An der Sonnenleite auf dem Weg nach Stegen wucherten die Sträucher mit den heilbringenden Beerendolden geradezu. Ihre Schwester Theresia bereitete daraus viele Flaschen voll Holundersaft zu, der die Familie gesund durch den nächsten Winter brachte. Auch Holundermus mit Zimt und Zucker schmeckte den Kindern gut und erwies sich als sehr kräftigend. Mariele sagte ihrem kleinen Cousin Heinrich, der inzwischen das drollige Alter von drei Jahren erreicht hatte den Kleinkinderspruch vor: *„Ringel Ringel Reihen, sind wir Kinder zweien, sitzen unterm Hollerbusch. Machen alle husch, husch, husch.“* Der Kleine freute sich und hopste mit Mariele im Kreis herum, während der einjährige Pius in seinem Wagen saß und vor Freude kreischte. Er machte noch überhaupt keine Anstalten, herumzukrabbeln wie die Geschwister, als sie in diesem Alter waren, geschweige denn das Laufen zu üben. Er gab auch noch keine Laute von sich, wie Maria es von all ihren anderen Kindern in diesem Alter gewöhnt war. Maria ging mit ihm zum Arzt und der meinte: „Der Junge ist entwicklungsverzögert. Sie müssen mit ihm Geduld haben.“

Im Oktober 1929 brach die New Yorker Börse zusammen. Dies war der Beginn der Weltwirtschaftskrise. Bei den Reichstagswahlen 1930 verstärkte sich der Aufwärtstrend der Nationalsozialistischen Arbeiterpartei NSDAP. Die demokratische Ordnung der Weimarer Republik schien gefährdet zu sein. Maria hatte es begrüßt, als die Frauen immer mehr Rechte bekamen und zur Wahlurne gehen durften. Jetzt sollte diese fortschrittliche Entwicklung durch diktatorische Tendenzen wieder rückgängig gemacht werden. Sie las wieder regelmäßig die Zeitung, die sie für ihre Gäste abonniert hatte und sah mit Skepsis der politischen Zukunft entgegen. Maria freute sich, dass sich wenigstens im privaten Bereich alles besser entwickelte als in der Weltpolitik. In der Gaststube kamen häufig junge Leute zusammen und hatten ihren Spaß. Ihre vier erwachsenen Kinder aus erster Ehe luden Freunde ein, welche das Wirtshaus bevölkerten. Die Jugendlichen förderten zwar keinen Umsatz, aber sie brachten auch anderes Publikum mit, das konsumierte und in der Kasse Geld klingeln ließ. Theresia Willmann zog als adrette Bedienung mehrere Verehrer an, die sich die Klinke in die Hand gaben. Oft wurde sie von ihrer rassigen

Freundin vom Bankenhof besucht, die ihr bei der Arbeit half. Beide Mädels füllten die Stube mit jungen Männern, die sie verehrten. Durch ihren Internatsaufenthalt in der Fremde hatte sich Theresia ein gewisses Selbstbewusstsein erworben und fiel nicht auf die Avancen der Burschen herein. Sie konnte warten, bis der Richtige kam. Auch traute sich keiner näher an sie heran, hatte sie doch drei Brüder, die mit Argusaugen über ihre Schwester wachten. Albert kannte durch seine Spedition inzwischen viele Kunden, die sich auch in der Wirtschaft als Gäste blicken ließen. Franz arbeitete nach seinem Abschluss in der Wirtschaftsschule als Postbeamter am Freiburger Postamt. Mit einem Leichtmotorrad fuhr er täglich zu seiner Arbeitsstelle. Die Mädchen aus der Umgebung lagen ihm zu Füßen, wenn er mit seinem Fahrzeug anratterte. Max benützte das Fahrrad, um zu seiner Lehrstelle in dem technischen Betrieb zu gelangen.

Wenn am Wochenende auf dem Lande irgendwo ein Fest stattfand, traten die Geschwister immer als Gruppe zu dritt oder zu viert auf und jeder gab auf den andern acht. Maria wollte den einwandfreien Ruf ihrer Tochter nicht gefährden. Mit der Zeit schälte sich heraus, dass ein Albert Bank aus Kirchzarten sich häufig im „Falken“ aufhielt. Seine Vorliebe für Theresia war nicht zu übersehen. Als Theresia einmal mit ihrer Freundin an einem Sommerabend in der Gartenwirtschaft saß, gesellte sich Albert Bank zu ihnen. Die Freundin setzte sich bald auf das Fahrrad, um ihren nahegelegenen Hof vor Einbruch der Dunkelheit zu erreichen. Also blieben Albert und

Theresia alleine zurück. Sie quatschten bis in die Nacht hinein und unterhielten sich gut. „In Freiburg gastiert gerade ein Zirkus. Die Nummer mit den Artisten soll hinreißend sein. Sie zeigen auch zwei Elefanten, die auf den Hinterbeinen stehen. Ich würde dich gerne einladen. Begleitest du mich am Samstag zu einer Vorstellung?" „Das würde meine Mutter nie erlauben", antwortete Theresia. „Wir können ja die Nachmittagsvorstellung besuchen", schlug Albert Bank vor. „Nur wenn einer meiner Brüder mich begleitet. Sonst ist ein solches Vorhaben undenkbar." Albert stimmte zu und sie verabredeten sich für das kommende Wochenende, aber nur wenn ein Bruder mitkam.

Albert Bank brauchte zu Hause auf niemanden Rücksicht nehmen. Er war seit dem 18. Lebensjahr Vollwaise und lebte in einem Wohnhaus in Kirchzarten, wo er daneben einen Bauernhof bewirtschaftete. Nach dem Zirkusbesuch, bei dem Theresias Bruder Albert sie begleitete, wusste er, dass er an dieses Mädchen nur durch Heirat herankommen würde. Ihre Brüder bauten eine Mauer um sie. Theresia gefiel ihr Begleiter gut. Während der Zirkusvorstellung nutzte sie die Gelegenheit, ihn zu betrachten. Er war von stattlicher Statur, sah sie mit einem freundlichen runden Gesicht an, das von kurzen Locken eingerahmt war. Er redete unablässig und schien das Leben von der lustigen Seite zu betrachten. Nachdem er gemerkt hatte, dass er Theresia nur über ihre Mutter erreichen konnte, bat er die Falkenwirtin um ein Gespräch. Er schätzte Maria als kluge Frau und fand sie sympathisch. Ihre bestimmte Art, wie sie mit ihrer Familie und ihren Gästen umging, gefiel ihm. „Ihr habt eine Tochter, die mir gefällt. Ich glaube, ich bin ihr auch nicht gleichgültig. Ihr habt sie gut erzogen und sehr unter Kontrolle. Bei der geht gar nichts. Deshalb bleibt mir keine andere Wahl. Wenn sie einverstanden ist, würde ich sie heiraten." Maria schätzte Albert als gute Partie für ihre Tochter ein und stimmte dem Antrag zu. Sie vereinbarten einen Hochzeitstermin im nächsten Frühjahr.

Maria merkte vier Jahre nach der Geburt des kränkelnden Pius, der endlich laufen und plappern konnte, dass sie wieder schwanger war. Sie hatte inzwischen das Alter von 45 Jahren erlangt. Maria verzweifelte und unternahm eine Wallfahrt mit dem Fahrrad zur Maria auf dem Lindenberg. Sie flehte inständig, dass sie ein gesundes Kind zur Welt bringen wollte, glaubte aber nicht so recht daran. Im Januar 1933 wurde Maria von ihrem letzten Sohn entbunden, den sie Erich tauften. Nach ihrer ersten Geburt, dem Mädchen Theresia, hatte sie elf Söhnen das Leben geschenkt, wobei sie neun großziehen konnte. Das musste ihr erst einmal eine Frau nachmachen. Maria war überglücklich und fiel dem Arzt um den Hals, als dieser feststellte, dass Erich vollkommen gesund und normal entwickelt war. Der kleine Blondschopf lag quietschfidel in seinem Körbchen und lächelte seine Mutter zu dem Zeitpunkt an, wo diese Reaktion für Säuglinge normal war. Mit Freuden stillte Maria ihr letztes Baby ein halbes Jahr lang und gab ihm dadurch Abwehrkräfte mit auf den Weg. Mariele, die jetzt zwölf Jahre alt war, übernahm auch dieses Kind und beschirmte es als seine Kindsmagd. Albert Sumser verstand es jedes Mal gut mit seinen Kleinkindern und fand den neuen Erdenbürger wieder rührend wie er in ihrem Schlafzimmer in der Wiege neben ihnen lag und sich gut entwickelte. Während Maria wegen ihrer Geburt noch einige Wochen das Haus hüten musste, bis sie in der Kirche ausgesegnet wurde, las sie intensiv die Zeitungsberichte über die politischen Veränderungen in Deutschland.

Beim Jahreswechsel 1932/1933 überschlugen sich die Ereignisse. Die Weltwirtschaftskrise erreichte ihren Höhepunkt. Durch die immens hohe Arbeitslosigkeit wuchs die Unzufriedenheit der Arbeitnehmer. Lohnkürzungen und das Verbot von Streiks beeinflussten die Reichstagswahlen im November 1932 zugunsten der Kommunistischen Partei. In dieser Situation baten Vertreter der Großindustrie und der Bankiers den Reichspräsidenten Hindenburg, den in der Weimarer Verfassung vorgesehenen Fall eines nationalen Notstandes auszurufen. Die Unterzeichner wünschten sich eine Präsidialdiktatur, die verfassungsrechtlich verankert werde. Hindenburg berief den Parteilosen Kurt von Schleicher zum Reichskanzler. Hinter dem Rücken von Schleicher einigten sich von Papen und Adolf Hitler auf eine mit Präsidialvollmachten ausgestattete Regierung Hitler-Papen. Schleicher erklärte im Januar 1933 seinen Rücktritt.

Der zehnjährige Wilhelm brachte diesen Spruch aus der Schule mit: „Der Schleicher schleicht sich und der Papen bleibt pappen.“ Seine Macht war jedoch auch von kurzer Dauer, denn im Auftrag von Hindenburg verhandelte von Papen mit Hitler über dessen Berufung zum Reichskanzler. Anfang Februar entsprach Hindenburg dem Antrag Hitlers und löste den Reichstag auf. Hitlers Nationalsozialistische Deutsche Arbeiterpartei NSDAP entfaltete eine gewaltige Propaganda. Ende Februar brannte das Reichstagsgebäude. Hitler behauptete, die Kommunisten hätten den Reichstag angezündet. Darauf unterzeichnete Hindenburg eine ihm von Hitler vorgelegte „Notverordnung von Volk und Staat“ und setzte damit die wichtigsten Grundrechte der Weimarer Verfassung außer Kraft.

Albert las seiner Frau aus der Zeitung vor: „Ziel der NSDAP ist die Entfernung aller Sozialdemokraten, Kommunisten und Juden von führenden Stellungen in Deutschland, die Abschaffung des Vertrags von Versailles und die Wiederherstellung eines sowohl in militärischer als auch in wirtschaftlicher Hinsicht starken Deutschlands.“ „Das klingt sehr kriegerisch. Endlich haben wir ein paar Jahre Frieden in Deutschland erlebt. Warum müssen Volksgruppen verfolgt werden? Wir brauchen kein Militär! Ich habe so viele Buben geboren und will sie nicht als Kanonenfutter verlieren. Ich hasse den Krieg.“

Als Maria von der Geburt genesen war, pilgerte sie erneut zur Maria auf dem Lindenberg, dankte und brachte ihre Anliegen vor: „Vielen Dank, dass du mich erhört hast und der Junge Erich gesund zur Welt kam. Hilf bitte, dass die Politik sich positiv entwickelt und meine Söhne und die Söhne aller anderen Mütter im Frieden aufwachsen und ihre beruflichen Neigungen entfalten können."

Albert Bank und Theresia Willmann heirateten auch in der Hochzeitskapelle in Birnau. Diesmal fuhr die ganze Hochzeitsgesellschaft mit der Höllentalbahn und hatte ihren Spaß, wenn die Lokomotive pfiff und am Hirschsprung und an der Ravennaschlucht vorbeischnaufte. Das Hochzeitsmahl wurde in einem Gasthaus am Bodensee eingenommen und alle schwärmten von der Aussicht und der wunderschönen Landschaft. Theresia fehlte im „Falken" als Bedienung. Mariele war noch etwas zu jung. Nun musste Maria sich selbst mehr um das Gasthaus kümmern. Ihre Söhne halfen am Samstag und Sonntag, wenn sie Zeit hatten. Zur Ausflugswirtschaft kamen die meisten Gäste ohnehin eher am Wochenende.

1934 kam Theresias erster Sohn Rudolf zur Welt. Sein Onkel Erich war nur ein knappes Jahr älter als er. Von nun an besuchte Maria auch manchmal entweder mit dem Fuhrwerk oder dem Fahrrad in Kirchzarten den Sonntagsgottesdienst. Anschließend kehrte sie bei den Verwandten, bei ihrer Schwester Stephanie und bei ihrer Tochter Theresia ein. Die Gotti, Tante Stephanie, wohnte schräg gegenüber von Banks in der Höfnerstraße und sie hatten guten Kontakt. Theresia half die Nähe ihrer Tante auch beim Eingewöhnen in dem Marktflecken Kirchzarten. Umgekehrt verging kaum eine Woche, ohne dass Theresia nicht mit ihrem Neugeborenen ihren „Falken" aufsuchte. Eine Nierenkrankheit hielt sie leider ein paar Wochen davon ab. Als sie genesen war, holte sie die Besuche doppelt nach.

21. Kapitel

Schlimme Zeiten

Als Maria an einem Sonntag nach Stegen zum Gottesdienst ging, traf sie eine ehemalige Nachbarin vom Jägerhäusle, die Hirschenwirtin. Die beiden Frauen unterhielten sich vor der Kapelle. Die Hirschenwirtin fragte: „Gehen eure Geschäfte jetzt auch wieder besser? Die Leute haben mehr Geld in der Tasche und besuchen auch mal uns Wirtsleute. Wie sieht das bei euch im Falken aus?“ Maria meinte, dass sich nicht viel geändert habe, sie aber mit den Geschäften zufrieden sei.

Da gesellte sich Marias Beichtvater zu ihnen und wünschte Guten Tag. Nach ein paar belanglosen Fragen über ihr Wohlergehen, gab er ihnen folgende Information: „Den Grafen Heinrich von Kageneck kennt Ihr doch auch noch aus früherer Zeit. Als Nachbarn des Schlosses Weiler interessiert euch bestimmt meine Nachricht. Unser Orden in Sankt Märgen hat Folgendes über ihn in Erfahrung gebracht: Während des ersten Weltkrieges trug er die Uniform des deutschen Heeres, diente an der Westfront und kehrte unverletzt zurück. Er ließ sich in Berlin nieder und heiratete dort in den Dreißigerjahren. Jetzt arbeitet er als Journalist beim Tageblatt der Berliner Volkszeitung. Anscheinend hat er eine Meinung, die der NSDAP nicht gefällt. Schon zweimal verhaftete ihn die Gestapo und verhörte ihn. Er wurde mit anderen politischen Häftlingen im sogenannten Columbushaus festgehalten. Der Graf war schon immer ein Humanist und setzte sich für die Menschenrechte ein. In der heutigen Zeit kommst du mit einem solchen Verhalten schnell an den Falschen und wirst denunziert.“

Maria sah sich in ihrer Vermutung bestätigt, dass Heinrich an der Front gekämpft hatte. Er hatte aber mehr Glück als ihr Mann und ist heil zurückgekommen. Dass er den Beruf eines Journalisten ausübte und für eine Zeitung schrieb, passte zu seinen literarischen Ambitionen. Schon in der Jugendzeit zeigte sich seine Vorliebe für Gedichte und bei den späteren Studien über Kant rezitierte er die Texte auswendig. Während der Zeit der einseitigen Volksverdummung durch die Nationalsozialisten in den Medien musste er es als liberaler und freiheitsliebender Mensch mit einem ausgeprägten Gerechtigkeitssinn sehr schwer haben. Die freie Meinungsäußerung wurde in diesem totalitären Staat massiv eingeschränkt.

Marias Verdacht bestätigte sich, dass die Zeitungen seit der Machtergreifung Hitlers zensiert wurden. Die Schlagzeilen berichteten nur noch über die wirtschaftlichen Erfolge, die Hitlerjugend und die Tätigkeiten der Gauleiter. An den kommenden Sonntagen fuhr Maria wieder öfter mit dem Fahrrad nach Stegen zum Gottesdienst und hörte die Predigten des Paters aus Sankt Märgen. Von Ihren ehemaligen Klassenkameradinnen, deren Kinder in Stegen zur Schule gingen, erfuhr sie, dass der Lehrer Fuchs von der Stegener Dorfschule in seiner Einstellung gemäßigt war. Er verhielt sich möglichst neutral und lehrte nicht gegen seine Überzeugung den nationalsozialistischen Blödsinn. In Wittental sah das anders aus. Maria bedauerte, dass ihre Kinder von einem Lehrer unterrichtet wurden, der nur in brauner SA-Uniform zu sehen war. Als Ortsgruppenleiter kontrollierte er den ganzen Bereich mit dem Fahrrad. Natürlich verkehrte er auch ab und zu in ihrem Gasthaus. Maria und Albert begrüßten ihn stets mit „Guten Tag", während er immer mit „Heil Hitler!" salutierte. Ihre drei jüngsten Söhne mussten zu diesem fanatischen Lehrer in die Schule gehen.

Die älteren drei Sumserbuben hatten schon einen Lehrvertrag. Wilhelm trat in Hinterzarten eine Metzgerlehre an, Fritz ging bei dem Freiburger Fotografen Kessler in die Lehre und Josef lernte in einem Hotel am Bodensee Koch. Maria verfolgte die Hausaufgaben ihrer drei Jüngsten genau und stellte fest, dass die Schüler beim Lesen, Schreiben und Rechnen lernen nicht allzu viel demagogisch zu beeinflussen waren.

Unter dem Lehrstoff „Rassenkunde" hatte der Lehrer jedoch freie Hand. Auch die Religion benutzte er für seine Propaganda. Er erzählte zum Beispiel die biblische Geschichte vom Zweikampf zwischen David und dem Riesen Goliath. Nach des Lehrers Version war David ein feiger, hinterlistiger Jude, der den blonden und blauäugigen Arier indogermanischer Abstammung Goliath auf feige Art mit einer Steinschleuder getötet hat, weil er zum ehrlichen und offenen Zweikampf nicht in der Lage war.

Heinrich fragte seine Mutter. „Wie ist zur damaligen Zeit ein Germane nach Palästina gekommen?“ Denn im Erdkundeunterricht hatten sie auf der Karte die Länder Europas kennen gelernt und wussten auch, wo Kleinasien lag. Maria erklärte: „Weißt du, es gibt Leute, die den Juden etwas Schlechtes andichten. Jesus war auch ein Jude und wir beten ihn als Gottes Sohn an. Wir dürfen keine Vorurteile gegen bestimmte Menschengruppen haben.“ Was Maria Magenschmerzen bereitete war, dass solche Situationen sie zwangen, die Autorität des Lehrers zu untergraben. Sie wollte doch, dass ihre Kinder zu ihrem Lehrer als Vorbild aufblickten. In diesem Fall war das leider nicht möglich.

Die Kinder aus ihrer ersten Ehe und die drei älteren Sumserbuben hatten eine gute Erziehung durch den Lehrer Metzger genossen, der ein Menschenfreund war. Streng aber gerecht erzog er seine Schüler nach moralischen Grundsätzen. Beim Lehrer Metzger mussten die Kinder auf Holzscheite knien, wenn sie zum Beispiel beim Lügen ertappt wurden. Der jetzige Lehrer teilte eine Tracht Prügel aus, wenn sie verweigerten, vor dem Lehrer stramm zu stehen und ihn mit dem Hitlergruß zu begrüßen. Den damaligen Gesetzen entsprechend mussten die Buben ab zehn Jahren dem Jungvolk angehören. Ein Fähnleinführer schloss diesen Dienst gleich an den Unterricht an. Heinrich hatte einen Trick heraus. Er sperrte sich, wenn es ging auf der Toilette ein, bis der Spuk vorbei war. Bis auf Albert waren die Kinder aus Marias erster Ehe aus dem Haus gegangen.

Theresia Bank, die älteste Tochter Marias, hat nach dem kleinen Rudolf wieder einen Sohn bekommen, den sie Heiner tauften und zwei Jahre später kam eine kleine Maria zur Welt, die alle Mädi nannten. Ihr Mann Albert Bank legte im Jahr 1937 die Meisterprüfung als Fotograf in Weimar ab und eröffnete in seinem Haus in Kirchzarten einen Fotoladen. Franz Willmann heiratete 1938 Maria Steinhart, eine Tochter der Besitzer vom Gasthof „Zum Bären“ in Zarten. Sie arbeitete auch bei der Post wie er und führte die Poststation in Zarten, wo sie ihren Wohnsitz nahmen. Im Februar 1939 wurde ihr erstes Mädchen geboren, das Gertrud hieß und ein Jahr später kam Hedwig zur Welt. Max wurde nach seiner Gesellenprüfung als Feinmechaniker zum Militärdienst in Berlin und später in München einberufen. Albert Willmanns Milchhandel und sein Speditionsgeschäft liefen gut. Er lernte ein nettes Mädchen von einem Weingut am Kaiserstuhl kennen und brachte sie öfters mit seinem Lastwagen in den Falken mit.

Eines Morgens im Juni 1939 wunderten sich die Sumserbuben, als sie barfuß und mit dem Schulranzen auf dem Rücken ihren Schulweg entlang gingen. Große Maschinen standen am Wegrand hinter dem Baldenweger Hof. In der Schule erfuhren sie dann von ihrem Lehrer, was los war. Aufgeregt und außer sich berichtete er: „Stellt euch vor, wir erhalten vor unserer Haustüre einen

Flugplatz. Auf der Baldenweger Großmatte wird eine Startbahn gebaut, die an unserem Schulhaus vorbeiführt. Habt ihr schon mal ein Flugzeug aus der Nähe gesehen? Bestimmt nicht. Wenn der Flughafen fertig ist, können wir die Maschinen von unserem Klassenzimmer aus starten und landen sehen. Das wird ein toller Anschauungsunterricht, was meint ihr?“ „Dürfen wir dann auch einmal mitfliegen?“ wollte der kleine Erich wissen. „Das ist ein Militärflugplatz. Die Flugzeuge werden von Piloten der Luftwaffe gesteuert. Wenn ihr erwachsen seid, könnt ihr zu einer Fliegereinheit gehen und euch zum Flugkapitän ausbilden lassen. Dann fliegt ihr vielleicht einmal einen Jagdbomber.“

Die Jungen kamen begeistert nach Hause und erzählten den Eltern von ihren Berufsaussichten. „Unser Lehrer hat gesagt, wir bekommen in Wittental einen Flugplatz und können in einem Jagdbombergeschwader fliegen.“ Albert Sumser sah seine Frau an: „Das klingt ja sehr militärisch. Mir scheint, in Deutschland wird immer mehr aufgerüstet und unser Herr Lehrer als eifriger Nationalsozialist findet das natürlich erstrebenswert.“ Maria antwortete: “Hoffentlich gibt es keinen Krieg. Wir haben schon einmal solch schreckliche Zeiten durchgemacht. Jetzt setzt dieser rechtsradikale Lehrer unseren Kindern diesen Floh ins Ohr, dass sie später zum Militär gehen sollen.“

In der Gaststube der Wirtschaft „Zum Falken“ sprach es sich natürlich auch schnell herum, was das Ziel der Erdarbeiten werden sollte, die vor ihrer Haustüre begonnen wurden. Die einen Gäste fanden den Flugplatz im

Wittental fortschrittlich und erstrebenswert. Andere warnten vor den militärischen Absichten, die dahinterstecken könnten. Einer, der als neuer Administrator des Baldenweger Hofes genau Bescheid wissen musste, saß mit ein paar Kumpanen an dem mit einer karierten Tischdecke verschönerten Ecktisch. Er drehte sich zu den Landwirten am Stammtisch um, die ihr Viertele Kaiserstühler aus Achkarren oder Oberbergen schlürften und politisierten. „Dies hier sind Fachleute." Er deutete auf seine Tischgenossen. „Sie überwachen in nächster Zeit den Bau des Flugplatzes. Damit nicht alle möglichen Ammenmärchen herumerzählt werden, verrate ich euch genau, was hier gebaut werden soll. Auf der Großmatte in Wittental, die zum Baldenweger Hof gehört, wird ein Ausweichflugplatz der Luftwaffe entstehen. Bis zum Ende des Jahres soll er fertig gestellt sein."

In diesem Sommer lief das Geschäft im Falken sehr gut, kamen doch viele Arbeiter und Aufseher von der Baustelle des Flugplatzes zur Gaststätte, um sich in der Mittagspause zu stärken. Doch Maria ertappte sich dabei, wie sie in ihren Gedanken diese mehr oder weniger total verblendeten Nazis braunes Gesindel nannte. Der früher so enge Kontakt zum Baldenweger Hof war vollkommen abgerissen. Seit die Gutsverwalter Johanna und Stephan vor bald zwanzig Jahren nach Schloss Heiligenberg gezogen waren, wurde der Gutshof von Freiburg aus verwaltet und nur die Knechte und Mägde schliefen im Gesindehaus. Die Saisonarbeiter wechselten häufig, sodass kein persönlicher Bezug mehr entstehen konnte. Seit der

Machtergreifung durch Hitler beobachteten die Falkenwirte, dass immer mehr Jeeps hin und her fuhren, die von Funktionären gelenkt wurden. Das Publikum auf dem Baldenweger Hof erschien ihnen jedenfalls unheimlich. Meist bewegten sich die Braunberockten in Richtung Zarten und kamen gar nicht am Falken vorbei. Die Funktionäre hielten sich bedeckt und wollten nichts mit der Bevölkerung zu tun haben. Nur der Herr Lehrer und Ortsgruppenleiter bog gerne mit seinem Fahrrad in den Baldenweger Hof ein und hielt sich dort auf.

In Schloss Weiler, einen Kilometer von diesem Nazinest entfernt, ging es ganz anders zu. Maria erfuhr von ihrem Beichtvater aus Sankt Märgen, dass die Klosterschule in Stegen einen neuen Rektor bekommen sollte. Er hieß Pater Middendorf. Die Schulkameradinnen munkelten, dass im Schloss von den Nazis Verfolgte und Juden versteckt seien. Man dürfe es aber ja nicht weiter erzählen, damit die Braunhemden, die ja überall ihre Spitzel hatten, nichts davon erfuhren.

Maria warf von nun an am Sonntag noch bewusster Geld in den Klingelbeutel. Sie brachte Naturalien in Form von Speckseiten zum Schloss, mit dem sie sich seit ihrer Jugendzeit immer noch verbunden fühlte. Sie erlebte den Pater Middendorf im Gottesdienst und schätzte seine menschlichen Predigten. Er sprach von der Nächstenliebe, von der Hilfsbereitschaft und vom Erbarmen. Mit einer gewissen Sensibilität konnte man Systemkritik und viel Humanitäres heraushören. Es gab einen unerschöpflichen Vorrat an Bibelzitaten, die menschlichen Trost spendeten und sich doch politisch unverfänglich anhörten, weil sie abstrakt waren und keine Beispiele aus dem Leben brachten. Dabei hätte es so viele Fallbeispiele gegeben, die anzuprangern waren. Maria schoss es durch den Kopf, ob nicht Heinrich von Kageneck in Berlin dafür gesorgt hatte, dass dieser Helfer in der Not nach Schloss Weiler geschickt wurde. Heinrichs Mutter, die Frau von Kageneck war ja immer noch Besitzerin des Gutes. Es würde in Heinrichs Menschenbild passen, dass er als Regimegegner versuchte, auf seinem Anwesen Menschenleben zu retten.

Inzwischen war es ein offenes Geheimnis, dass in den Großstädten Sozialdemokraten und Andersdenkende, aber vor allem Juden verfolgt und in Arbeitslager geschickt wurden. Hinter vorgehaltener Hand behaupteten manche: „Das sind keine Arbeitslager. Die werden in Menschenvernichtungslager geschickt.“ Maria schauderte bei diesem Gedanken. Als sie mit ihrem Sorgenkind Pius in der Stadt Freiburg einen Arzt aufsuchte, fuhr auf der Straße ein Wagen mit Judenmöbeln vorbei. Er hielt an und die Leute konnten sich bedienen. Pius zog seine Mutter zu dem Wagen hin, um sich auch etwas zu nehmen. Eine Frau neben ihr sagte: „Davon nehme ich nichts. Das sind Judenmöbel. Die Juden bringen sie alle um.“ Maria gab es einen Stich. Sie riss ihren Sohn vom Wagen weg und versuchte ihm klar zu machen, dass die Gegenstände unrechtmäßig verschleudert würden und Blut daran klebe.

22. Kapitel

Inferno des 2. Weltkriegs

Es kam wie befürchtet. Im Herbst 1939 begann der zweite Weltkrieg mit dem deutschen Überfall auf Polen. Es sollte nach dem Plan der NSDAP ein Blitzkrieg werden, in dem der Gegner durch massiven Einsatz von Heer und Luftwaffe innerhalb kürzester Zeit vernichtet würde. Zwei Tage nach dem Beginn des Angriffs auf Polen erfolgten die Kriegserklärungen Frankreichs und Großbritanniens. Diese überschätzten die militärische Stärke der Wehrmacht und unterließen einen Angriff. Frankreich setzte auf seine Defensivtaktik, wobei zwanzig Divisionen untätig in Bunkern hinter der Maginot-Linie ausharrten. Die Engländer begannen eine Wirtschaftsblockade gegen das Deutsche Reich. In der Nordsee sollte die britische Royal Navy den Handel neutraler Staaten mit Deutschland verhindern. Den deutschen Truppen gelang es jedoch, zuerst Norwegen und dann Dänemark zu besetzen. Im Frühling 1940 begann die Offensive gegen Frankreich.

Nun drangen die Auswirkungen des Krieges auch ins Dreisamtal vor. Immer mehr junge Männer wurden für den Feldzug nach Westen eingezogen. Einer der ersten, der den Befehl zum Einrücken erhielten, war Albert Willmann. Da die Kriegsstrategie auf die raumgreifende Mobilität von Fahrzeugen setzte, war er als passender Kriegsteilnehmer prädestiniert. Als der Ratschreiber von

Wittental den Einzugsbefehl brachte, las ihn Albert seiner Familie vor: „Albert Willmann hat sich unverzüglich mit seinem Transporter an der Wehrmachtstelle in Freiburg einzufinden. Der Lastwagen wird zugunsten des Kriegserfolges des Deutschen Heeres konfisziert. Der Rekrut Willmann wird als Lenker des Fahrzeuges eingesetzt und hat damit Soldaten und Kriegsmaterial an die Westfront zu transportieren."

Die ganze Familie war schwer betroffen und die Mitteilung belastete sie sehr. Für Maria bedeutete dies neben dem wirtschaftlichen Verlust vor allem einen menschlichen. Mit Schaudern dachte sie an den Moment, als ihr die Todesnachricht von Wilhelm Willmann im ersten Weltkrieg überbracht wurde. Nun sollte ein neues Blutvergießen erfolgen, nur weil dieser Diktator Hitler größenwahnsinnig war und die Nachbarstaaten überfiel. Warum konnten die Deutschen nicht in Frieden neben den anderen Völkern leben und mussten einen Krieg anzetteln?

Am nächsten Tag verabschiedete sich Albert. Er warf den Tornister auf die Ladefläche des Gefährts. Für Maria war dieser Augenblick ein Alptraum. Es erschien ihr, als hätte sie diese Szene schon einmal genauso erlebt. Er umarmte seine Freundin, die er telefonisch herbestellt hatte. Maria kam es vor, als sagte er die gleichen Worte, wie sein Vater vor einem Vierteljahrhundert: „Ich komme wieder. Denkt an mich. Lebt wohl!" Sie winkten, wie schon einmal bei seinem Vater, bis er nach der Kurve hinter den Bäumen verschwunden war. Der einzige Unterschied bestand darin, dass die Fortbewegung mit dem Lastwagen schneller erfolgte als mit dem Milchfuhrwerk vor fünfundzwanzig Jahren.

Nun erwies es sich als Vorteil, dass Albert Sumser eine verkrüppelte Hand hatte. In seinem Alter von vierzig Jahren wäre er als Wehrdienstleistender noch in Frage gekommen. Doch wegen seiner leichten Behinderung konnte er kein Gewehr bedienen. So wurde er nicht zum Militärdienst herangezogen. Albert Sumser übernahm jetzt wieder die täglichen Fahrten mit dem Pferdefuhrwerk zur Milchzentrale. Maria verfolgte die Zeitungsmeldungen über den Kriegsverlauf und sagte zu ihrem Mann: „Jetzt reicht diesem unersättlichen Machthaber nicht einmal Polen. Er plant einen Vernichtungsfeldzug gegen die Sowjetunion. Ich habe Angst um meine Buben, wenn das mit der Invasion in fremde Länder so weiter geht. Hoffentlich müssen nicht noch mehr meiner Söhne in den Krieg ziehen." „Von den Braunröcken habe ich vor ein paar Tagen in der Gaststube gehört, dass auch ein Balkanfeldzug geplant ist. Jugoslawien und Griechenland sollen überfallen werden. Dieser Krieg wird nicht so bald zu Ende sein." Ein Jahr nach seinem Bruder Albert musste auch Franz Willmann in den Krieg ziehen und zwar an die Ostfront. Als Wilhelm Sumser zwanzig Jahre alt wurde, erwartete ihn dasselbe Schicksal eines Russlandfeldzugs. Als Metzger wurde ihm ein relativ ungefährlicher Posten zugeteilt. Er bediente die Feldküche und stand an der Gulaschkanone.

Maria richtete nun eine Gebetszeit für den Rosenkranz ein. Zwischen Vesper und Stallarbeit wurde in der Stube täglich eine halbe Stunde für die Söhne gebetet, die an der Front kämpften. Ihre Schwägerin aus dem Dreierhof kam auch ab und zu und beteiligte sich am Gebet. Manchmal schloss sich Theresia aus Kirchzarten an, deren Mann beim Bodenpersonal des Militärflughafens in Memmingerberg stationiert war.

Die Söhne Fritz, Josef, Heinrich und Pius waren im Augenblick noch zu jung, um einrücken zu müssen. Sie absolvierten ihre Lehre oder arbeiteten schon in ihrem erlernten Beruf. Heinrich trat in die Fußstapfen seines Bruders Fritz und begann eine Fotografenlehre bei Kesslers in Freiburg. Pius, der sich für Traktoren interessierte, sollte Fahrzeugmechaniker werden. Er war aber immer noch ein Sorgenkind, brach als einziger von seinen Brüdern die Lehre ab und arbeitete als Hilfskraft am Hof. Er half an allen Stellen, wo man ihn brauchte.

Maria meinte: „Wenn der Krieg noch länger dauert, werden schließlich alle meine Söhne an die Front kommandiert werden.“ Verpflichtet fühlte sich Marias Jüngster zu diesen Gebetsstunden, um für seine Brüder zu beten. Für Erich bedeuteten diese Rosenkränze stets eine Qual. Zehnjährige machen sich wenig Gedanken und leben im Augenblick. Er dachte sich, sollen die Brüder doch bleiben wo der Pfeffer wächst. Max Willmann fand in München eine Arbeitsstelle in einem technischen Betrieb, der Messgeräte produzierte. Rhode und Schwarz lieferte Ausrüstungsteile für das Cockpit von Flugzeugen. Die Luftwaffe stellte einen starken Kampffaktor dar. Deswegen wurde Max vom Kriegsdienst freigestellt. Was er herstellte, wurde jedoch auch für den Krieg gebraucht. Indirekt war er deshalb genauso ein Rädchen im Getriebe der militärischen Maschinerie.

Max empfand es als großen Vorzug, nicht an die Front zu müssen. Sein ganzes Leben hatte er unter dem Umstand gelitten, den Vater nicht gekannt zu haben. Er war im ersten Weltkrieg als Dreijähriger Halbwaise geworden, als sein Vater 1917 in Frankreich gefallen war. Dass sich alle Familienmitglieder nach dem Krieg gesund wiedersehen, war sein größtes Anliegen. Bald erhielt er jedoch einen Brief aus Wittental, mit der Nachricht vom Tod seines Bruders Albert, der in Lothringen gefallen war. Auch sein Bruder Franz schrieb ihm einen Feldpostbrief und bedauerte diesen tragischen Tod. Für ihre Mutter musste es sehr schlimm sein, den ältesten Sohn ihres gefallenen Mannes nun auch in Frankreich verloren zu haben. Maria war untröstlich. Das Bild, wie sowohl ihr Gatte Wilhelm, als auch ein Vierteljahrhundert später ihr Sohn Albert beim Abschied hinter der Kurve verschwand, würde sie nie aus ihrem Kopf bekommen.

Fast im gleichen Lebensalter, nur um eine Generation versetzt, mussten die beiden Willmänner in Frankreich ihr Leben lassen, für wen, für das Vaterland? Wer war das Vaterland? Maria wollte keinen Krieg, weder den ersten noch den zweiten Weltkrieg und viele Menschen dachten genauso wie sie. Warum wurde ihnen dieses Blutvergießen immer aufgezwungen? Diejenigen, die den Krieg anzettelten, hielten ihre Köpfe nicht hin. Sie saßen im Hauptquartier und steckten Nadeln in ihre Strategiepläne, um die Frontlinien zu kennzeichnen. Maria haderte mit dem Schicksal, aber sie musste sich damit abfinden. Die Freundin Alberts kam noch manchmal vorbei. Sie suchten durch gemeinsame Erinnerungen Trost. Maria dachte insgeheim, wie gut es war, dass die beiden noch nicht geheiratet hatten. So blieben wenigstens keine Halbwaisen zurück wie in ihrem Fall.

Eines Tages stand Maria wie üblich in der Küche vor ihrem großen hölzernen Backtrog und knetete den Brotteig. Da öffnete sich die Türe und ein Mann stand im Türrahmen, den sie sofort erkannte. Heinrich von Kageneck war etwas breiter und behäbiger geworden, sein freundliches, vertrauenerweckendes Lächeln hatte er jedoch beibehalten. „Das ist aber eine Überraschung. Wie lange haben wir uns nicht mehr gesehen?“ „Das dürften schon über dreißig Jahre her sein, seit ich von Schloss Weiler weggezogen bin. Wie geht es dir?“ „Du siehst, ich bin Falkenwirtin geworden. Seit unserer Jugendzeit ist viel geschehen. Deine Bücher habe ich immer noch. Sie liegen in meinem Nachtkästchen. Ich habe sie mehrmals gelesen.“ Den Nichtsstern verschwieg sie, hatte sie ihn während der Jahre meist vergessen und nur in äußerst einsamen, verzweifelten Stunden an ihn gedacht. „Ein Pater aus Sankt Märgen hat mir von dir erzählt. Demnach hast du in Berlin an deiner Arbeitsstelle als Journalist Probleme bekommen.“ „Sprechen wir lieber nicht darüber. Das ist eine üble Geschichte. Heutzutage musst du vorsichtig sein mit deinen Äußerungen. Das wirst du auch in dem beschaulichen Wittental schon mitbekommen haben.“ „Hier bekommst du alles mit. Mein ältester Sohn ist in Lothringen gefallen und zwei weitere Söhne stehen in Russland an der Front. Ich bin nur noch am Beten, dass sie gesund zurückkehren werden.“ Sie begann hinter vorgehaltener Hand zu flüstern: „Und mein jüngster Sohn Erich wird in unserer Dorfschule von einem fanatischen Nazi unterrichtet. Außerdem liegt ein Militärflughafen direkt vor unserer Nase.“

Dann wollte Maria wissen: „Bist du zu Besuch auf dem Schloss oder lässt du dich wieder hier nieder?“ „Ich bin vorübergehend da und schaue nach dem Rechten.“ „Wie geht es übrigens deiner Mutter?“ „Sie lebte bei ihren Verwandten in Bayern und ist vor einigen Jahren gestorben. Deswegen muss ich mich nun endlich um das Gut kümmern. Ein Jahr arbeite ich voraussichtlich noch für den Verlag Heinrich Hoffmann in Berlin. Danach werde ich nach Stegen ziehen.“ „Pater Middendorf, der Rektor des Klosters auf Schloss Weiler scheint seine Sache gut zu machen“, wagte sich Maria vorsichtig vor. „Ja er ist ein Freund von mir. Ich sehe mir seine Einrichtung an. Er ist ein Humanist und hat ein Ohr für die Sorgen der Menschen.“ „Ich komme fast jeden Sonntag nach Stegen in die Herz Jesu Kapelle und höre seine Predigten.“ „Du hast dich nicht geändert und weißt, auf welcher Seite du zu stehen hast. Nächstes Mal bringe ich meine Frau mit. Sie wird dir gefallen. Ich habe mich gefreut, dich wiederzusehen. Alles Gute. Bis bald.“

Im Sommer des Jahres 1943 siedelten die Kagenecks samt Hausdiener nach Stegen und bezogen neben dem

Schlossgelände das Tantenhaus an der Dorfstraße 20. Der Graf überwachte und verwaltete von hier aus mit Hilfe des zuständigen Forstmeisters die in seinem Besitz befindlichen Liegenschaften, bestehend aus Wald, verpachteten Wiesen und Äckern, Mietwohnungen und bewirtschafteten Grundstücken. Er kehrte ab und zu mit seiner Frau Gertrud in der Wirtschaft zum Falken ein. Maria erlebte sie als einfache, aber vornehme Dame, die sie sympathisch fand. Manchmal brachte Frau von Kageneck dem Erich Bonbons mit. Sie bedauerte, selbst keine Kinder zu haben. Die Zeitungsmeldungen waren weiterhin auf Propaganda ausgerichtet und versuchten, der Bevölkerung Erfolgsmeldungen vorzugaukeln. Doch verlängerten sich im Gegensatz dazu die Gefallenenlisten. Seitenweise kündigten die Witwen und Eltern in der Freiburger Zeitung den Tod ihrer Männer bzw. Söhne an.

Maria verfiel in ihren Alltagstrott. Sie verrichtete ihre täglichen Arbeiten, die sie körperlich so anstrengten, dass sie meist todmüde war und nicht mehr fähig über Probleme nachzudenken. Morgens um sechs Uhr molk sie schon die Kühe im Stall. Die Schweine und Hühner mussten auch versorgt werden. Dann begann die Arbeit in Küche und Gaststube. Wenn es ging, gönnte sie sich ein kurzes Mittagsschläfchen, denn am Nachmittag und abends war sie wieder eingespannt. Maria Sumsers Arbeitstag währte meist bis Mitternacht. Morgens bandagierte sie nach wie vor ihre Beine mit Elastikbändern, damit sie den Tag durchstehen konnte.

23. Kapitel

Wann wird endlich Frieden?

Im November 1944 kam Max Willmann mit seiner Verlobten Maria aus München angereist, um in seiner Heimat zu heiraten. Seine Mutter schlachtete ein Schwein, um das Fest trotz der schlechten Zeiten feiern zu können. Die Nazis verordneten, dass jede Schlachtung zu genehmigen sei. Maria setzte sich über das Gesetz hinweg und bereitete eine Metzelsuppe für den Festtag. Der Wittentäler Ratschreiber nahm die standesamtliche Trauung vor. Danach folgte ein einfacher Hochzeitsgottesdienst in der Herz Jesu Kapelle in Stegen. Inbrünstig sangen die wenigen Teilnehmer das Lied: „Gib uns Frieden, o Herr, in unseren Tagen, denn es ist kein anderer, der für uns streitet, als Du, unser Gott.“ Die Braut trug ein graues Kostüm. Sie hatte in München das Schneiderhandwerk erlernt und sich aus einem gewendeten Mantel ihres Vaters das Brautkostüm selbst genäht. Ein weißes Brautkleid wäre in diesen Kriegszeiten Luxus gewesen. Die beiden Brautleute Max und Maria hatten sich in dem technischen Betrieb Rhode und Schwarz kennengelernt, in dem die Schneiderin dienstverpflichtet war. Der um sieben Jahre ältere Max stand ihr als Abteilungsleiter vor. Immer wenn sie einen Bohrer abgebrochen hatte, musste sie sich mit ihm auseinandersetzen und begründen, warum ihr dies passiert war. In einer Mittagspause kamen sie sich näher und erzählten sich von ihren Familien. Er gab ihr etwas Speck ab, den er von zu Hause geschickt bekommen hatte. Sie war in der Großstadt München aufgewachsen und wohnte auch in den Kriegszeiten hier, wo niemand etwas zu knacken und zu beißen hatte. Maria Höfler erzählte ihm von ihrem Halbbruder Werner, der in Stalingrad vermisst war. Auch Max konnte von seinem gefallenen Bruder Albert berichten. Durch solch traurige Gespräche kamen sich Paare in Kriegszeiten näher. Einige Male begegneten sie sich bei Fliegeralarm im Luftschutzbunker. Sie halfen gemeinsam ausgebombten Freunden beim Retten ihrer Utensilien. Bald war es in München wegen der Bombenangriffe nicht mehr auszuhalten. So wurde ihr Betrieb nach Memmingen evakuiert. Aber auch hier verfolgten sie die Luftangriffe der Alliierten. Der Flughafen Memmingerberg war das Ziel. Die Bomben wurden jedoch durch den Wind in die Stadt getrieben und zerstörten ganze Stadtviertel. Überall klafften Bombentrichter wie riesige Wunden in der Erde.

Für Max lag die heile Welt in seinem Einödhof im Schwarzwald. Dort würde er seine Maria ohne Sirenen und Bunker heiraten können, glaubte er. Kaum war er in Wittental angekommen, flogen Tiefflieger von Freiburg her über das Dreisamtal und seine Eltern und Geschwister flohen in den nahen Föhrenwald um sich unterzustellen und zu tarnen. Max sah seine Mutter an, die in einem übergeworfenen Stallkittel neben ihm vor Kälte zitterte. Sie sagte: „Der Krieg verfolgt dich bis in den letzten Winkel. Wir können ihm nicht entrinnen. Ob du in der

Großstadt oder in der Einöde lebst, du bekommst ihn hautnah zu spüren." Wie recht sie hatte. Am 27. November 1944 abends, einen Tag bevor die Hochzeitsfeier stattfand, saßen die paar Familienmitglieder, die sich noch in der Heimat aufhielten, um den gedeckten Tisch im Gasthaus Falken herum und wollten gerade ihr Abendbrot einnehmen. „Schon lange habe ich nicht mehr so gut gegessen wie bei euch", sagte die Braut und freute sich, endlich einmal satt zu werden. Da leuchtete es taghell durch die Westfenster der Gaststube, die nach Freiburg zeigten. Es brummte und donnerte und als die kleine Hochzeitsgesellschaft sich ins Freie bewegte, sahen die Gäste den Grund des ohrenbetäubenden Lärms. Über dem sechs Kilometer entfernten Freiburg wurden Leuchtraketen abgeschossen. Danach gingen in einem Inferno Spreng- und Brandbomben nieder. Es dauerte nicht lange und die schöne, alte Stadt stand in Flammen. Der Himmel färbte sich purpurrot und schwarze Wolken zogen durch das Dreisamtal. Es roch verbrannt und Maria geriet in Panik. Sie beruhigte sich wieder, als sie in die Gaststube zurückkehrten und versuchten, etwas zu sich zu nehmen. Mit dem Kommentar: „Das war vielleicht ein Polterabend", versuchte Albert Sumser die Stimmung etwas zu heben. Doch alle saßen bedrückt da und aßen nur ein paar Bissen. Da kamen auch schon die ersten Flüchtlinge aus der Stadt, die ihr Hab und Gut verloren hatten oder nur dem Feuersturm zu entfliehen suchten und drängten sich in die Küche und in den Gastraum. Maria begriff sofort, dass dieser Flüchtlingsstrom eine Notunterkunft benötigte. Draußen war es im Spätherbst schon empfindlich kalt, so dass alles in die vom Kachelofen gewärmte Stube drängte. Dankbar griffen die Flüchtlinge nach den Häppchen, die von der Vorabendfeier zur Hochzeit übrig geblieben waren. Maria sammelte alle Decken, Strohsäcke und Matratzen, die sie im Haus finden konnte. Alle halfen mit und schoben die Tische und Stühle zur Seite. So wurde der Gastraum zum Notlager. Auch in der Küche breitete Maria Teppiche zum Schlafen aus. Es gab bald keinen Quadratzentimeter Fußboden mehr, auf dem nicht irgendjemand schlief. Am nächsten Morgen schenkte Maria ihre Milch zum Frühstück aus. Wie es in der Stadt mit der Milchversorgung aussah, stand ohnehin in den Sternen. Es würde sicher Tage und Monate dauern, bis sich wieder alles normalisierte. Wobei keiner an die Zukunft dachte. Erst mussten die Probleme der Gegenwart bewältigt werden. Die Hochzeitsfeier fand unter den einfachsten Bedingungen statt. Als die Brautleute und die wenigen Verwandten aus der Kapelle zurückkehrten, kochte Maria Sumser einen riesigen Topf Suppe und verköstigte neben der Hochzeitsgesellschaft alle Vertriebenen, die sich noch im Haus aufhielten. Viele Unterschlupfsuchende zogen an diesem Tag weiter. Aber am Abend kam ein neuer Flüchtlingsstrom aus Freiburg an, sodass wieder die ganze Herberge überfüllt war.

In den nächsten Tagen entspannte sich die Lage langsam. Die meisten Flüchtlinge zogen weiter in den Hochschwarzwald. Viele kamen in den Klöstern Sankt Peter, Sankt Märgen und Sankt Blasien unter. Die meisten kehrten jedoch in die Stadt zurück, um ihre Habseligkeiten vor Plünderern zu retten. Ein mit den Sumser befreundetes Ehepaar war in der Stadt ausgebombt. Ihr Fotoatelier bestand noch, aber ihre Wohnung war total zerstört worden. Maria bot ihnen an: „Ihr könnt bei uns wohnen, so lange bis ihr wieder eine Unterkunft in der Stadt gefunden habt.“ Das Ehepaar Kessler nahm das Angebot an. Maria erinnerte sich, wie froh sie war, als der Melcherhof bis auf die Grundmauern abgebrannt war und Stephan ihnen auf dem Baldenweger Hof Platz einräumte. Heinrich von Kageneck kam einige Tage später vorbei und erzählte flüsternd, als sie alleine an einem Tisch saßen: „In unserem Kloster findest du im Augenblick die verschiedensten Hilfesuchenden. An Pater Middendorfs Mittagstisch sitzen Katholiken, Protestanten, Juden, Nazigegner, französische Kollaborateure und italienische Antifaschisten.“ Maria lieferte vorübergehend ihre Milch zum Kloster in Stegen, denn in Freiburg herrschte immer noch das Chaos. Im neuen Jahr 1945 fuhr Albert Sumser seinen Milchwagen wieder in die Stadt. Viele Trümmer waren inzwischen zur Seite geräumt und die Ausgebombten in Notunterkünften untergebracht. Die Bevölkerung musste mit Lebensmitteln versorgt werden. Milch war schließlich ein Grundnahrungsmittel. Die deutsche Bevölkerung zweifelte schon lange an dem vom NS-Regime immer noch unermüdlich propagierten Endsieg. Von Heinrich von Kageneck hörte Maria, dass nicht nur über Freiburg ein Bombenhagel niederging. Köln und Essen waren schon früher Opfer des Flächenbombardements der Alliierten geworden. Einige Flüchtlinge befanden sich schon längere Zeit bei Pater Middendorf.

Die an der gesamten Ostfront eingesetzte Winteroffensive führte die Sowjets binnen weniger Wochen an die Oder und Neiße. Maria bangte um ihre beiden Söhne, die in Russland im Einsatz waren. Im April hörte man von der erbittert geführten Schlacht um Berlin, die Hitler in seinem Wahn noch glaubte gewinnen zu können. Erst als die Reichskanzlei umzingelt war, wurde auch dem „Führer" die völlig ausweglose militärische Situation klar und er beging Selbstmord. Im April 1945 war der Krieg zu Ende und Deutschland auf seinem Tiefpunkt. Alles war zerstört und lag in Scherben. Die Alliierten öffneten die Vernichtungslager. Die zivile Bevölkerung war entsetzt über die Gräueltaten, die hier hinter Mauern stattgefunden hatten. Deutschland wurde in vier Zonen eingeteilt, welche die Großmächte Frankreich, Großbritannien, USA und Sowjetrussland unter sich aufteilten. Das Dreisamtal gehörte zur französisch besetzten Zone. Wechselte man von einer Zone in die andere, musste man einen Passierschein vorzeigen. Wenn Max mit seiner Frau Maria aus der amerikanisch besetzten Zone von Bayern aus über die Iller fuhr, brauchte er diesen Ausweis. Es war auch nicht leicht, so einen Passierschein zu ergattern. Die Alliierten versuchten mit solchen Maßnahmen, das deutsche Volk zu bestrafen und es nie wieder mächtig werden zu lassen. „Das alles verdanken wir diesem Unmenschen Hitler. Keiner hat ihn gerufen. Niemand wollte einen Krieg und dieses Blutvergießen. Warum konnte keiner diesen Wahnsinnigen und seine

Mitstreiter aufhalten? Jetzt müssen wir für seine Verbrechen und den Völkermord büßen. Das ganze deutsche Volk geht in Sack und Asche“, klagte Maria. Der Nazi-Lehrer aus Wittental nahm sich auch das Leben. Auf dem Baldenweger Hof wechselte das Personal. Das Gut entwickelte sich zu einem Vorbild für die Landwirtschaft, auf dem es Vorführungen der neuesten Landmaschinen gab und moderne Agrarmethoden ausprobiert wurden. „Hoffentlich sind wir diesen Spuk der Nationalsozialisten endlich los und die Menschen schätzen wieder christliche Werte.“

Familienfoto: auf den Stühlen Maria und Albert Sumser
hintere Reihe v.l.: Maria Willmann (Frau von Franz), Theresia Schlegel (Schwester von Maria Sumser) Frau Kessler (Flüchtling aus Freiburg), Stephanie Zähringer (verheiratete Schwester Maria Sumsers), Pius Sumser, Theresia Bank mit Sohn Albert, Albert Bank
vordere Reihe v.l.: Hedwig und Gertrud (Töchter von Franz Willmann), Erich Sumser, Heinrich Bank, Maria Bank

Maria wallfahrtete mit dem Fahrrad auf den Lindenberg. Sie betete für ihre beiden in Russland vermissten Söhne Franz und Wilhelm.

Jede Woche kamen ein paar Kriegsheimkehrer mit dem Zug an und wurden von ihrer Familie in Empfang genommen. Manche waren kriegsversehrt und es fehlte ihnen ein Bein oder ein Arm. Andere trugen einen seelischen Schaden davon, den man nicht sah. Sie litten unter Depressionen. Einige Heimkehrer waren gar nicht erwünscht, weil ihre Partnerinnen sich nach all den Kriegsjahren einen Liebhaber ins Haus geholt hatten. Es gab die verschiedensten Schicksale zu beklagen. Der Krieg war zwar zu Ende, aber der Notstand verschlimmerte sich. Die Lebensmittelknappheit führte dazu, dass ein Markensystem eingeführt wurde. Nur mit Lebensmittelmarken erhielt man einen Laib Brot oder einen Liter Milch. Die Landbevölkerung war nun wieder im Vorteil und die Städter kamen zum Hamstern, das heißt sie tauschten Gegenstände gegen Lebensmittel. Manchmal bettelten sie auch nur.

Ein Jahr nach Kriegsende brachte Maria Willmann im Wittental ein Mädchen zur Welt. Max hatte seine Frau in seine Heimat gebracht, weil sie hier besser aufgehoben war als in der Stadt. Sie beratschlagten, wie sie das Kind taufen sollten. Die Mutter schlug den Namen Barbara vor. Aber die Großmutter Maria Sumser setzte sich durch. Das Mädchen sollte Elfriede heißen. „Da steckt das Wort „Friede“ drin und den brauchen wir jetzt mehr als alles andere.“

Ungefähr vier Jahre später kehrten Franz und Wilhelm aus der Kriegsgefangenschaft aus Russland zurück. Der Sohn, der Franz nun noch geschenkt wurde, hieß Albert nach seinem gefallenen Onkel. Er wurde leider nicht alt. Maria ließ an der Einmündung des Weges nach Freiburg, wo täglich ihr Milchwagen vorbeifuhr, ein Holzkreuz errichten. Sie stiftete es aus Dankbarkeit, dass die schlimmen Kriegszeiten nun vorbei waren und mit der Bitte, dass nun bessere Zeiten anbrechen sollten.

24. Kapitel

Lebenswege

Nach dem 2. Weltkrieg lag Deutschland wirtschaftlich darnieder. Niemand wusste, wie es weitergehen sollte. Die Söhne Maria Sumsers probierten nacheinander aus, den Gasthof „Zum Falken“ zu übernehmen und fortzuführen. Diese Versuche scheiterten jedoch meist an der Einstellung ihrer Ehefrauen, da sie sich nicht zur Wirtin geboren fühlten oder die Einsamkeit in einem abgelegenen Winkel nicht zu ihrem Lebenstraum passte. So erging es auch Maria Willmann, der Frau von Max. Wegen der allgemeinen wirtschaftlichen Unsicherheit wusste er nicht, ob sein Arbeitgeber in Memmingen eine Zukunft haben würde. Kurz nach Kriegsende zog er mit seiner Frau nach Wittental und lebte auf dem Hof seiner Eltern. Er merkte bald, dass seine Frau hier unzufrieden war. Nachdem er von seinem Betrieb die Zusicherung bekam, weiterarbeiten zu können, hielt ihn nichts mehr im Schwarzwald.

Wilhelm Sumser, der Spätheimkehrer, war längere Zeit unverheiratet. Er entschloss sich schließlich, als Metzger einen Viehhandel zu eröffnen und das Gasthaus „Zum Falken“ zu übernehmen. Das Geschäft in der Nachkriegszeit gedieh und florierte. Am Wochenende kamen Freiburger Gäste zur Naherholung und kehrten ein. Gaststätten mit eigener Metzgerei waren immer gefragt und die Menschen hatten Nachholbedarf was Fleischwaren betraf. Wilhelms Hausmacher Wurstdosen fanden reißenden Absatz. Bei den landwirtschaftlichen Veranstaltungen und Vorführungen auf dem Baldenweger Hof baute Wilhelm Buden auf und übernahm die Verpflegung. Ein paar Jahre später heiratete er Rösle, erneuerte mit ihr das Gebäude und baute Gästezimmer aus. Wilhelms Bruder Pius erhielt als Unverheirateter das Wohnrecht auf Lebenszeit. Er wurde als der Falkenpius oder „Europakoffer" bekannt und als geselliger Kellner beliebt. Die Kriegserlebnisse belasteten Wilhelm sein Leben lang. Er kam als Viehhändler im ganzen Dreisamtal herum, galt als schwieriger Mensch und war trotzdem als echter Schwarzwälder geachtet. Bald nach Wilhelms Tod konnten sich seine drei Kinder nicht einig werden, hatten andere Berufsvorstellungen und verkauften den Gasthof.

Wilhelms Mutter, die Falkenwirtin Maria Sumser, hat viele Nachkommen hinterlassen. Sie wäre bestimmt stolz auf ihre Enkel und Urenkel gewesen. Diese sind durchwegs anständige und fleißige Menschen geworden, war sie doch mit ihrer positiven Lebenseinstellung und ihren Erziehungsmethoden ein gutes Vorbild.

Zwei Jahre nach Maria Sumsers Tod kam Heinrich Graf von Kageneck bei einem tragischen Verkehrsunfall auf der Landstraße von Stegen nach Kirchzarten ums Leben. Er und seine als Universalerbin eingesetzte Gattin hatten keine Nachkommen. Gertrud Gräfin von Kageneck trat ihren Wald gegen eine schlichte Rente an die Gemeinde Stegen ab. Sie schenkte im Sinne ihres menschenfreundlichen Mannes dem Ort auch zehn Jaucherten zur Nutzung als Sportplatz und stellte ein großes Areal zu günstigen Konditionen für den Bau einer Gehörlosenschule zur Verfügung.

Kapitelverzeichnis